本书为国家社会科学基金项目"粮食主产区目标价格政策的粮农行为响应及政策优化研究"（15XGL015）的最终研究成果

粮食主产区目标价格政策的粮农响应及政策优化研究

郑 鹏　熊 玮◎著

LIANGSHI ZHUCHANQU
MUBIAO JIAGE ZHENGCE DE LIANGNONG XIANGYING JI
ZHENGCE YOUHUA YANJIU

经济管理出版社
ECONOMY & MANAGEMENT PUBLISHING HOUSE

图书在版编目（CIP）数据

粮食主产区目标价格政策的粮农响应及政策优化研究/郑鹏，熊玮著．—北京：经济管理
出版社，2021.7
ISBN 978 - 7 - 5096 - 8014 - 8

Ⅰ．①粮…　Ⅱ．①郑…②熊…　Ⅲ．①粮食产区—粮食—商品价格—物价政策—研究—中
国　Ⅳ．①F762.1

中国版本图书馆 CIP 数据核字（2021）第 099809 号

组稿编辑：任爱清
责任编辑：任爱清
责任印制：黄章平
责任校对：董杉珊

出版发行：经济管理出版社
　　　　　（北京市海淀区北蜂窝 8 号中雅大厦 A 座 11 层　100038）
网　　址：www. E - mp. com. cn
电　　话：（010）51915602
印　　刷：唐山昊达印刷有限公司
经　　销：新华书店
开　　本：720mm × 1000mm/16
印　　张：14.5
字　　数：251 千字
版　　次：2021 年 8 月第 1 版　　2021 年 8 月第 1 次印刷
书　　号：ISBN 978 - 7 - 5096 - 8014 - 8
定　　价：88.00 元

前　言

随着国内外市场环境变化，以最低收购价和临时收储为主要内容的农产品"托市"政策弊端逐渐显现，突出的表现为扭曲农产品市场价格，国际国内农产品市场价格倒挂，农产品进口量、生产量、库存量"三量"齐增，农产品加工企业成本剧增，给农产品收储企业带来了巨大的收储压力，国家财政补贴不堪重负，影响农业资源优化配置和统筹利用国际国内两个市场等，"托市"政策越来越难以为继。在此背景下，中央将"农产品目标价格制度"作为完善农产品价格形成机制、促进农民增收的重要制度安排，并于2014年在新疆开展棉花目标价格试点改革，在东北三省和内蒙古自治区开展大豆目标价格改革试点。然而，在三年试点结束后，新疆地区的棉花目标价格改革得以延续，而东北三省和内蒙古自治区的大豆目标价格改革则被生产者补贴所取代。有鉴于此，这项被视为破解当前农产品"托市"政策弊端、深化农产品价格形成机制的农产品目标价格改革该如何被评价，尤其向其他农产品（尤其是粮食）推广的时间窗口是否到来，学界和业界尚未形成共识。因此，综合考虑国际农业政策走向、国内农业政策调整窗口以及未来农业政策调整方向，研究粮食主产区目标价格政策的粮农响应机制，有助于把握粮农的预期政策诉求，从而实现保障粮食安全、稳定农户收入的重大战略目标。

本书旨在贯彻落实党的十八大以来中央有关精神，以习近平新时代中国特色社会主义思想为指引，立足中国农业发展实际，综合运用马克思主义政治经济学、农业经济学、管理学等理论，采用定性与定量相结合、规范与实证研究相结合的研究方法，沿着"目标价格改革实践现状—目标价格改革效果评判—粮农响应理论与实证—粮农对目标价格政策优先序—政策模拟—国外经验启示—政策优化建议"的研究脉络，分析了目标价格改革试点成效与障碍，定量评判了目标价格改革试点效果，研究了粮食主产区目标价格政策的粮农响应及政策优先序，并对粮食主产区目标价格政策的粮农行为响应进行了政策模拟，梳理和借鉴了典型国家农产品目标价格改革的一般经验，在此基础上提出了完善农产品目标价格改革的对策建议。本书的研究对于丰富和完善农产品目标价格理论、推进农产品支持政策改革实践以及政府相关政策的制定，具有重要的理论价值和应用价值。

本书研究的主要内容和提出的重要观点如下：

在新疆地区开展棉花目标价格改革试点以及黑龙江、吉林、辽宁和内蒙古四省（区）开展大豆目标价格改革试点的经验表明，尽管农产品目标价格改革在完善农产品市场化机制、盘活上下游农业产业、稳定农产品供应和保障农民增收等方面取得了预期成效。但农产品目标价格改革也存在基础数据信息系统不完善造成高昂的政策执行成本、采集的市场价格并没有反映真实的市场价格、目标价格具体操作细节公布滞后导致农户预期不足收益不稳，以及目标价格政策高昂的政策成本导致一系列新的难题出现等现实困境，影响了政策改革的成效和未来调整方向。

对大豆和棉花目标价格改革政策效果的定量评估表明，农产品目标价格改革试点的政策效果呈现不同的持续效应和品种差异。从政策效应持续性来看，大豆播种面积增长率和产量增长率的年份效应贯穿了整个政策试点期，而单产增长率和豆农人均可支配收入增长率的年份效应只在目标价格改革试点当年出现；棉花播种面积增长率、产量增长率和单产增长率都有明显提升，而棉农人均可支配收入增长率的提升效应只在试点当年出现。从政策效应品种差异来看，大豆和棉花目标价格改革的政策效果都呈现逐年弱化趋势，不同在于，大豆目标价格改革的政策效果仅维持在政策试点期，而棉花目标价格改革的政策效果一直延续到样本期末仍未释放完毕，大豆和棉花目标价格改革试点呈现不同的时间效应。

粮农种粮意愿的调整是多种因素相互作用下的复杂决策行为，实证结果证实了粮农对目标价格政策的意愿响应较为积极，同时也受到行为态度、主观态度和感知行为控制等因素的影响。具体表现为，目标价格水平越低、农户对政策执行人员的评价越差、农户对目标价格政策监督机制的评价越差、农户对目标价格政策配套政策的评价越差、农户对目标价格政策补贴标准和补贴方式的评价越差，农户调整种粮意愿越强烈。从微观农户角度分析农户对农产品目标价格政策具体政策的需求意愿，对政策调整具有重要意义。实证结果表明，粮农对目标价格政策需求优先序前三位依次为明确规范和制度、完善配套政策和加强政策宣传，并受户主受教育程度、受访农户类型、户主干部经历以及家庭耕地规模等因素的影响。

以鄂、赣两个粮食主产区的调研数据为主，运用实证数学规划（PMP）模型模拟了目标价格政策的粮农响应。模拟结果表明，粮农对于目标价格政策变化的响应是积极的，通过提高目标价格补贴水平有助于提高农户的水稻种植面积、单位面积产量、总产量和促进粮农增收。但同时也发现通过不断提升目标价格补贴力度对粮农的刺激效应逐步下降，政策刺激效应呈弱化趋势。

国际农产品目标价格改革经验表明，必须坚持"半脱钩化"和"绿箱化"的政策方向，并将保障农产品有效供给和保障农业生产者收入始终置于农业支持政策调整的首要位置，通过完善农业立法体系、强化配套政策体系、融入农业风险管控机制与手段予以配合。同时，设立稳定和合理的目标价格水平、降低目标价格补贴政策成本有助于提升目标价格政策的有效性。基于以上分析，从改革方向、政策目标、配套体系、具体操作、支持系统、分类施策、宣教培训等方面提出了完善农产品目标价格改革的对策建议。

本书在撰写的过程中参考了大量的文献资料，均已在参考文献、脚注和尾注中一一列出，但仍有可能存在一些遗漏。在此，敬请作者谅解并致以诚挚歉意。由于研究团队水平有限，本书难免存在一些缺陷、不足甚至错误，敬请专家学者批评指正。

目　录

图目录

表目录

第一章 绪论

第一节 研究背景

一、源于对中国农业所面临的国际国内环境的深刻认识

（一）中国农业是以保障农产品有效供给为核心的农业，保障粮食安全是国家农业政策的首要目标

民以食为天，食以粮为本，粮以安为先。中国历来高度重视主要农产品供给保障问题，并把粮、棉、油、蔬菜等大宗农产品的有效供给视为关系到国计民生和社会稳定的"稳定器"和"压舱石"。而粮食安全问题则被认为是农产品安全保障的重中之重，是事关国家安全和长治久安的首要任务。从全球范围看，尽管世界粮食产量在逐年攀升，但粮食进口量占产量的比重也在逐年提高（见表 1 - 1），全球粮食供给能力受到挑战。从中国粮食进出口态势来看，中国粮食进口依存度长期维持在 2% 以上的水平（见表 1 - 2）。"保障国家粮食安全是一个永恒的课题，任何时候这根弦都不能松"，自党的十八大以来，以习近平同志为核心的党中央始终把解决粮食安全问题作为治国理政的头等大事，高屋建瓴地提出了"以我为主、立足国内、确保产能、适度进口、科技支撑"的国家粮食安全战略，强调要确保"谷物基本自给、口粮绝对安全"的战略底线（朱隽、顾仲阳，2019）。

中国是一个 14 亿人口的大国，中国人的饭碗必须牢牢端在自己手中。作为一个年均粮食消费总量约 5.15 亿吨的大国，粮食安全必须立足国内生产，不能

也不允许过于依赖国际市场（倪洪兴，2013）。从国内来看，不仅存在大量生计型农民需要粮食生产来保障收入稳增，还需要通过粮食自给来实现维护社会稳定的政治责任。从国际来看，国际市场购粮存在着"购粮成本高企""无粮可购""有粮不售"等国际经济、政治风险，同时，中国作为全球人口最多的国家，在国际市场大量购粮势必会抬高国际粮价，给其他需要从国际市场进口粮食的发展中国家增加购粮成本，而需要从国际市场上购粮的发展中国家往往都是较为贫穷落后的国家。因此，中国的粮食自给，不仅是对世界粮食安全的巨大贡献，同时也是作为一个负责任大国的政治道义和国际担当。

表1-1　世界粮食进口量　　　　　　　　单位：百万吨

年份	产量	进口量	进口占产量比重（%）
2010	2193	273.67	12.49
2011	2310	287.31	12.42
2012	2284	316.56	13.88
2013	2469	313.61	12.72
2014	2508	345.12	13.76
2015	2549	343.77	13.50
2016	2605	372.72	14.32
2017	2676	383.85	14.35

资料来源：2010～2017年联合国粮食及农业组织（FAO）数据。

表1-2　中国粮食进口依存度　　　　　　　　单位：百万吨

年份	产量	进口量	出口量	表观消费量	进口依存度（%）
2010	511.96	9.85	0.74	521.07	1.89
2011	540.62	9.6	0.68	549.54	1.75
2012	566.59	17.45	0.54	583.5	2.99
2013	586.5	16.89	0.55	602.84	2.80
2014	596.01	14.12	0.43	609.7	2.32
2015	618.18	17.1	0.35	634.93	2.69
2016	616.67	16.14	0.58	632.23	2.55
2017	615.21	17.46	1.29	631.38	2.77

资料来源：2010～2017年联合国粮食及农业组织（FAO）数据。

近年来，围绕保障粮食安全的首要目标，国家持续加大对粮食政策支持力度。在稳定种粮收益预期方面，坚持和完善稻谷和小麦的最低收购价政策，不断改进大豆、棉花的目标价格政策，不断加大对以良种补贴、种粮直补和农资补贴为核心的"农业支持保护补贴"和农机购置补贴的力度。在夯实种粮主体方面，规范和引导土地经营权有序流转，不断提升土地生产经营的规模化水平，强化政策、资金支持促进家庭农场、种植大户、农民专业合作社等新型经营主体发育发展，鼓励和引导各类社会化服务组织（金融、科技、物流等）的发展，提高粮食生产的社会化服务水平。在政策制度方面，坚持藏粮于地、藏粮于技的政策导向，落实最严格的耕地保护制度，划定永久基本农田，建设高标准农田，持续推进耕地轮作休耕制度试点；增加科技投入，强化科技推广，加大科技培训，走提高单产的内涵式发展道路；突出高产高效绿色技术集成，将物联网、人工智能等现代科技嫁接进粮食生产；取消主产区粮食风险基金地方配套，建立产粮大县、产油大县、制种大县等综合奖励政策体系，加强包括稻谷、小麦、玉米三大谷物在内的粮食生产功能区建设等（朱隽、顾仲阳，2019）。综上所述，保障农产品的有效供给，尤其是保障粮食安全一直是中国农业政策的首要目标。

（二）中国农业是以小农生产为主体的细碎化、生计型农业，促进农民增收是国家农业政策的核心目标

尽管中国农业生产经营主体规模化程度越来越高，各类新型经营主体蓬勃发展，但中国农业仍是以小规模家庭生产经营为主体的细碎化农业（见图1-1和图1-2）。

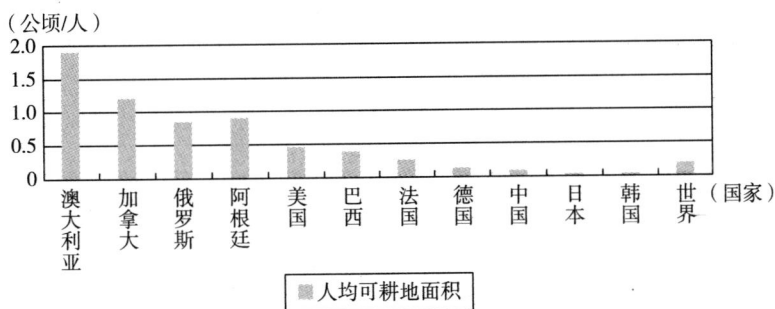

图1-1　世界主要农业大国（强国）的人均可耕地面积

资料来源：世界银行。

尽管中国农民兼业化程度逐年提高，非农收入占比逐年攀升，但中国农业仍是数以亿计的农民赖以生存和生活的主要来源（见表1-3）。

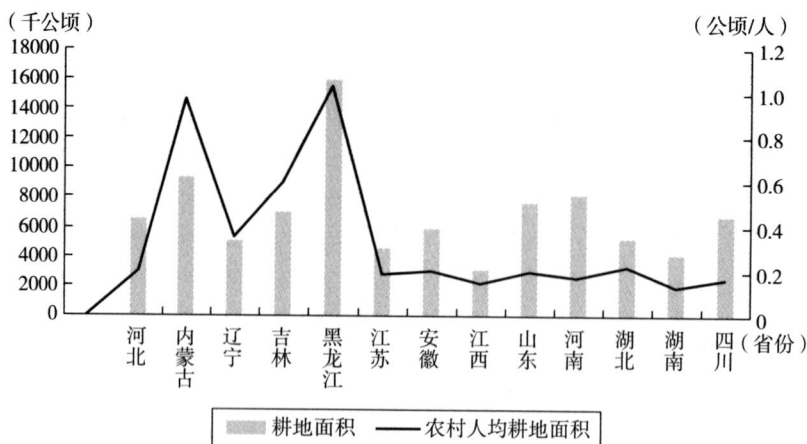

图 1 - 2　中国 13 个粮食主产区耕地面积和农村人均耕地面积

资料来源:《中国统计年鉴》。

表 1 - 3　中国农村居民家庭收入结构　　　　　单位：元

年份 指标	1990	1995	2000	2005	2010	2015	2017
平均每人总年收入	990.38	2337.87	3146.21	4631.21	8119.51	11421.7	13432.4
工资性收入	138.80	353.70	702.30	1174.53	2431.05	4600.3	5498.4
家庭经营收入	815.79	1877.42	2251.28	3164.43	4937.48	4503.6	5027.8
财产性收入	35.79	40.98	45.04	88.45	202.25	251.5	303.0
转移性收入	—	65.77	147.59	203.81	548.74	2066.3	2603.2
平均每人年纯收入	686.31	1577.74	2253.42	3254.93	5919.01	10577.8	12703.9
工资性收入	138.80	353.70	702.30	1174.53	2431.05	4583.9	5470.9
家庭经营纯收入	518.55	1125.79	1427.27	1844.53	2832.80	3861.3	4547.0
财产性收入	28.96	40.98	45.04	88.45	202.25	251.5	303.0
转移性收入	—	57.27	78.81	147.42	452.92	1881.2	2383.0

资料来源:《中国统计年鉴》。

（三）中国农业问题的复杂性、艰巨性使中国出台的农业支持政策必须树立多目标导向

农业天然存在弱质、风险抵御能力差等突出特点，面临自然和市场双重风险。纵观国内农业发展历史，农业比任何产业所受到的风险冲击都大，也更需要得到来自农业支持政策的保障。从国际农业发展现实来看，几乎所有国家都出台

了各式各样的支持农业发展的政策，从"黄箱"到"绿箱"的政策扶持，从关税壁垒到非关税壁垒的贸易保护，从生产者到零售端的全链保障，构建了保护农业稳定健康发展全方位的支持政策体系。

与其他行业比较来看，农业从业者（尤其是农业生产者）的收入相对偏低且不稳定，农业生产的比较收益持续下降，调动农业生产者积极性的难度在持续加大。在城乡二元结构下，农业生产者呈现中国特色的"386199 部队"① 现象，大量高素质的农村劳动力离开了农村，弱化了农业科技的推广效果，降低了农业生产效率，从农业生产的微观主体上对粮食市场和农产品有效供给提出了挑战。因此，我国亿万分散的小农户从事粮食生产的现实，使保障粮食生产主体，尤其是保障小农户生产者的利益成为对我国粮食安全的最基本保障。在此背景下，亟须不断强化农业政策支持，以保障农业产业链稳定且收益持续增加。

习近平总书记特别强调，"农村改革不论怎么改，都不能把农村土地集体所有制改垮了、把耕地改少了、把粮食生产能力改弱了、把农民利益损害了"（习近平，2019）。从中国的国情来看，中国的农业支持政策必须兼顾保障粮食有效供给和促进农民增收的双重政策目标，既要调动农民种粮的积极性，保障粮食安全，又要降低粮食生产成本，稳定粮食价格，还要稳定农民种粮收入预期，降低农民收入的不确定性，促进农民增收。从可持续发展角度来看，土地、水等农业资源对农业生产的约束日益增强，农药化肥减量化行动对农业生产的环保压力日益趋紧；从市场需求角度来看，老百姓对绿色、有机农产品的需求释放也对高质量农产品生产提出了更高的要求。基于以上分析，中国的农业支持政策应该具有协调农业发展、农民增收和环境保护等多重目标。由此可见，中国农业被赋予的多职能特性使中国出台的农业支持政策必须树立多目标导向。

（四）国际农业贸易态势变化及农业政策环境调整使得中国农业支持政策改革变得越来越必要和迫切

最低收购价格政策直接干预了农产品的市场价格，不仅是典型的"黄箱"政策中的特定农产品② 的综合支持量（AMS）政策③，也是 WTO 规则下必须削减的国内支持政策。而当前国际贸易规则和农业政策的基本导向是削减"黄箱"政策，越来越重视不对市场价格产生直接影响的"绿箱"政策。因此，在新的

---

① 是指在城市化潮流和二元结构双重加持下，农村年轻人到城市谋生，农村主要是留守妇女、儿童和老人。

② 政府通过市场价格支持、非免除的特定支付等手段向具体农产品提供的货币支持。

③ 给基本农产品生产者生产某项特定农产品提供的，或者给全体农产品生产者生产非特定农产品提供的年度支持措施的货币价值。

国际贸易规则下,以"托市"为主要内容的国内农产品价格支持政策也到了亟须调整的窗口期。

与此相应的是,全球农业发达国家的农业政策也在进行深度调整。农业资源丰富的国家(如澳大利亚、加拿大、阿根廷、巴西等)、农业大国或强国(如美国、德国和法国)以及与中国农业相似、以小农生产为基础的亚洲国家(如日本和韩国)均在逐渐强化"价补分离"的生产者支持政策导向,通过价格损失保障(Price Loss Coverage, PLC)、农业风险保障(Agriculture Risk Coverage, ARC)、营销援助贷款项目、农业保险、环境保护补贴和灾害补贴等风险防范手段来为农民构建安全网,以此来规避国际贸易规则约束。在国际农业贸易态势变化及农业政策环境调整的背景下,中国当前以"托市"为特征的农产品价格支持政策的调整变得越来越必要和迫切。

二、源于对以"托市"为特征的农产品价格支持政策弊端革除的急切需要

自2004年以来,国家对主要农产品所建立的"托市收购政策",随着国内外形势的变化,弊端逐渐显现,主要表现在:

(一)扭曲了农产品市场价格,造成主要农产品国际国内市场价格倒挂,给下游企业造成了较大的经营压力,损害了粮油棉市场公平竞争

由于长期实行的最低收购价政策和临时收储政策阻碍了市场机制发挥作用,从而导致主要农产品(主要是粮棉油等大宗农产品)成交价格扭曲,国际国内市场价格倒挂。以2015年为例,在绝对价格水平上,国内大米价格为3800元/吨,高于国际的2400元/吨,国内小麦价格为2550元/吨,高于国际的1570元/吨,分别比国际市场高58.33%和62.42%;国内大豆现货价格为4000元/吨,高于国际的2500元/吨,国内棉花现货价格为15000元/吨,高于国际的12000元/吨,分别比国际市场高60%和25%。这样造成的一个后果是,农产品下游企业(如加工企业)从市场上所获取的原料价格(往往是不低于最低收购价)通常高于市场机制形成的价格(无政策干预由供求形成的价格),而下游企业的加工成品(如大米)往往是由市场供求所形成的价格。这样一来,也就意味着农产品下游企业原料价格高于市场价格,而成品则是按照正常市场价格交易,从而损害了下游企业的利益。

(二)农产品库存积压,库销比普遍大幅高于全球水平,影响农业资源优化配置和统筹利用国际国内两个市场

美国农业部(United States Department of Agriculture, USDA)和中国农业农

村部（Ministry of Agriculture and Rural Affairs，MARA）数据显示，自 2002 年以来，中国大米和小麦的库销比长期稳定地高于全球水平 10～20 个百分点，尤其是自 2008 年金融危机以来，棉花库销比已经接近 200%。玉米库储量已由 2008 年的 4657.1 万吨增长到 2015 年的 24358.6 万吨，库销比已由 2008 年的 30.17% 攀升到了 2015 年的 156.27%（纪媛，2018），严重影响国内农业资源的优化配置和统筹利用国际国内两个市场。不仅如此，以"托底"为主要特征的农产品价格支持政策虽然引发了增产效应，但却会导致要素投入过量和资源消耗过度，并弱化了技术进步效应，对农业可持续发展造成长期负面影响（廖进球、黄青青，2019）。

（三）不断攀升的粮食最低收购价和临时收储政策收储价给农产品收储企业带来了巨大的收储压力

自 2004 年粮食最低收购价和 2008 年临时收储政策落地实施以来，水稻和小麦的最低收购价不断攀升，玉米、大豆、油菜籽和棉花等农产品收储价格不断上扬（见表 1-4），农产品收储企业收储压力持续加大，已经不堪重负。

此外，中央、省级、市级等各级储备粮库在收购、仓储、轮转等各个环节存在巨大的费用支出（见表 1-5）。受制于各级储备粮库的储备条件和储备能力差异，每年各级储备粮还有不同程度的自然损耗，为应对损失损耗同样会产生相应的财务支出，加之各级储备粮的利息支出，各级储备粮的财政支持已经越来越难以为继。

（四）现行农产品价格支持政策给国家造成了沉重的财政负担

仅以大豆和玉米的临时收储为例，从 2008 年开始，中央财政累计为大豆临时收储支出约 736 亿元（见表 1-6），为玉米临时收储支出高达 7318.71 亿元（见表 1-7）。其中，还不包括因为巨大库存每年所占有巨额财政资金和支出的库存费用，包括保管费用、损耗费用等，给国家造成了沉重的财政负担。

三、源于国家对农产品价格形成机制改革的路径探索

在以"托市"为特征的农产品价格支持政策越来越难以为继的背景下，国家开始了以"价补分离"为核心的农产品价格形成机制改革的制度探索。其中，农产品目标价格政策就是这种制度探索的重要尝试。2014 年的中央一号文件提出"探索推进农产品价格形成机制与政府补贴脱钩的改革，逐步建立农产品目标价格制度，切实保证农民收益""探索粮食、生猪等农产品目标价格保险试点"。2015 年的中央一号文件进一步提出"总结新疆棉花、东北和内蒙古大豆目标价

表 1-4　2004~2019 年中国粮食最低收购价和农产品临时收储政策收储价

年份品种	2004	2005	2006	2007	2008	2009	2010	2011	2012	2013	2014	2015	2016	2017	2018	2019
粮食最低收购价（MPP）（元/吨）																
水稻																
早籼稻	1400	1400	1400	1400	1540	1800	1860	2040	2400	2640	2700	2700	2660	2600	2400	2400
中、晚籼稻	1440	1440	1440	1440	1580	1840	1940	2140	2500	2700	2760	2760	2760	2720	2520	2520
粳稻	1500	1500	1500	1500	1640	1900	2100	2560	2800	3000	3100	3100	3000	2600	2600	2600
小麦																
白小麦			1440	1440	1540	1740	1800	1900	2040	2240	2360	2360	2360	2360	2300	2240
红小麦			1380	1380	1440	1660	1720	1860	2040	2240	2360	2360	2360	2360	2300	2240
混合小麦			1380	1380	1440	1660	1720	1860	2040	2240	2360	2360	2360	2360	2300	2240
临时收储政策收储价（TPSP）（元/吨）																
玉米					1500	1500	1800	1980	2120	2240	2240	2000	—	—	—	—
大豆					3700	3740	3800	4000	4600	4600	—	—	—	—	—	—
油菜籽					4400	3700	3900	4600	5000	5100	5100	—	—	—	—	—
棉花								19800	20400	20400	—	—	—	—	—	—

资料来源：国家发展和改革委员会。

表 1-5　各级储备粮补贴情况

类别	收购费用	仓储费用	轮换费用	损失损耗补贴标准	利息
中央储备粮	40~50 元/吨	78 元/吨（总公司留 2 元/吨）	中晚籼 200 元/吨 早籼 140 元/吨	损失损耗企业自负；灾害损失加入财产保险，由保险公司负责	按一年期贷款利率计算
省储备粮	40 元/吨	60 元/吨（2009 年拟提高至 80 元/吨）	140 元/吨	半年内 0.65% 半年至一年 1.2% 一年以上 1.75% 灾害损失 70%	按一年期贷款利率计算
市储备粮	40 元/吨	60 元/吨	140 元/吨	损失损耗企业自负；灾害损失 70%	按一年期贷款利率计算

资料来源：互联网，兴业证券研究所。

表 1-6　2008~2013 年我国大豆临时收储财政支出情况

年份	临时收储数量（万吨）	临时收储价格（元/吨）	中央财政支出（亿元）
2008	533	3700	197.21
2009	276	3740	103.22
2010	308	3800	117.04
2011	350	4000	140.00
2012	88	4600	40.48
2013	300	4600	138.00
总计	1855	—	735.95

资料来源：中国粮油信息中心，田聪颖. 我国大豆目标价格补贴政策评估研究 [D]. 中国农业大学博士学位论文，2018.

表 1-7　2008~2015 年我国玉米临时收储财政支出情况

年份	临时收储数量（万吨）	临时收储价格（元/吨）	中央财政支出（亿元）
2008	800	1500	120
2009	4000	1500	600
2010	0	1800	0
2011	105.8	1980	20.95

年份	临时收储数量（万吨）	临时收储价格（元/吨）	中央财政支出（亿元）
2012	3083	2120	653.60
2013	6919	2240	1549.86
2014	8329	2240	1865.7
2015	12543	2000	2508.60
总计	35212.8	—	7318.71

资料来源：纪媛．我国玉米临时收储政策实施效果评价研究［D］．中国农业科学院硕士学位论文，2018；临时收储价格来源于国家发展和改革委员会。

格改革试点经验，完善补贴方式，降低操作成本""积极开展农产品目标价格保险试点"。目标价格制度在国家层面正式确立。在我国农业领域探索建立并实施目标价格和差额补贴政策，无疑更加有助于保护农民利益，让农民得到更多实惠，能够有效调动农民种粮积极性，更好地保障国家粮食安全，提高国内粮食等重要农产品加工流通主体的市场竞争力（李国祥，2014）。

目标价格政策包含目标价格和差价补贴两个方面的重要内容：目标价格是由政府在市场经济中为了公共利益或特定群体利益而设定的一种理想价格，通常与市场价格相互独立，互不影响，因而能够既实现政府目标，又不扭曲市场价格；而差价补贴是指当市场价格过高时补贴低收入消费者，在市场价格低于目标价格时按差价补贴生产者，切实保证农民收益（李国祥，2014）。按照农产品目标价格的政策设计，粮农的售粮收益将由市场交易收益和差价补贴两部分构成，市场交易收益是即时收益，差价补贴是延后收益。而"托市收购政策"下粮农的售粮收益全部为即时收益。显然，由于政策调整而导致粮农收益方式的变化可能会对粮农的种粮行为产生影响。加之为了保障粮农的差价补贴落到实处，还需解决诸多"政策落地"的难题，例如，如何准确获得并核定粮农粮食生产销售信息的问题；补贴时间、补贴力度、补贴标准、补贴发放方式等。要解决这些问题，则需要研究粮农对目标价格具体政策的需求意愿和政策优先序以保障粮农利益。因此，研究目标价格政策的农户响应及政策优化，对于实现政策的预期目标和效果具有重大的现实意义。

第二节 研究问题与研究目标

一、研究问题

农产品目标价格政策自试点以来,完善了农产品价格形成机制,兼顾了农民收益保障和下游产业发展,在改善"托市"农产品价格支持政策弊病方面起到了积极效果;但在政策试点过程中,也出现了诸如执行成本过高、财政负担过重、农户预期收入不稳定等新问题。在这种背景下,学界、业界和政府部门都对目标价格政策的改革方向存在着一定争议。事实上,被视为农产品价格形成机制重要路径探索的目标价格政策,从2014年试点以来,国家将试点范围和品种严格限定在新疆棉花、东北三省和内蒙古大豆,并未向其他地区和其他品种延伸。从中央的政策导向来看,近几年在有关农产品市场改革的中央文件表述中,更多强调的是总结目标价格改革试点经验,依托保险公司探索农产品目标价格保险试点。尤其值得关注的是,根据目标价格改革试点方案,计划试点时期为三年,在试点结束后需要根据政策效果、市场反应、存在问题、农户响应等综合考虑未来政策走向。

正是综合考虑国际农业政策走向、国内农业政策调整窗口以及未来农业政策调整方向等,本书探索性地把研究重点集中于粮食主产区目标价格政策的粮农行为响应及政策优化上,主要是基于以下考量:在中国探索建立农产品目标价格制度的背景下,研究粮食主产区目标价格政策的粮农响应机制,有助于把握粮农的预期政策诉求,进而进行政策优化,提高政策实施绩效,从而实现保障粮食安全、稳定农户收入的重大战略目标。有鉴于此,本书主要回答以下六个问题:①中国农产品目标价格政策的整体构架与具体内容是怎样的?试点地区农产品目标价格政策执行的现状如何?政策效果如何?存在什么问题?该以什么样的路径去进一步完善政策?②在目标价格政策背景下,粮农的种粮意愿是否存在差异?有哪些因素在影响着粮农的种粮意愿和意愿差异?③粮农对目标价格政策的需求意愿以及后续政策优先序如何?④在不同政策情境下,农户对目标价格改革的响应呈现怎样的变化?⑤国外主要发达国家农业支持政策的实践历程和政策调整对中国农业政策的调整有何借鉴和启示?⑥该如何明确未来农业政调整方向？尤其是如何优化粮食主产区粮食支持政策，并进行合适的制度安排？等等。

二、研究目标

本书综合运用农业经济学、生态经济学、区域经济学等理论工具，沿着"目标价格改革实践现状—目标价格改革效果评判—粮农意愿与行为响应理论与实证—粮农对目标价格政策的优先序—政策模拟结果—国外经验启示—政策优化建议"的研究脉络展开，研究的主要目标是研究粮食主产区目标价格政策的粮农行为响应及政策优化，以期从理论上寻求目标价格政策在粮食主产区落地的依据，从微观上找到粮农对目标价格政策需求的科学解释，从经验上获取国内外相似政策实施的情况对粮食主产区推行该政策的启示，从政策落地角度获得目标价格政策在粮食主产区推行的具体建议。具体目标有五个方面：

（1）从定性和定量两个角度评估农产品目标价格的政策效果。在深度解读农产品目标价格政策内涵的基础上，立足国内试点情况，分析目标价格改革实践的运行态势、现状特征与主要问题，综合评估政策试点效果。

（2）从理论和实证两个层面厘清目标价格政策对粮农意愿的影响机理。理论分析粮食主产区目标价格政策对粮农意愿的影响，寻求对"目标价格政策"的理论支持，实证检验粮食主产区目标价格政策对粮农意愿的响应，从经验上获取粮农对"目标价格政策"需求的科学解释。

（3）从政策优先序和政策模拟两个方面分析粮农对目标价格政策落地的偏好效应。实证分析粮农对目标价格政策举措的优先序偏好，以期提升粮农对目标价格改革的满意度，从而为降低政策执行成本、提高政策效果提供遵循；综合模拟不同目标价格政策情境下，粮农种粮意愿和行为的变化方向及变动程度，为目标价格改革方向提供参考。

（4）从国外农业支持政策的实践现状和政策调整两个方面分析对中国当前农产品目标价格改革的经验教训。系统探究国外农产品目标价格政策的实践对中国粮食主产区政策实施的借鉴和启示，以期获得粮食主产区粮食目标价格政策落地的经验启示。

（5）结合国内试点和国外经验两个方面的研究结论，提出优化农产品目标价格改革的具体举措。综合考察粮食主产区粮农对目标价格政策的需求意愿、政策模拟结果以及后续政策的优先序，以便为目标价格政策在粮食主产区的可行性和操作性提供具体建议。

三、研究价值

（一）学术价值

（1）本书从农户政策响应角度为目标价格政策的推行提供理论支撑，丰富和发展了农产品目标价格政策的理论研究。对于农产品目标价格政策农户响应的理论研究还处于探索阶段，对目标价格政策扩展到粮食主产区对粮农种粮意愿的影响因素、影响机制并未明确。本书的研究有助于厘清影响因素，明确影响机制，从而为目标价格改革提供理论支撑。

（2）拓展了对目标价格政策的研究。目前研究主要集中在政策出台的必要性、具体政策解读、政策执行难点剖析、国际经验介绍等方面，本书将研究拓展到政策效果的定性与定量评价、农户的意愿响应、政策优先序偏好、政策模拟及政策优化，进一步深化对目标价格政策的研究。本书的研究为中国农产品目标价格改革试点提供了全景展示，有助于为农业支持政策改革方向提供参考。

（二）应用价值

（1）有利于为目标价格改革试点的政策效果提供智力支撑。农产品目标价格改革试点中的一些具体问题亟须理论上予以解释，后续相关政策的调整，也需要相关领域的研究来作为指导和支撑。本书的研究正是聚焦探索农产品目标价格改革试点中的一些重要理论问题，尝试以理论突破促实践落地。

（2）有利于为提高目标价格改革的预期效果提供决策参考。农产品目标价格改革试点不仅是中国农业支持政策改革的重要探索，也是与国际农业政策接轨的一次大胆尝试。在面临国际国内复杂环境下的改革试点，客观存在着改革红利与改革风险并存，如何有效规避目标价格改革的风险是一项新的课题。本书的探索性研究有助于为提高目标价格改革的预期效果提供决策参考。

第三节　研究内容与重点难点

一、研究内容

（一）研究对象

本书以"粮食主产区的粮农"为研究对象，其中，"粮农"是指粮食主产区一切从事粮食生产的主体，包括个体农户、粮作大户、家庭农场、农民专业合作社以及通过"反租倒包"方式开展粮食生产的农业产业化龙头企业等。

（二）研究内容

本书研究的主要内容包含以下六个方面：

1. 农产品目标价格改革的政策内涵、政策实践与政策评价

（1）系统梳理和归纳农产品目标价格政策的整体构架与具体内容，全面解构农产品目标价格政策的逻辑框架，为后续研究奠定基础。

（2）归纳和总结农产品目标价格政策在新疆棉农、东北三省和内蒙古豆农的执行现状、存在的问题、经验与启示。

（3）定性和定量评判农产品目标价格改革的政策效果，从而为后续政策矫正及改革方向做参考。

2. 粮农对农产品目标价格政策意愿响应的理论与实证分析

（1）农产品目标价格政策的粮农响应的影响因素分析。主要包括两大类影响因素：一是与目标价格政策相关的因素，例如，目标价格政策下农户收入预期、目标价格水平预期、政策执行人员评价、监督机制的评价、配套政策建设评价、农户对补贴标准认知以及农户对补贴方式认知等；二是粮食种植主体的相关因素，例如，粮农户主年龄、受教育程度、粮农家庭经济类型、粮农是否参加技术培训、粮农是否加入合作组织、粮农耕地规模等。

（2）在对农户行为理论、计划行为理论（TPB）等相关理论进行梳理的基础上，根据国内外实践和研究成果，明确本书的前提假设，明晰农产品目标价格政策与粮农响应的作用机理，构建理论分析框架；在理论分析框架基础上进一步明确具体的计量模型和方法。

（3）农产品目标价格政策的粮农种粮意愿的实证分析。主要从实证角度考察粮农种粮意愿是否发生了变化及其影响因素。采用多元选择 Logit（Multinomial Logit）模型分析影响粮农种粮意愿响应的因素。

3. 粮农对目标价格政策的需求意愿以及后续政策优先序分析

（1）通过实地调查数据，采用聚类分析法分析粮农对目标价格政策具体政策的需求意愿的排序，提供政策调整的依据。

（2）通过实地调查数据，采用多元 Logistic 模型识别粮农目标价格后续政策优先序的影响因素。

4. 粮农对目标价格改革响应的政策模拟分析

本部分通过实证数学规划（Positive Mathematical Programming，PMP）模型来

模拟在不同政策情境下农户对目标价格改革响应所呈现的变化。根据不同的政策场景，评估不同政策情景及政策强度对粮食生产者产生的激励效果，以便为后续的政策调整提供决策参考。

5. 国外主要典型国家农业支持政策的政策演进及经验借鉴

归纳和总结国外主要典型国家实施类似"农产品目标价格政策"的农业支持政策的经验，尤其是梳理出政策演变的总体脉络、政策调整逻辑、政策效果以及对完善中国农产品目标价格补贴改革的经验与启示。

6. 粮食主产区目标价格政策优化路径及制度安排

根据农产品目标价格改革试点的实施情况及政策评价，在对粮农目标价格政策意愿响应的理论与实证以及后续政策优先序分析的基础上，结合粮农对目标价格改革响应的政策模拟、国外经验借鉴，进一步针对中国农业政策的实际，有针对性地提出粮食主产区目标价格政策优化路径和制度安排的合理化建议。

二、研究重点和难点

本书有三个研究重点：一是农产品目标价格政策的政策内涵、政策实践与政策效果；二是农产品目标价格政策与粮农行为响应的理论与实证分析；三是粮农对目标价格政策的需求意愿以及后续政策优先序分析。

本书有三个研究难点：一是本研究需要调查多个农产品目标价格地区农户的数据，获得大量、可靠调查数据具有一定的挑战性；二是对目标价格政策的农户响应及政策模拟研究依赖于计量模型的构建，而目前国内外缺乏相似研究，在模型设定与参数选择上具有一定的难度；三是目标价格政策的后续子项政策目前还未完全确定，这对以粮农对目标价格政策的需求意愿为基础的后续政策优先序分析是一个挑战。

第四节　研究的逻辑框架

本书坚持"问题导向"的研究总基调，从政策落地的现状与问题入手，结合研究现状和理论工具，提出研究问题，明确研究目标，分别从现有政策评价、粮农政策响应与政策矫正等逻辑上环环相扣的三个方面展开：首先，针对试点情况开展专题研究，通过一手和二手资料，系统分析了目标价格改革在试点地区实施的现状特征、主要问题与经验启示，进而利用全国省级面板数据通过双重差分模型（Difference – in – Difference，DID）对农产品目标价格改革的政策效果进行了定量评判，全面评价目标价格改革的综合政策效果；其次，结合在粮食主产区开展的农户调研数据，运用农户行为理论、计划行为理论等理论工具，构建目标价格政策背景下粮农意愿响应的理论模型，并通过多元选择 Logit 模型进行实证检验，而后对粮农对目标价格政策的需求意愿以及后续政策优先序进行分析；最后，利用实证数学规划（Positive Mathematical Programming，PMP）模型模拟不同政策情境下农户对目标价格改革响应呈现的变化，并通过梳理国外主要典型国家实施类似"农产品目标价格政策"的农业支持政策的历程、特点和政策调整情况，从中归纳出经验启示，从而提出完善目标价格改革的政策优化路径（见图 1 – 3）。

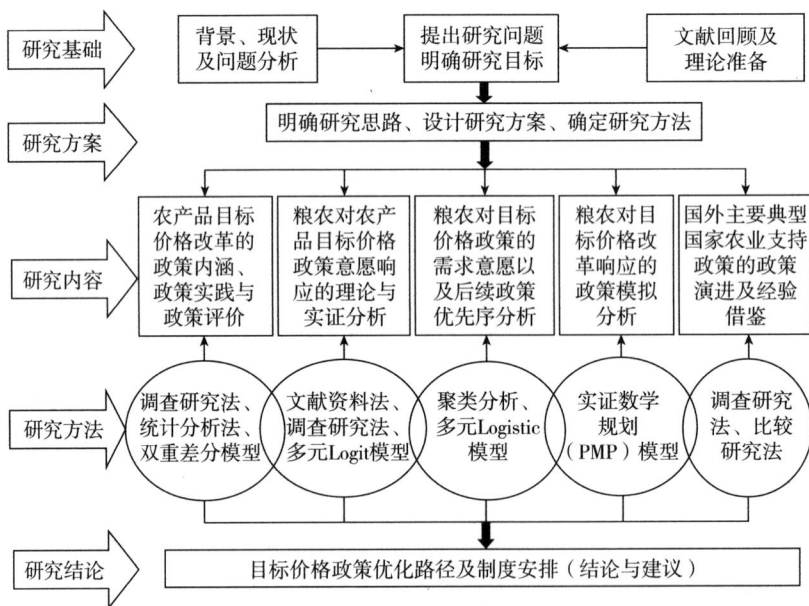

图 1 – 3　本书的逻辑框架

第五节　主要研究方法

本书综合采用定性研究和定量研究相结合，规范研究和实证研究相结合的研究方法开展研究，具体采用的研究方法主要包括调查研究法、实证计量模型分析法、比较分析法。

一、调查研究法

为针对农产品目标价格试点地区的实施现状、存在问题展开研究，需要深入基层实地调研中获取素材，从中挖掘典型经验做法，进行归纳与总结。全面收集和整理新疆地区（新疆维吾尔自治区和新疆生产建设兵团）开展棉花目标价格改革试点、东北三省和内蒙古开展大豆目标价格改革试点的总体方案和具体举措，尤其是棉农、豆农对目标价格改革的响应情况，构建丰富二手资料数据集。

与此同时，针对粮农响应的研究，需要对粮食主产区进行全面系统调研，调研区域主要选择在南方稻米产区，在江西省的赣抚平原和湖北省的江汉平原各选取 1~3 个粮食主产县进行实地调查，调研对象涵盖基层农户、现代农业经营组织（大户、家庭农场、合作社、农业产业化龙头企业等）、政府官员等，通过多阶段抽样的方式抽取农户开展问卷调研和深度访谈，形成一手资料数据集。通过建立二手资料数据集和实地调查研究数据集，为本书的完成打下良好基础。

二、实证计量模型分析法

通过调查研究法、统计分析法对农产品目标价格改革试点地区的政策效果进行定性评价，通过双重差分模型（DID）对农产品目标价格改革试点效果进行定量评价，从而完成定性和定量方法的综合评价；通过多元选择 Logit 模型从理论和实证上分析粮农对农产品目标价格政策意愿的响应情况，并利用聚类分析法和多元 Logistic 模型分析粮农对目标价格政策的需求意愿以及后续政策优先序；采用实证数学规划（PMP）模型模拟粮农对目标价格改革响应的变化。

三、比较分析法

通过梳理国外典型国家和地区（美国、欧盟、日本、韩国、墨西哥）农业支持政策（尤其是目标价格政策）演变的总体脉络，尤其是归纳和总结每次政策调整的主要内容、内在逻辑、突出特点与政策效果，通过比较分析这些国家农业支持政策的共性做法和个性探索，得出完善中国农产品目标价格补贴政策改革的经验启示。研究内容与研究方法的对应如表1-8所示。

表1-8　主要研究方法

研究内容	研究方法
农产品目标价格改革的政策内涵、政策实践与政策评价	文献资料法、调查研究法、统计分析法、双重差分模型（DID）
粮农对农产品目标价格政策意愿响应的理论与实证分析	文献资料法、调查研究法、多元选择 Logit 模型
粮农对目标价格政策的需求意愿以及后续政策优先序分析	聚类分析法、多元 Logistic 模型
粮农对目标价格改革响应的政策模拟分析	实证数学规划（PMP）模型
国外发达国家农业支持政策的政策演进及经验借鉴	文献资料法、调查研究法、比较研究法
目标价格政策优化路径及制度安排	文献资料法、归纳法

第六节　研究资料与数据来源

一、目标价格改革政策效果评价的数据来源

（一）目标价格改革政策效果定性评价的数据来源

定性评价的资料主要依据文献和定性二手资料。文献资料主要来源于广泛收集的国内外专家学者和学术机构撰写的学术论文、专著和研究报告。定性二手资料主要来源于各级各类政府出台的有关目标价格改革的文件以及试点地区出台的各项有关目标价格改革的具体操作规程，例如，国家层面出台的有关目标价格改革的文件（含中央一号文件、国家各部委出台的文件等）、试点省区大豆目标价格改革试点工作方案（内蒙古自治区、辽宁省、吉林省、黑龙江省）、试点地区棉花目标价格改革试点工作方案（新疆维吾尔自治区、新疆生产建设兵团）以及棉花目标价格改革试点加工企业资格认定办法、仓储管理办法、公正检验实施

办法、监管仓库收费标准、棉花大豆目标价格改革宣传提纲等。除此之外，本书还系统收集了新疆地区棉花目标价格试点实施情况以及东北三省和内蒙古地区大豆目标价格试点实施情况，尤其是目标价格运行态势、具体操作、农户响应、政府态度以及存在问题等。特别地，为全面了解目标价格改革的历史沿革，还收集了苏州粮食收购价外补贴制度、北京生猪价格指数保险制度、上海绿叶菜成本价格保险制度、张家港蔬菜价格指数保险制度等全国各地比较有代表性的农产品目标价格保险的情况。

（二）目标价格改革政策效果定量评价的数据来源

本部分主要是利用双重差分模型定量评价棉花和大豆目标价格改革的政策效果，所使用的数据是 2002～2017 年全国省级层面的面板数据。其中，棉花（大豆）播种面积、产量、单产和人均纯收入数据均来自全国 30 个省（区、市）①历年统计年鉴；上一年棉花（大豆）生产成本来源于国家发展和改革委员会价格司编写的历年《全国农产品成本收益资料汇编》；上一年玉米的单产和价格来源于 30 个省（区、市）历年统计年鉴和历年《全国农产品成本收益资料汇编》。

二、目标价格改革农户响应、政策优先序及政策模拟数据来源

关于目标价格改革农户响应及政策优先序的研究数据，主要来源于针对粮食主产区农户的微观调查。田野调查从 2015 年 7 月延续到 2017 年 8 月，调查的区域主要选择了全国 13 个粮食主产区的湖北省和江西省，通过严格的抽样方法进行抽样调查，综合采用了多阶段抽样、配额抽样和随机抽样的方式抽取了样本。样本在各地区的分布数量，综合考量了农业人口以及粮食播种面积，以确保样本的代表性。最终，本书共获得粮农有效调研问卷 849 份（其中种粮大户 29 份），同时也获得了部分地方官员对农产品价格支持政策的看法以及对目标价格政策在粮食主产区落地的看法与建议。此外，为帮助本书从感官上获知问卷无法反应的农户对目标价格政策的认知、对粮食最低收购价政策的认知以及对粮食政策的期许，我们要求除完成调研问卷外，在整个调查期间，每位调研员必须撰写一份调查感受，主要阐述整个调研过程中自己对零距离接触调研农户的认知，主要起到补充部分信息的作用。通过田野调查，最终获得了包含农户调研问卷（含大户）、官员访谈资料以及调研员调研感受在内的一手资料数据集，为后续经验研究和定量研究打下了良好基础。

---

① 由于重庆直辖市的设立时间为 1997 年，因此，本书将重庆的数据并入四川省来纳入模型进行分析。

第七节　研究创新与局限

一、创新之处

(一) 选题新颖

农产品目标价格政策出台时间较短，国内学术界对"农产品目标价格"相关问题的研究主要是从政策出台的必要性、具体政策解读、政策执行难点剖析、国际经验介绍等角度开展的，从政策的农户响应角度开展研究的系统性和深入性不足，几乎没有学者研究目标价格政策的粮农需求优先序以及目标价格改革的政策模拟。本书聚焦于粮食主产区，从粮农响应角度入手，选题具有一定新颖性。

(二) 研究内容有特色

从宏观和微观两个角度，运用定性和定量两类方法系统评价农产品目标价格改革的政策效果，并分析粮农对政策的响应，拓展了现有研究。在宏观层面，从文献和资料出发，定性分析了农产品目标价格的政策效果；基于 2002~2017 年全国省级面板数据运用双重差分模型（DID）分别定量评估大豆和棉花目标价格改革试点的政策效果，区别于现有文献单独考察大豆或者棉花目标价格改革政策效果的研究。在微观层面，以大规模入户调查数据为基础，不仅重点研究了农产品目标价格政策的粮农响应机制，还研究了粮农对目标价格政策的需求意愿以及后续政策优先序；以实证数学规划（PMP）模型模拟了农产品目标价格政策对农户的潜在影响，这些研究内容都拓展了当前"农产品目标价格"的研究内容。

(三) 在研究方法运用上是一项新的尝试

现有研究以规范研究、定性研究为主，定量研究略显不足。本书综合采用了定性研究和定量研究相结合，规范和实证相结合的研究方法，尤其是用到了很多计量分析工具［如双重差分模型、多元选择 Logit 模型、实证数学规划（PMP）模型等］，在研究方法上区别于当前本领域的研究成果。

二、局限性

鉴于受研究条件的局限，本书重在探索性和思辨性，所研究的问题还存在以下三个方面的不足：

（一）研究框架的局限

立足于农产品目标价格改革试点的整体评价，并结合粮食主产区的粮农响应，从而提出农产品目标价格政策调整的方向。到目前为止，从国家政策试点情况来看，农产品目标价格改革在地域上限定于新疆、内蒙古和东北三省，在品种上限定于棉花和大豆，并未拓展到其他地区及粮食品种。因此，受制于政策试点区域布局和品种布局，只能着眼于从探讨粮食主产区的粮农意愿响应角度去研究农产品目标价格政策对粮食安全的潜在影响，无法考察目标价格改革对粮食主产区粮农行为的影响。因此，后续研究可以在这个方向上进一步探索和研究。

（二）研究内容的不足

粮食主产区地域很广，涉及的粮食品种很多，不同地区、不同粮食种植户对农业支持政策（尤其是对于农产品目标价格政策）的响应差异较大。鉴于研究的时间、经费所限，本书的研究区域并未覆盖所有粮食主产区，研究视域也无法涵盖所有粮食种类，而是选择了两个主要的粮食主产省（江西省和湖北省）的稻谷种植区展开研究，这可能会影响粮农对农产品目标价格政策响应的精准性。未来研究可以考虑将研究区域扩大到其他粮食主产区，尤其是考察不同种类的粮食种植户对目标价格改革响应的差异，以及政策分类优化取向，提高政策精准度。

（三）研究数据的限制

鉴于县域层面研究数据的欠缺，本书对目标价格改革试点政策效果的定量评价，主要是运用全国省级层面的数据，在一定程度上影响了评价结果的准确性。后续研究可以进一步从县级层面数据入手系统考察目标价格改革试点的政策效果，也可以利用县级层面数据研究不同地区、不同粮食作物生产者对目标价格改革的响应，从而为精准施策提供参考。而对农户政策响应的研究，主要依赖于对两个粮食主产省的微观调查数据，基于截面数据的研究无法捕捉农户对目标价格改革响应的动态变化。后续研究可以基于微观层面的农户追踪调研数据，研究目标价格改革对农户响应的动态趋势。

第二章 农产品目标价格的研究动态与理论工具

全面而系统地掌握研究动态与研究趋势是开展研究的基础性环节，采用合适的研究方法系统归纳和梳理当前有关农产品目标价格的研究成果和政策实践，对于完善政策试点和实现预期政策目标，具有重大的现实针对性和迫切性。本章的研究目标是：首先，通过元分析技术对农产品目标价格相关文献进行系统梳理和归纳，识别出农产品目标价格研究的理论困境，从而为深化该研究领域提供突破方向，并立足当前研究的薄弱点为本书的后续研究寻找理论逻辑，进而完善该领域的理论和经验研究；其次，为了夯实本书的理论基础，本章还结合研究对象和问题，简要介绍了本研究所使用的理论工具。

第一节 农产品目标价格的研究现状与趋势

元分析是一种重要的内容分析方法，主要是运用特定的统计学方法对已有研究结果进行系统的定性与定量分析，从而克服单项研究方法可能存在的个体研究者学科局限、信息泄露和认知偏倚等问题（高良谋、高静美，2009）。在学界，围绕农产品目标价格的相关研究逐渐成为农业经济和政策领域的研究热点和学术前沿。早在2008年，国家发展改革委员会所下发的《国家粮食安全中长期规划纲要（2008－2020年）》就明确提出"借鉴国际经验，探索研究目标价格补贴制度，建立符合市场化要求、适合中国国情的新型粮食价格支持体系"①，至此，

---

① http：//www. gov. cn/test/2008－11/14/content_ 1148698. htm.

开启了农产品目标价格研究的时间窗口，国内有关目标价格的研究趋势就证实了这一点。截至 2020 年 6 月，利用中国知网（China National Knowledge Infrastructure, CNKI）的"知识元检索"功能，以"目标价格"为检索词，检索可知，2009~2013 年有关"目标价格"的研究文献合计不足 120 篇，在 2014 年中央明确提出目标价格试点以后，关于农产品目标价格的研究迎来了大爆发，仅 2014 年就发表了 349 篇中文文献，比 2013 年增长了 8.7 倍，而 2014~2018 年的发文量合计达到 1274 篇（见图 2－1）。

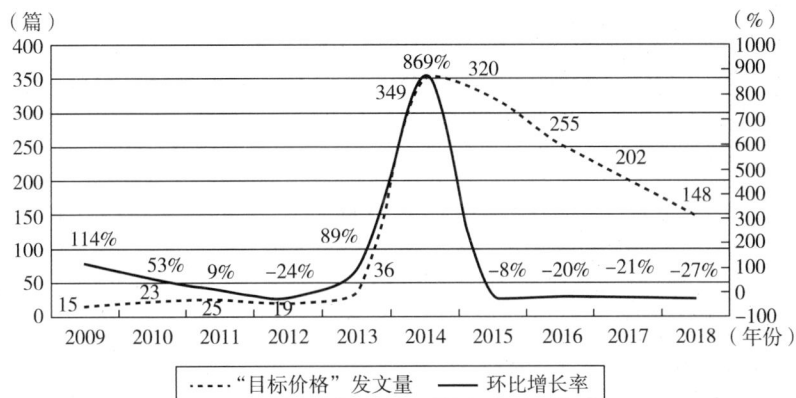

图 2－1　2009~2018 年中国知网（CNKI）"目标价格"研究发文量和环比增长率

尽管学界对农产品目标价格的研究日益活跃，但鉴于农产品目标价格政策出台时间较短，学界对"农产品目标价格"相关问题的研究还处于起步阶段，研究的系统性明显不足。为了全面把握农产品目标价格的研究现状，我们使用"目标价格"作为项目名称在国家社科基金项目数据库和国家自然科学基金项目库中进行了查询（截止到 2020 年 6 月），仅查询到 5 项国家社科基金立项项目和 3 项国家自然科学基金立项项目。为了全面获得最新文献资料，本课题组又在中国国家数字图书馆以"目标价格"作为关键词进行了中文图书检索，发现了四本有关"农产品目标价格"的著作：《引入农产品目标价格制度的理论、方法与政策选择》（中国发展出版社，2015 年）、《农产品目标价格改革试点进展情况研究》（中国农业出版社，2015 年）、《大豆目标价格政策的经济效应分析》（中国农业出版社，2019 年）和《大豆目标价格补贴政策实施效果遥感研究》（中国农业科学技术出版社，2019 年）。最后，我们在中国知网（CNKI）平台以"目标价格"一词进行了主题检索，截止到 2020 年 6 月共获得 2540 条记录，其中 1351 条记录是介绍性的报纸文献，学术性的文献记录只有 1189 条记录（其中，硕博论文 360 篇，核心及以上期刊论文 627 篇）；而在国家哲学社会科学学术期刊数据库（NSSD）平台进行了主题词检索，只获得了 286 条记录，而这些文献大多与中国知网中的文献重合。同时，为了从更广阔的视域研究农产品目标价格问题，课题组还全面收集和整理了国内外有关农产品价格支持政策、农业补贴政策、国外主要农业发达国家（美国、欧盟、日本、韩国、墨西哥等）农业支持政策及农产品价格支持政策、农户行为响应等方面的文献资料，通过系统而全面的文献收集，为本书的后续研究奠定了良好的文献基础。

通过全面而系统的文献检索，我们发现，有关农产品目标价格的相关研究不仅在广度和深度上远远落后于其他农业经济与政策的研究领域，也落后于当前的农产品目标价格的政策实践。农产品目标价格的理论探索远远滞后于实践的现实，已经极大地制约了政策的试点效果及未来政策调整的方向。基于此，我们主要从以下六个方面对农产品目标价格研究展开系统的文献归纳，并进行趋势判断：

一、关于农产品目标价格政策内涵与政策背景的研究

（一）有关农产品目标价格内涵的研究

目标价格政策的实质是通过农户收入稳定保障计划来实现农业与农村的稳定发展。遵循这一理念，国外也有类似的农业支持政策。例如，韩国出台的水稻种植收入不足补贴政策（Income Deficiency Payment for Rice Farming，IDPRF），该政策设置了门槛价格和参考价格，当门槛价格（Gate Price）低于参考价格时（Reference Price），政府会将差价的 80% 补贴给农户。后来，为了构建农户收入安全网，韩国引入了目标价格（Target Price），并出台了水稻收入补偿计划（Rice Income Deficiency Payment，RIDP），该计划将市场价格与目标价格之间的差额划分为水稻直补的固定支付（Fixed Payment）与可变支付（Variable Payment）（S. S. Lim，2007）。又如，日本出台了针对稻农直补的收入补偿计划（Income Censation Program，ICP），该计划将补贴分为固定补贴和浮动补贴，其中，固定补贴与水稻种植面积挂钩，浮动补贴则补贴生产成本超过市场价格的部分（Y. Godo，2012）。显然，无论是韩国水稻种植收入不足补贴政策（IDPRF）、日本的收入补偿计划（ICP），还是 2014 年美国农业法案中价格损失保障（Price Loss Coverage，PLC）和农业风险保障（Agriculture Risk Coverage，ARC）（农业部国际合作司，2014），抑或是欧盟共同农业政策之中的降低直接支付额度的举

措（刘武兵，2016）在本质上均与目标价格补贴异曲同工。再如，美国2014年的农业法案用农户价格和收入下行风险保护政策取代了固定直补政策，强化了农户农业保险及收入保障（Zulauf C. 和 Orden D.，2014）。

国内对农产品目标价格内涵的认识，曾有学者从目标价格的基本要求、主要构成以及测算方法等方面阐述了农产品目标价格的内涵（冯晓波、屈校民，2012），也有学者从粮食目标价格与现行粮食最低收购价的主要区别角度阐述了其内涵（王双进，2014；汪希成、秦彦腾，2016）。但现在学界和业界对农产品目标价格内涵的认识较为一致：目标价格政策包含目标价格和差价补贴两个方面的内容，目标价格是由政府在市场经济中为了公共利益或特定群体利益而设定的一种理想价格，通常与市场价格相互独立，互不影响，因而能够既实现政府目标，又不扭曲市场价格；而差价补贴是指当市场价格过高时补贴低收入消费者，在市场价格低于目标价格时按差价补贴生产者，切实保证农民收益（李国祥，2014）。

（二）有关农产品目标价格政策出台背景的研究

任何一项政策的出台与实施都需要把握政策的窗口机遇期。在国际视域方面，韩国出台的水稻种植收入不足补贴政策（IDPRF）和水稻收入补偿计划（RIDP）均是源于国际贸易带来的压力（S. S. Lim，2007）。日本针对稻农直补的收入补偿计划（ICP）出台的背景主要是政党政治博弈（Y. Godo，2012）和缓解耕地撂荒问题（T. Hashiguchi，2014）。2014年美国农业法案的出台是在美国国内政治环境变化、农产品价格高企、农业收入增加、农业补贴财政负担沉重、国家贸易形势发生变化等综合因素作用下调整的结果（农业部国际合作司，2014）。欧盟共同农业政策的调整是缘于过剩农产品处理难题以及缓解政府财政负担的现实背景（刘武兵，2016）。在国内视域方面，学者们对农产品目标价格政策实施的窗口机遇期是否到来（必要性）存在两种略有差异的观点。第一种观点认为，农产品目标价格政策是农产品价格支持体系改革的主要方向，应该积极试点，稳妥推行，代表人物有程国强、李国祥、冯海发等。程国强（2014，2016）从现行制度的弊端角度提出了农产品目标价格制度的必要性和迫切性，并认为当前是推进粮价改革的最佳时机。李国祥（2014）认为，在我国农业领域探索建立并实施目标价格和差额补贴政策，有助于保护农民利益和保障国家粮食安全。冯海发（2014）在探讨农产品目标价格制度必要性的基础上提出了稳妥推进的思路。李光泗和郑毓盛（2014）从粮食储备及调控成本、价格波动对生产者与消费者福利的影响角度，阐述了农产品目标价格政策的迫切性。梅星星和冯中朝（2014）从油菜籽临储政策的弊端、油菜产业的发展现状和油菜籽国内外价格倒挂三个方面阐述了油菜籽的目标价格实施的窗口期已经到来。谢学平等（2015）则从当前农产品补贴政策的不完善和农产品价格机制亟须市场化两个层面论述了建立农产品目标价格的必要性。第二种观点认为，鉴于目标价格政策面临潜在的诸多风险和操作成本，应该慎重实施，主要代表人物有黄季焜、秦中春、徐雪高等。黄季焜等（2015）认为，农产品目标价格政策应慎重出台，而且政策涉及的产品不宜过广，特别要注意政策目标的集中性和配套政策的完善性。秦中春（2015）认为，必须着力降低农产品目标价格政策的操作成本才可能实现预期的政策目标。徐雪高和齐皓天（2016）、齐皓天、徐雪高和王兴华（2016）则建议，在其他配套支持政策和基础数据尚未完全建立的情况下，农产品目标价格政策的施行面临较大的操作成本和道德风险。王文涛和张秋龙（2016）则从 WTO 规则和政策目标两个角度论述了第一种观点的局限性。

二、关于农产品目标价格政策实施现状与问题的研究

（一）有关农产品目标价格测算的研究

关于农产品目标价格测算的方法，综合学界思路和试点地区实际做法，主要有以下四种。

1. 遵循"成本 + 收益"的测算原则

代表人物有王文涛、卢凌宵、刘慧等。王文涛（2011）从要素价格角度提出的测算方法是：粮食目标价格 =（每亩投入要素成本 + 正常利润）/产量。卢凌宵等（2015）根据棉花和大豆目标价格改革中存在的问题，提出的计算方法为：目标价格水平 = 生产成本（物质成本 + 雇工费用）+ 基本收益[保障系数（K）×（净利润 + 自己的人工成本）]，并详细解释了调整的理由。刘慧（2015）认为，应将农户自身成本纳入到目标价格中，由此提出的测算公式为：目标价格水平 = 生产成本（物质成本 + 雇工费用）+ 基本收益[保障系数（K）×（净利润 + 农户自身人工成本）]。

2. 遵循"成本 + 收益 + 调整系数"的测算原则

代表人物有何登录、梅星星等。何登录（2015）建议目标价格额度采用"完全成本""合理利润"和"需求预期调整系数"三者之和来表示，并详细解释了三者的具体内涵和算法。梅星星等（2015）根据目标价格制度的初衷，为油菜籽目标价格设计了一个计算式：$P = (C + r) / Q \times (1 + \rho \times 1/w)$，其中，C 表示油菜籽每公顷生产成本，r 表示国内社会平均收益，Q 表示油菜籽每公顷产量，w 表示油菜籽生产率，ρ 表示油菜籽生产率修正系数。

3. 遵循"成本 + 收益 + 其他因素"的测算原则

代表人物有赵新民和张杰、詹琳和蒋和平、徐雪高等。赵新民和张杰（2015）综合考虑生产成本和国际市场价格提出了棉花目标价格的测算公式：目标价格 = 国内基础生产成本（含合理利润）×权衡系数 + 国际市场平均价格×（1 − 权衡系数），并解释了权衡系数的确定标准。詹琳和蒋和平（2015）从粮食生产者的角度提出了目标价格的计算公式为：目标价格 =（完全生产成本 + 合理利润）×农村居民收入调整系数×区域间成本与流通费用调整系数×季节间调整系数。徐雪高等（2013）基于大豆"成本—收益"框架，通过前五年数据测算当年大豆的成本、收益、总产值和总产量，进而测算出当年大豆目标价格。

4. 其他测算思路

代表人物有黄季焜、美国农业部经济研究局、伍世安等。可以看出，以上三种思路本质上都是基于"成本 + 收益"的基本原则，也有学者反对以"成本 + 收益"为基准来确定目标价格。黄季焜等（2015）认为，目标价格应以抵御市场风险为主，根据长期价格变动趋势确定，而不应该以农民成本、收益为主要考虑目标。美国农业部经济研究局（2014）确立了美国 2014 年农业法案下的价格损失保障补贴和农业风险保障补贴的计算方法，两种方法都是以平抑市场风险为主要目标。伍世安等（2012）通过测算五种政策目标下的玉米目标价格水平，然后采用加权法合成最终的目标价格。李志隆和屈校民（2010）认为，目标价格 =（当年新粮上市前三个月市场价格 + 后三个月市场价格）/6，该算法是以市场交易价格为基准。

（二）有关农产品目标价格政策执行难点的研究

很多学者从理论上和经验上分析了农产品目标价格政策在执行过程中可能存在的障碍和难点，归纳起来主要有以下三个方面：①在政策执行性方面，不仅会带来高昂的政策执行成本，同时也没有减轻政府的财政负担。不同于最低收购价政策，目标价格政策的落地和取得预期效果，需要一系列基础工作的支撑，如需要掌握完善的农户种植信息和农户经济核算信息，需要精准的市场信息以确保市场价采集的真实性等。中国目前的实际情况是，以上基础信息建设存在一定的滞后性，从而会带来较高的政策执行成本（李国祥，2014；徐田华，2018）。同时，有巨量农产品需要补贴差价，会造成巨额的财政负担（黄季焜等，2015；徐田华，2018）。补贴方式不合理、预期收益不明显、政策宣传不深入等问题（刘明星等，2018）导致高企的政策执行成本，影响了政策的预期效果。②在政策有效性方面，目标价格政策使补贴计算难度加大，补贴时间延后，在一定程度上提高了农户种植决策的难度（周杨、邵喜武，2019），使生产者面临预期收入的不确定性（徐田华，2018），可能因对象不理解导致政策目标的偏离。③在政策协同性方面，目标价格政策还面临与现有农业支持政策体系的协同性问题，目标价格政策嵌入不畅可能引发新的潜在问题，例如，在政策改革初期可能存在因使农作物比价关系混乱而延误农业种植结构调整等问题（杜辉，2019），还可能存在导致粮食生产过剩风险（胡迪等，2019）等潜在风险。

三、关于农产品目标价格政策评价及政策效果的研究

（一）国外关于农产品目标价格政策评价及政策效果的研究

周应恒、彭云和周德（2017）认为，欧盟共同农业支持政策不仅实现了保障粮食安全、解决农产品过剩及财政负担过重等短期政策目标，还实现了促进农村发展、保护农业生态环境等长期政策目标。Kim Jaehyung（2014）通过比较1993～2002年和2003～2012年稻农收入变化来检验韩国的稻农直补计划，数据显示：扣除同期全国稻农收入平均增长率（52.9%），稻农收入在1993～2002年和2003～2012年分别下降了18.7%和29%，稻农直补计划并未取得预期效果。Marten G.（2018）从空间竞争的角度，通过实证研究脱钩直补对农地价格的影响，以便观察对农业生产及农民收入的影响，研究结果显示：脱钩直补对合作性土地租赁市场的地价影响较小。K. O. Olagunju、M. Patton和S. Feng（2019）采用北爱尔兰2008～2016年农户层面的数据验证了脱钩补贴（目标价格补贴也是属于脱钩补贴的一种）对农产品产量的影响，实证结果显示：脱钩补贴对农产品产量具有显著的正效应。M Espinosa等（2019）运用欧盟广义个体农户模型（EU – wide Individual Farm Model，IFM – CAP）检验了欧盟共同农业政策（EU's Common Agricultural Policy，CAP）改革的微观效应，研究结果显示：虽然直补政策导致约62%的农户收入增加，但大农户的利益却受损，总体减轻了农户的收入差距。T. Takayama、N. Hashizume, T. Nakatani（2019）采用面板数据研究了直补政策在不受欢迎地区（Less – Favoured Areas，LFAs）对日本农户的影响，研究结果显示虽然不受欢迎地区的农业直补导致培育连片土地，改善了土地撂荒问题，但效果不明显。

（二）国内关于农产品目标价格政策评价及政策效果的研究

在国内，对农产品目标价格政策效果的研究存在一定分歧。

（1）认为农产品目标价格政策实现了预期效果。在定性研究方面，有学者证实了目标价格政策基本实现了保障豆农基本收益（陈菲菲、石李陪、刘乐，2016）、完善大豆市场机制的目标（王力、何韶华，2018），下游大豆加工企业效益明显回升（樊琦、祁华清、李霜，2016），使大豆期货市场效用有效发挥，节约了库存成本（徐建玲、钱馨蕾，2017）。在定量研究方面，方燕和李磊（2017）采用 GARCH 模型研究了大豆目标价格的政策效果，研究结果显示：目标价格的实施稳定了大豆市场，弱化了大豆价格风险，发挥了市场机制的价格形成功能。贺超飞和于冷（2018）基于 2011～2015 年的县级面板数据，采用双重差分方法定量研究了目标价格制度对大豆播种面积的影响，研究结果显示：目标价格制度提升豆农的种豆预期收益，刺激了大豆播种面积增加，但这种刺激性存在弱化趋势。郜亮亮和杜志雄（2018）利用协整模型和格兰杰因果模型检验国内外棉花价格以及不同棉花产业链上下游棉花价格联动情况，研究结果证实：棉花目标价格改革矫正了国内外和上下游棉花价格的传导关系，基本达到了完善棉花价格市场形成机制的政策目标。徐建玲、储怡菲和胡晓明（2018）定量研究了目标价格政策对大豆期货市场功能的影响，研究结果表明：目标价格改革提升了大豆期货市场的引导、发现和套期保值功能。

（2）认为农产品目标价格政策存在许多问题，实现预期政策目标面临诸多困难。在微观上，有学者研究表明，在农产品目标价格实施后，既没有调动豆农的积极性（卢凌宵等，2015），也没有实现大豆面积和产量的提升，更没有缩小国内外大豆价格"倒挂"价差（王文涛、张秋龙，2016），造成了试点地区的农民收益的下降（徐雪高、吴比、张振，2016；徐田华，2018），未能实现"保供给、稳增收"两大核心预期政策目标。在宏观上，刘宇、周梅芳和郑明波（2016）利用可计算一般均衡（CGE）模型测算了大豆目标价格政策的经济后果，研究结果显示：该项改革会造成约 0.02% 的 GDP 损失和 0.04% 的就业减少。有学者构建了一个大豆市场的均衡移动模型（EDM）试图定量评价大豆目标价格政策退出的经济效应，研究结果显示：大豆目标价格补贴会对政府差价补贴形成 8.3 倍的放大效应，由此会造成巨大的政府财政支出负担、存在经济效率不高以及造成约 35.5% 的无谓福利损失等弊端（蔡海龙、马英辉，2018）。胡迪、杨向阳和王舒娟（2019）定量研究了大豆目标价格改革对农户生产行为的影响，研究结果显示：目标价格改革并未提高试点地区豆农大豆种植的积极性。

四、关于农产品目标价格政策农户认知及响应的研究

（一）国外关于农产品目标价格政策农户认知及响应的研究

Jesús Antón 和 Mouë L. C. L.（2004）研究了 2002 年美国农业法案中贷款差额补贴（LDPs）和反周期补贴（CCPs）对农业生产的刺激效应，研究结果显示：以上两种补贴都对农业生产有促进作用，但会随着产量的增加效果减弱。Weber J. G. 和 Key N.（2012）利用 2002～2007 年美国农业普查的面板数据，用工具变量法测算直补政策对农业生产的影响，研究结果显示：直补数额的提升对农业产量影响甚微。Sakong Y.（2007）采用最大化预期效益决定种植面积的模型定量测算了水稻收入补偿计划（RIDP）对稻农生产的影响，研究结果显示：固定支付对稻农生产没有影响，而可变支付对稻农生产具有巨大影响。Kang H. J. 和 Kim J. H.（2008）利用 2006 年农户截面数据定量测度了直接收入补偿政策（Direct Income Payments）对稻农生产效率的影响，研究结果显示：直补收入占比较高的农户生产效率更低，且可变支付对稻农生产效率具有负面影响，但这种负面效应会随着土地规模的扩大而弱化。

（二）国内关于农产品目标价格政策农户认知及响应的研究

卢凌宵等（2015）对大豆目标价格试点地区调查研究表明，豆农对大豆目标价格的满意度较低。王力、陈前和陈兵（2017）运用 Logistic 回归模型研究了新疆棉农对棉花目标价格改革的种植行为响应，研究结果显示：棉农对目标价格水平的预期对棉农的棉花种植意愿具有显著的负面影响。柳苏芸（2017）运用面板数据回归模型和双重差分模型定量检验了豆农对目标价格的响应，研究结果均显示：大豆目标价格补贴显著降低了豆农大豆种植意愿，且对市场价格采集和资金兑付环节的满意度偏低。赵鑫等（2018）以计划行为理论为框架，采用结构方程模型研究了棉花目标价格改革对南疆棉农生产行为的影响，研究结果显示：棉农态度、主观规范及感知行为控制均对棉农行为意愿有显著正影响，且对棉花目标价格政策的总体满意程度较高。卢冰冰、陈玉兰和赵向豪（2018）针对新疆棉农收入对目标价格改革响应的实证研究表明，上年领取的补贴数额对棉农收入存在显著的正效应。贺超飞、于冷和姜兴赫（2018）基于县级面板数据的定量研究显示，目标价格实施使棉花播种面积和产量分别增长了 17.6% 和 16.8%。而马英辉（2018）的定量研究却表明，尽管大豆目标价格政策刺激了豆农大豆播种面积的增长，但随着政策效应的释放，激励作用非常有限。王彦发和马琼（2019）研究了新疆生产建设兵团棉农对目标价格政策的认知和响应，研究结果显示：棉农

对目标价格政策缺乏足够了解，但对补贴效果的满意度高达75.12%。

五、关于农产品目标价格政策的国内外经验与启示的研究

（一）针对国内农产品目标价格改革试点经验与启示的研究

现有文献主要是从试点地区存在的主要问题和政策完善角度归纳和总结经验与启示，概括起来主要有以下三个方面：

1. 进一步明确政策目标和思路

黄季焜等（2015）认为，目标价格政策调控的品种要严格控制，其政策目标应以抵御市场风险为主。赵新民和张杰（2015）通过对新疆棉花实施目标价格的现状和问题的分析，认为目标价格政策应构建目标价格标准确定和计划面积及产量确定双目标政策，目标价格标准的确定还要考虑棉农的生产成本以及国际市场棉花价格。张杰和杜珉（2016）也提出要明确政策目标，深入研究市场发展，科学制定目标价格政策。鞠光伟等（2016）建议继续稳步推进生猪目标价格保险试点，归纳总结经验。

2. 完善政策框架，细化政策执行与操作

黄季焜等（2015）认为，建立目标价格补贴专项资金、完善补贴方式、推广试点地区成功经验、持续研究新政策涉及的一些重大现实问题将有助于农产品目标价格的实施。姚明烨（2015）提出，保基本、保质量、保收入和保底线的"四保一体"的方案，即保基本，实行"价外从量补贴"；保质量，实行驻厂公证检验；保收入，完善棉花商业保险；保底线，实行棉花最低保护价。王力和温雅（2015）通过对新疆棉花目标价格实施情况的调研，提出通过尽快兑付棉农补贴资金、逐步体现优质多补导向来完善新疆棉花目标价格补贴政策。卢凌宵等（2015）通过对棉花和大豆目标价格试点存在问题的分析，提出了四点完善建议：一是调整目标价格水平计算公式；二是提前公布目标价格水平；三是采集的市场价格应扣除流通成本；四是尽快兑付补贴款。张杰和杜珉（2016）提出，从制定目标价格实施方案细则、探索棉花公检与入库方式来完善棉花的目标价格政策。刘慧等（2016）通过对内蒙古大豆目标价格试点的个案分析，提出了五点完善建议：一是提高大豆目标价格水平；二是精确核查大豆种植面积；三是强化地方政府落实责任；四是保障补贴试点工作经费充足；五是实施扶持国产大豆的配套措施。

3. 构建配套政策

王力和温雅（2015）认为，构建棉花综合补贴体系、积极探索棉花保险补贴政策有助于目标价格政策的完善与实施。卢凌宵等（2015）也建议尽快完善市场应急"托底"预案。王利荣等（2015）还提出通过完善棉花价格信息发布体系、加强对棉农实用技术的培训等来完善棉花目标价格补贴。张杰和杜珉（2016）则建议加快构建国家棉花产业权威信息系统、加大"绿箱"扶持力度。鞠光伟等（2016）则建议通过健全生猪市场价格监测体系、构建生猪目标价格保险巨灾风险保障体系和逐步建立完善财政保费补贴等有效手段来完善我国生猪目标价格保险。

（二）针对农产品目标价格实施国际经验与启示的研究

学者们着重研究了美国农业目标价格补贴的操作方式及其对中国的借鉴意义（王利荣、赵永南、李明，2015），美国农产品价格支持政策的演变过程、政策目标、实施要点及主要措施（彭超，2013）、美国、欧盟、日本和韩国农产品价格政策的主要做法和先进经验（岑剑，2014）以及特定产业的目标价格政策对我国的启示（阎豫桂，2014），具体如下：

农业部农村经济研究中心（2014）着重研究了 2014 年美国农业法案中价格损失保障（Price Loss Coverage）和农业风险保障（Agriculture Risk Coverage）两大市场化补贴项目对中国的启示。刘慧和赵一夫（2014）通过对国外发达国家农产品价格调控政策的梳理发现了其农产品价格调控政策具有以市场为导向、调控政策工具多样化和调控范围和对象不断扩大三个突出特点，为我国的目标价格试点提供了借鉴。毛频（2015）在对中墨两国农业结构比较和对墨西哥农产品价格改革历程梳理的基础上，认为提高农业生产率、适度的进口管制、制定合理的目标价格、制定稳定而合理的补贴水平、建立有效的补贴发放渠道将有助于完善我国的农产品目标价格制度。秦中春（2015）通过对国内外农产品目标价格制度的经验教训和实践探索，提出了以降低操作成本为核心的完善思路，建议从重大决策科学化、制度形式法治化、操作成本公开化、数据处理电子化、经办服务网络化和监督管理协同化等方面降低制度的操作成本。徐雪高和齐皓天（2016）系统梳理和归纳了美国农产品目标价格差额补贴政策的调整逻辑、配套措施、实施经验，并从政策目标、政策条件和配套支撑三个方面提出完善我国农产品目标价格补贴政策的建议。田聪颖和肖海峰（2016）比较了美国、日本和韩国的农产品目标价格制度，结合我国现行目标价格制度的试点情况，从补贴模式、补贴原则、价格参照、补贴依据、预补贴制度等方面详细阐述了完善我国目标价格政策的建议。谭砚文、马国群和岳瑞雪（2019）研究了国外农产品最低支持价格政策的演进历程、政策内容与发展趋势，并提出了推进我国农产品价格形成机制改革的经验启示。

六、现有研究局限与未来研究方向

（一）现有研究局限性

通过全面而系统的文献梳理与归纳，现有文献为我们展现了农产品目标价格的全景，为本书的研究提供了理论支撑和视野拓展，同时也发现现有研究存在研究内容以政策阐释为主、研究视野以宏观研究为主、研究方法以定性手段为主、研究资料以早期资料为主等研究局限，具体阐述如下：

1. 从研究内容来看，农产品目标价格政策执行过程中的一些重大理论问题在现有文献中并未给出令人信服的答案

一是虽然现行的农产品"托市"政策备受质疑，但目标价格政策的机遇窗口期是否到来在学界和业界仍存在一定争议；二是对农产品目标价格政策能否达到预期的政策目标仍未取得学界和业界共识，即能否解决目前"托市"政策的种种弊端在学界和业界并未达成共识；三是对农产品目标价格的推行障碍和面临困难还需进一步梳理和总结，以降低政策执行的成本；四是对目标价格政策的地区、行业和国际经验的总结还需进一步系统和深入，以提高政策的目标效果；等等。农产品目标价格政策的推行，亟须从理论上找到这些问题答案。

2. 从研究视野来看，现有研究主要是对农产品目标价格政策宏观层面的分析和探讨，而对政策施行对象（微观层面）有待进一步探索和研究，尤其是对农业生产者这一重要微观主体的政策响应情况缺乏深入而系统的研究

如农业生产者对目标价格政策的反馈如何？农业生产者对目标价格后续政策需求的优先序如何？不同类型农业生产者对目标价格政策的反馈和政策需求的优先序是否具有差异？以及农业生产者对目标价格政策的反馈是否会影响农产品的有效供给？是否能稳定农产品市场？是否会影响预期政策目标？等等，这些微观层面的现实问题还需加强系统性的研究。

3. 从研究方法来看，现有对农产品目标价格政策的研究主要还是以规范研究和定性研究为主，实证研究和定量研究明显不足

目前，只有少量学者采用了量化的研究范式，例如，柳苏芸等（2015）采用可计算一般均衡 GTAP 模型模拟了政策实施后的影响；王力和董小菁（2016）基于调查问卷采用 Logit 一元选择模型分析了"目标价格补贴"政策对棉农种植意愿的影响。相较于其他农业经济与政策研究领域广泛采用实证、定量和数理研究范式，对农产品目标价格的量化研究明显不足。

（二）未来研究的方向

鉴于现有文献的局限，本章提出未来进一步研究的三个突破方向：

1. 进一步加强对农产品目标价格重大理论问题进行深入而系统的研究

一项政策的实施效果很大程度上依赖于对该政策实施中一些重大理论问题的探索是否充分和深入。就农产品目标价格政策而言，还有以下三个方面的理论问题亟须探索：

（1）农产品目标价格政策的预期目标能否达到的相关问题。一是关注农产品目标价格政策对"托市"政策弊端的改善程度；二是关注新政策执行过程中可能带来的问题预判与解决对策；三是关注新政策的执行成本与现行政策不良后果的比较问题；四是关注新政策后续发展和完善问题。

（2）农产品目标价格政策执行成本的相关问题。一是政策执行过程中的障碍和难点分析与突破路径；二是目标价格的测算方法与调整问题；三是降低新政策执行成本的思路与举措。

（3）国内外目标价格政策实施的经验与启示等相关问题。一是国外农产品目标价格政策（含类似政策）的脉络梳理、调整逻辑与经验启示；二是国内试点地区新政策实施的具体做法、主要障碍与破解思路；三是目标价格政策拓展到其他农产品所面临主要瓶颈、潜在问题与完善举措。

2. 研究视野从宏观层面下沉至微观层面，重点加强对政策调节对象响应的研究

政策调节对象对政策的响应在很大程度上会影响政策实施的效果。虽然专门针对目标价格政策生产者响应的文献较少，但其他领域农业生产者行为响应方面的研究文献丰富、视角多，可以作为研究农产品目标价格政策的农业生产者行为响应的重要借鉴。具体而言，可以重点关注以下三个微观问题：

（1）农产品目标价格政策的生产者行为响应的影响因素分析。

（2）农产品目标价格政策的生产者种植意愿的理论和实证分析。一是考察种植意愿在两种政策背景下是否有显著差异；二是考察影响不同规模和不同类型的生产者种植意愿的影响因素有哪些？是否具有差异？

（3）农业生产者对目标价格政策的具体政策的需求意愿及优先序分析。

3. 广泛运用定量手段开展对农产品目标价格政策相关问题的研究

现有该领域的研究对定量手段运用有限，不利于对该问题精准化的认识。具体而言，农产品目标价格领域的定量研究在以下三个方面还有较大拓展空间：

（1）对试点地区目标价格政策执行效果的定量研究，可以考虑的定量手段

有方差分析法、双重差分模型（Difference – in – Differences Model，DID）等。

（2）对目标价格政策拓展到其他非试点产品（如粮食）的模拟研究，可以考虑的定量手段有可计算的一般均衡模型（Computable Generale Equilibrium Model，CGE）、动态随机一般均衡模型（Dynamic Stochastic General Equilibrium，DSGE）、实证数学规划模型（Positive Mathematical Programming，PMP）等。

（3）农业生产者政策响应的定量研究。例如，对农业生产者政策响应影响因素的定量研究，可以考虑的定量手段有有序 Probit 模型、分位数回归模型（Quantile Regression，QR）、联立方程模型（Simultaneous Equation Model，SEM）、面板数据回归模型等。又如，生产者对目标价格政策的需求意愿以及后续政策优先序的定量研究，可以考虑的定量手段有倾向得分匹配法（Propensity Score Matching，PSM）、多元 Logistic 模型、计数模型（Models for Count Data，MCD）等。

第二节　理论工具

一、政策评价理论

（一）政策评价理论的沿革与主张

对政策的评价由来已久，自有公共政策出台以来，就诞生了政策评价理论。随着公共政策的不断丰富，政策评价理论呈现出科学化、规范化、综合化的演进趋势。从评价导向上来看，政策评价理论经历了"价值评估—技术评估—综合评估"的发展历程；从评价方法上来看，政策评价理论经历了"主观评价导向—技术评价导向—定性定量综合评价导向"的发展历程；从评价规范上来看，政策评价理论经历了"价值导向—价值中立—放弃价值中立兼顾价值判断"的发展历程（牟杰、杨诚虎，2006；田聪颖，2018）。

早期的政策评价主要评价政策的社会价值，重点关注政策的社会性、公平性和正义性，评价方法主要以主观评价和定性评价为主，是典型的价值导向的政策评价理论。显而易见，价值导向的政策评价结果高度依赖评估主体的素质和能力，影响了政策评估效果的公信力。事实上，任何一项政策都不可能兼顾各方利益，政策施行、政策调整都有潜在的政策成本，因此，作为评价主体所秉持的价值观和立场会在很大程度上左右政策评价的结果，甚至激化各方矛盾，撕裂社会认同。

在此背景下，随着对价值导向的政策评估理论的批评以及评价技术的革新，技术评估逐渐占据政策评估的主导。该理论认为，政策评估应该是客观评价政策的实际效果，并将政策效果反馈给政策制定者，以便修正和完善政策。因此，价值中立和监督完善的功能应该被重视。此外，为确保政策评价的客观性和科学性，各类政策评价技术应该被充分运用。在该导向指引下，政策评估应重点关注政策目标和政策实际效果之间的差距，尤其是关注效能、效益、效率等技术层面和事实层面的政策影响，并逐渐形成了所谓的"技术评估学派"（田聪颖，2018）。

由于该学派并未能调和政策效果和政策公义之间的矛盾，技术评估学派对政策评价技术的追求很快就遭受公众质疑。该学派对技术的偏爱和由此形成的政策评估，凌驾于公众的实际需求之上，并没有起到改善政策实践的作用，以至于被认为是"伪评估"（Pseudo Evaluation）（威廉·N. 邓恩，2011）。有鉴于此，技术学派开始尝试在政策评价中引入价值观念，价值学派和技术学派的政策评价理念开始融合，并由此形成了政策评价的综合学派。由此，政策评估的内容开始由政策效果评估逐渐向政策目标评估、政策方案评估、政策过程评估延伸，评估方法也由"价值流""技术流"转向定性定量评估的"综合流"。

（二）政策评价理论对本研究的理论指引

根据以上政策评价的理论主张，我们认为对农产品目标价格政策的评估应该兼顾价值导向和技术导向，重点评估政策所造成的事实后果和政策价值规范的实现程度。具体到农产品目标价格政策评估（见图2-2），我们认为对事实后果的评估，主要从政策实施后已经造成的影响进行评估，例如，政策是否稳定了农民预期，是否实现了稳产增收，是否实现并完善了市场化机制，是否盘活了上下游产业等，重点考察政策目标的实现程度，着重解决"政策已经怎么样"，是"已然"问题。对事实后果的评估，评估资料主要依据田野调查的一手数据和收集的二手资料，评估方法上同时运用定性和定量相结合的方法开展综合评估。

对政策价值规范实现程度的评估，重点评估农产品目标价格政策所导致的预期影响，或利益各方对未来政策的期许，重点考察政策目标经济社会效益，例如，政策调节对象对政策的认知和意愿，政策调节对象对政策优先序的看法，不同政策环境的模拟结果等，着重解决"政策应该怎么样或未来怎么样"，是"将然"问题。对政策价值规范的评估，评估资料主要依据田野调查，以及不同政策水平设定的基础资料，评估方法上主要以定量方法（计量模型法）和数理方法（政策模拟方法）为主。

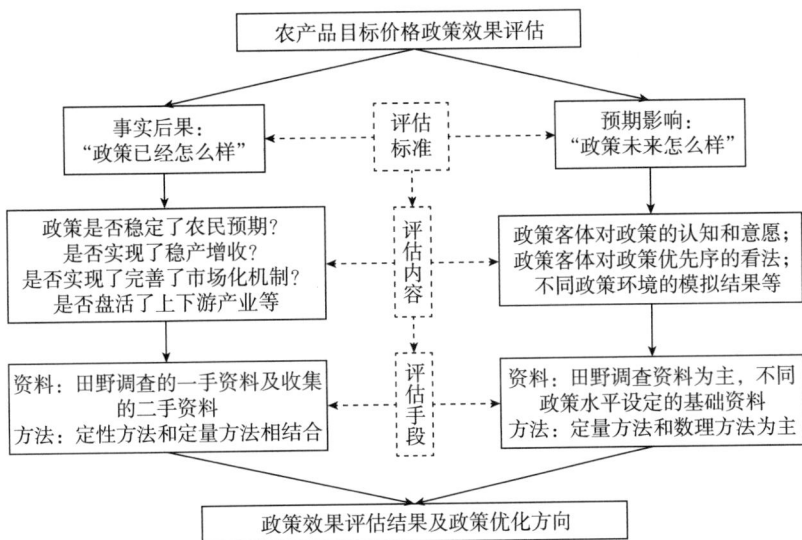

图 2-2 农产品目标价格政策效果评估的理论架构

二、农户行为理论

（一）农户行为理论的主要流派及其主张

对农户行为的研究由来已久。农户作为农业生产的基本单元，研究农户的行为类型、主要特征、驱动机理及政策规制等，一直都是农业经济学者的主要研究领域。自 20 世纪 20 年代苏联经济学家 A. 恰亚诺夫（A. Chayanov）利用农户模型研究农户行为以来，围绕农户生产目标的差异化，逐渐形成了组织生产学派、理性行为学派和历史学派三大主要流派。

组织生产学派以苏联经济学家 A. 恰亚诺夫为代表，该学派认为农户经济发展主要以满足家庭自身需求为主而不是追求利益最大化，因此，该学派认为农户经济活动不需要雇用劳动力，只需要自身劳动力即可（A. 恰亚诺夫，1996），农户行为准则是风险最低而非利润最大。该理论观点强调了农户行为的"生存性"，而忽视了农户行为的"发展性"。事实上，随着社会经济的发展，农户自身形态发生了很大变化，从经济形态角度有纯农户和兼业农户之分，从自身需求角度有生计型和发展型双重需求。因此，组织生产学派并未将社会经济环境变化、农户自身发展状况、政府赋能等多种因素考量在内。

理性行为学派以西奥多·W. 舒尔茨为代表，该学派认为农户行为具有理性，并以利润最大化为经营目标。农户会根据收益和风险来合理安排自身的行为决策，该学派早期观点认为农户是"理性的小农"（西奥多·W. 舒尔茨，1987）。Becker G. S.（1965）提出了以理性为基础的农户经济模型，该模型以家庭利益最大化为目标，刻画了农户生产决策、供给决策和消费决策之间的相互关系。随着赫伯特·西蒙（Herbent Simon）提出人是"有限理性"的主张，学者们开始关注不同类型农户行为的差异性，有学者将农户划分为纯消费农户、纯生产农户和混合农户，并比较分析了三类农户行为的差异性（陈和午，2004；吴连翠，2011）；也有学者将有限理性的农户划分为追求利润型农民、风险规避型农民、劳苦规避型农民、部分参与市场的农民以及分成制农民，并分析不同类型农民的行为与决策（弗兰克·艾利思，2019）。

历史学派以黄宗智为代表，该学派认为，由于受耕地规模、就业机会等所限，农户劳动力过剩，农民劳动的机会成本几乎为零，农户具有维持生计、追求利润和受剥削的生产者三重身份，因此，农户会增加劳动力投入，从而使中国农业长期呈现"没有发展的增长"和"过密型的商品化"的特征，并认为1978年以来中国农村的改革就是"反过密化"（黄宗智，2014）。

在过去半个多世纪的时间里，随着新方法和数据的运用，对农户行为的认识也在发生着演变。自农户经济模型提出以来，对农户行为的研究拓展到农业生产率、风险分担以及农户合作等领域，鉴于农户兼具生产和消费的双重属性，有学者认为理解农户个体决策和相互合作对分析农户行为至关重要（C. R. Doss，A. R. Quisumbing，2019）。

（二）农户行为理论对本书的理论指引

不同学派的农户行为理论为本书的研究提供了理论指导，但不同经济社会文化环境下的农户行为具有显著的异质性和多样性。中国悠长的小农经济史和现实的小农经济形态使中国农户的行为具有显著区别于其他国家的独特特征。鉴于中国小农经济的细碎化、生计型的独特特征，中国农户的行为往往以风险厌恶的保守决策主导，群体互动明显，"跟风"型决策盛行。在农户所获信息有限、科学决策能力不足的情况下，农户个体层面的"极端理性"决策，往往呈现农户群体决策的"极端不理性"，"谷贱伤农""猪周期"就是典型例证。因此，研究中国农户行为的影响因素，必须立足中国农户典型的行为特征，必须充分考虑到农户家户特征、经济结构、文化制度等综合影响。

具体到农产品目标价格政策粮农响应的影响因素（见图 2 - 3），我们认为关键在于目标价格政策对政策客体（包含农户在内的各类农业生产者）所带来的"收益—成本"比，鉴于一个特定地区农户生产行为的相似性和习惯性，这里的"收益—成本"主要是农户面临政策调整的转换收益和转换成本。基于这种认识，我们将农产品目标价格政策粮农响应的影响因素划分为三类：一是政策客体对政策的预期效应，如粮食价格预期、粮农收入预期等；二是政策客体对政策的评价效应，如补贴标准评价、补贴方式评价、政策执行人员评价、监督机制评价、配套政策建设评价、后续政策期望评价等；三是政策客体的个体效应，如粮农规模、粮农兼业水平、粮农劳动力状况、粮农文化水平、粮农户主年龄、粮农是否参加技术培训、粮农是否加入合作组织等。

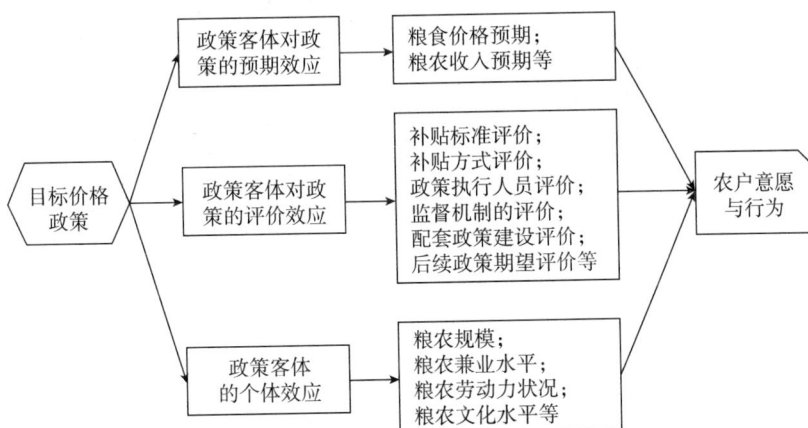

图 2 - 3 目标价格政策的粮农响应的影响因素（农户行为理论）

三、计划行为理论

（一）计划行为理论的理论主张

计划行为理论（Theory of Planned Behavior，TPB）源于 Ajzen I.（1991）对理性行为理论（Theory of Reasoned Action，TRA）的扩展和延伸，该理论认为，人的理性行为模式并非完全出于自我随性选择，而是受到自我"行为控制认知"（Perceived Behavior Control，PBC）的约束。计划行为理论（TPB）的理论框架包含五个维度：一是行为态度（Attitude Toward the Behavior，AB），主要是指行为主体对某项行为所保持的正面或负面态度的评估，也指由行为主体对某个特定行为评价经过概念化之后所形成的稳定看法；二是主观规范（Subjective Norm, SN），主要是指行为主体对于是否采取某项行为所感受到的社会压力（社会规范、组织规范、参照群体等），用于反映其他重要个人或团体对行为主体行为决策的影响大小；三是知觉行为控制（Perceived Behavioral Control, PBC），主要是指行为主体对某项行为决策感知的难易程度，用于反映行为主体的过去经验和未来预期对所决策行为造成的影响，当行为主体认为自己所掌握的资源与机会越多、所预期的阻碍越少，则对行为的知觉行为控制就越强；四是行为意向（Behavior Intention），主要是指行为主体对采取某项特定行为的主观倾向判断，它反映了行为主体对某一项特定行为的采取意愿；五是行为（Behavior），主要是指行为主体实际采取的特定行为。

该理论有三个核心观点。一是行为主体的行为不仅受到行为意向的影响，同时也受到行为主体的个人能力、外界环境及掌握资源的影响。二是行为态度、主观规范和知觉行为控制是影响行为意愿的主要因素：行为主体对某项行为的态度越正面，则行为主体的行为意愿就越强；行为主体对某项行为的主观规范越正面，行为主体的行为意愿也会越强；当行为态度与主观规范越正面且知觉行为控制越强时，则行为主体的行为意愿也会越强（段文婷、江光荣，2008）。三是行为主体的个体特征及社会文化因素（如性别、年龄、受教育程度、个人经历、职业、经济状况等）会调节行为态度、主观规范和知觉行为控制对行为意愿的影响。

（二）计划行为理论对本书的理论指引

根据计划行为理论，具体到本书的研究，粮食主产区的粮农对农产品目标价格的行为态度可以分解为收入预期和价格预期等；主观规范可以解释为对目标价格政策的评价（包含对整体政策评价和各子项政策的评价），包括对政策执行人员的评价、监督机制的评价和配套政策建设评价等；知觉行为控制可以细化为对目标价格政策整体的认知、对补贴标准的认知以及对补贴方式的认知等。主观规范直接影响农户接纳目标价格政策的意愿（包含是否接纳和接纳方式），也通过行为态度和知觉行为控制间接影响农户接纳目标价格政策的意愿，并通过影响目标价格后续政策优先序，并最终落脚到目标价格政策优化方向与路径。其中，农户个体特征（年龄、受教育水平、农户劳动力状况、家庭收入结构、农业生产规模等）调节了主观规范、行为态度和知觉行为控制对农户接纳目标价格政策意愿的影响（见图2-4）。

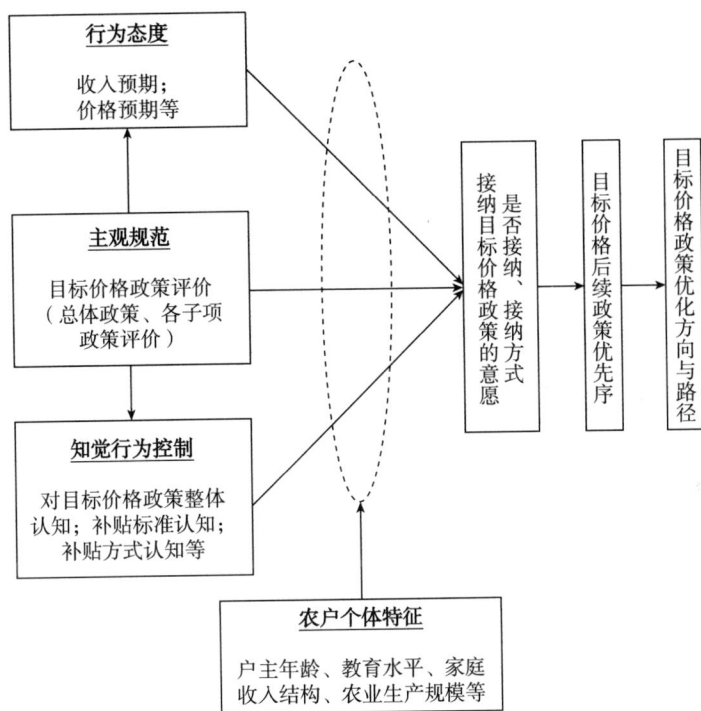

图 2 – 4　目标价格政策粮农响应的作用机理（计划行为理论）

四、理论架构

对粮食主产区目标价格政策的粮农行为响应及政策优化开展研究是一个复杂的课题，包含农产品目标价格改革的整体架构、运行现状与特征事实（现状如何）、农产品目标价格改革的政策效果（效果评判）、主产区粮农对目标价格改革的意愿（农户认知）、后续政策优先序（未来期望）、不同政策水平的政策模拟（主体响应演化）等多个环节，各个环节逻辑环环相扣、层层递进，构成了本书研究的整体理论架构。因此，本书的研究需要借助不同理论开展综合分析。

农产品目标价格改革试点的政策效果对未来政策调整具有重要影响，政策评价理论可以作为政策评估的主要理论工具；识别目标价格政策农户意愿与行为的影响因素，需要农户行为理论的指导；理论和实证分析目标价格政策的粮农行为响应，计划行为理论可以提供理论遵循；粮农对目标价格改革响应的政策模拟，同样需要以政策评价理论作为理论支撑。综上所述，政策评估理论、农户行为理论、计划行为理论可以为本书的各个研究内容提供理论指导，共同构成了本书的理论框架（见图2-5）。

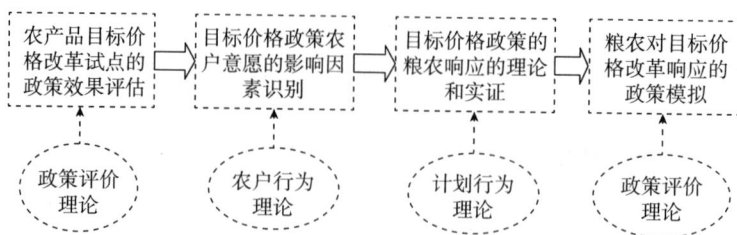

图2-5　本书的理论框架

第三节　主要观点

　　本章对农产品目标价格政策的国内外研究动态以及本研究所运用的主要理论工具做了系统梳理和归纳总结。厘清农产品目标价格政策研究的国内外研究现状及趋势，是开展农产品目标价格研究的理论起点。首先，本章从国内外目标价格补贴的类型出发，讨论了农产品目标价格政策的内涵及政策背景；其次，从农产品目标价格测算和农产品目标价格政策执行难点两个方面归纳了对农产品目标价格实施现状及问题的研究动态；再次，从国内外两个角度分别归纳了对农产品目标价格政策效果评价以及目标价格政策农户认知和响应的定性定量研究状况；最后，梳理和总结了有关农产品目标价格研究的国内外经验及启示。在以上文献梳理和总结的基础上，本章从研究内容、研究视野和研究方法三个角度分析了当前研究的局限，并提出了未来研究的方向。

　　为了夯实本研究的理论基础，本章还特别对本研究所运用的理论工具做了简要概述。本章分别介绍了政策评价理论、农户行为理论和计划行为理论，尤其是分析了以上理论对具体研究内容的理论适用性。最后，从本书主要研究内容出发构建了一个整体理论分析框架，从而为后续研究提供了理论指导。

第三章 中国农产品目标价格改革的政策效果：基于文献和经验的考察

自 2004 年以来，国家对主要农产品建立的以最低收购价和临时收储政策为主要内容的价格支持政策，在保障农产品有效供给、稳定农产品市场、保护生产者收益等方面发挥了重要作用。然而，随着国内外市场环境的变化，以"托市"为主要特征的价格支持政策弊端逐渐显现，突出地表现为扭曲农产品市场价格，国际国内农产品市场价格倒挂，农产品进口量、生产量、库存量"三量"齐增，农产品加工企业成本剧增，给农产品收储企业带来了巨大的收储压力，国家财政补贴不堪重负，影响农业资源优化配置和统筹利用国际国内两个市场等，"托市"政策越来越难以为继（黄季焜等，2015；齐皓天等，2016；郑鹏、熊玮，2016）。在此背景下，为完善农产品价格支持政策，在政策导向上，2014 年和 2015 年连续两年的中央一号文件都将"农产品目标价格制度"（Target Price Payments System，TPPS）列为完善粮食等重要农产品价格形成机制、促进农民增收的重要制度安排。与此相应的是，国家于 2014 年开始在新疆开展棉花目标价格改革试点，在东北三省和内蒙古自治区开展大豆目标价格改革试点。至此，目标价格制度在国家层面正式确立。在我国农业领域探索建立并实施目标价格和差额补贴政策，无疑更加有助于保护农民利益，让农民得到更多实惠，能够有效调动农民种粮积极性，更好地保障国家粮食安全，提高国内粮食等重要农产品加工流通主体的市场竞争力（李国祥，2014）。由此可见，农产品目标价格改革在破解当前农产品价格支持政策困境方面，被寄予厚望。

然而，这项被视为破解当前农产品"托市"政策弊端、深化农产品价格形成机制的重要探索的农产品目标价格改革，究竟是否取得了预期政策效果，社会各界并未取得共识。一方面，农产品目标价格改革在缩小国内外价差、完善价形成机制（黄季焜等，2015）、盘活全产业链、稳定市场供应（郑鹏、熊玮，2016）、优化农业种植结构（李哲敏等，2017）等方面取得了积极效果；另一方面，随着农产品目标价格改革试点的推进，政策的财政成本和执行成本居高不下（黄季焜等，2015）、农户预期不足收益不稳（郑鹏、熊玮，2016）、补贴资金被摊薄和资金兑付不及时（徐雪高等，2016）、目标价格水平难以确定（姜天龙、郭庆海，2017）等问题也无法回避。关于这一政策效果的学界讨论和业界实践尚未形成共识。当前，目标价格改革试点面临一个现实困境：完善农产品价格形成机制，必须要调整农产品"托市"政策，但政策调整的方向是否是农产品目标价格改革？农产品目标价格改革的成本是否可以承受？政策效果如何？等等问题，亟须理论界给出答案。

事实上，根据试点方案，自 2014 年国家开始在东北三省和内蒙古地区大豆以及新疆棉花方面开展目标价格改革试点以来，三年的试点期已经结束，需要综合评判政策效果，以便进一步明晰未来政策方向。在此背景下，有必要全面梳理和总结农产品目标价格试点成功经验，归纳和明晰存在的突出问题，对于从理论上识别障碍困境和从实践上寻求突破方向具有重要的理论意义和现实意义。本章的主要任务是从现有文献和经验的角度考察中国农产品目标价格改革的政策效果，全章逻辑思路如下：首先，从中国农产品价格支持政策的简要历程回顾出发，基于文献和定性资料全面描述农产品目标价格政策的简要历程、整体架构与运行态势；其次，进一步解析农产品目标价格改革试点的主要特征与试点成效；最后，分析农产品目标价格改革试点中存在的现实困境，以期从理论和经验层面考察中国农产品目标价格改革试点的政策效果，从而为农产品价格市场化机制和农产品支持政策的改革方向提供参照。

第一节　中国农产品价格支持政策历程的简要回顾

自中华人民共和国成立以来，中国农产品的价格支持政策是随着农产品购销体制的调整而调整的，大致经历了政府指令价与市场价短暂并存、政府指令定价、"价格双轨制"、政策性"托底价"、目标价格试点等几个阶段的演变。从政策调整的逻辑来看，中国农产品价格支持政策沿着政府严格管控到市场化尝试，再到政府有限干预的市场化定价的政策逻辑演进；从政策调整的特征来看，中国农产品价格支持政策呈现明显的阶段性特征。

一、自由购销体制下政府指令价与市场价短暂并存（1949～1952 年）

中华人民共和国成立之初，农业生产被常年战乱破坏严重，农业生产力水平低下，农产品供应严重缺乏，加之国民经济体系运行阻梗不畅，国有经济成分薄弱，私营经济是当时国家的主要经济形态，导致中华人民共和国成立之初国家对农产品市场的管控力相对较弱，从而形成了短暂的多种经济成分并存的农产品自由购销体制。在该体制下的农产品价格形成机制，形成了政府指令价和市场价并存并以政府指令价为主导的局面。

二、统购统销体制下的政府指令性定价（1953～1984 年）

从 1953 年社会主义三大改造完成开始，中国统购统销经济体制逐步确立，中国农业开始全面进入计划经济时代。在农产品有效供给不足、农村支持城市及农业支援工业的政策背景下，国家全面管控农产品生产、流通、分配、交换和消费的各个环节势在必行。基于此，国家开始建立起覆盖全国的国营农产品运营机构（如 1952 年 8 月成立了粮食部），负责主要农产品的全国征购、分配、供应、调拨工作，农产品的运行开始在国营机构系统内部运行。在农村向农户、国营农场、各农村生产队、高级农业社等农业生产主体按照计划收购各类农产品，对农村农产品缺口地区以及城镇居民计划供应农产品，严禁任何单位和个人经营农产品（郑鹏，2012）。至此，原来政府指令价与市场价并存的局面逐步被单一的计划价格所取代，中国农产品价格改革正式进入了统购统销体制下的政府指令性定价阶段。

纵观 1949～1984 年的粮食价格改革历程，尽管国家多次提高粮食统购价格，并在粮食主产区实施了加价奖励政策，但在"工业优先，农业支持工业"的国家战略下，整体上国家对农业的支持和补助严重不足，呈现"多取少予，负向保护"的阶段性特征（赵和楠、侯石安，2019）。

三、市场化探索背景下的农产品价格"双轨制"（1985～1997 年）

随着农村改革的推进和家庭联产承包责任制在农村逐步推行，农村生产力得到极大释放，农产品供给短缺问题逐步得以缓解。事实上，从 1980 年国家对果蔬等生鲜农产品就逐步在探索"宏观调控"和"微观放开"相结合的"大管小活"的管控方式，开始进入到政府指令性定价和市场化定价并行的价格"双轨制"阶段。从 1985 年开始，国家逐步加快了粮食的市场化进程，确立了"合同定购和市场收购"并行，统购统销体制下的政府指令性定价开始逐步被价格"双轨制"所取代，并通过"保量放价""减购提价"等政策逐步提高粮食收购价格。

四、"托市"农产品价格支持政策（1998～2013 年）

（一）粮食保护价政策

为保护农民利益和维护粮食市场稳定，从 1997 年开始，中央出台文件针对主要农产品建立储备调节和风险基金制度，并探索建立保护价格和农业保险制度。在 1997 年 7 月的全国粮食供销购销工作会议上，进一步明确了粮食的市场化改革取向，并正式确立了粮食的保护价制度。国家在 1998～2003 年对粮食实行保护价格收购，而在 2002～2004 年，国家在全国范围内又逐步取消了保护价格政策。

（二）粮食最低收购价政策

为适应粮食市场和价格全面分开的新形势，保护粮农利益，维护粮食市场稳定和保障粮食安全，国家于 2004 年开始对重点粮食品种（稻谷和小麦）实施粮食最低收购价格政策，取代了之前的粮食保护价格收购政策。2004 年稻谷最低收购价格政策出台并于 2005 年政策落地，2006 年小麦最低收购价格政策落地（倪洪兴，2013）。至此，最低收购价格政策在粮食主产区全面铺开。粮食最低收购价格政策的具体做法是：国家发改委在粮食主产区①的粮食播种前公布当年粮食最低收购价，在最低收购价格执行期间，当粮食市场价格低于粮食最低收购价格时，政策执行单位（通常是中储粮等国有粮食企业）必须在相应粮食主产区敞开收购农民新粮，收购价格不低于粮食最低收购价格；当粮食市场价格高于粮食最低收购价格时，政策执行单位则不启动或及时退出粮食最低收购价格收购。此外，国有粮食企业还负责粮食的仓储、保管、物流，并销售给下游加工企业，国家对其进行补贴。显然，粮食最低收购价格政策的出台，在一定程度上稳定了粮食生产主体的预期种粮收入，保护了粮食生产主体的种粮积极性。由于逐年攀升的粮食最低收购价带来一系列问题，国家于 2016 年开始调低水稻的最低

---

① 主要包含早籼稻的 5 个主产区（安徽省、江西省、湖北省、湖南省和广西壮族自治区）、中晚稻和粳稻的 11 个主产区（吉林省、黑龙江省、安徽省、江西省、湖北省、湖南省、四川省、辽宁省、江苏省、河南省和广西壮族自治区）以及小麦的 6 个主产区（河北省、江苏省、安徽省、山东省、河南省和湖北省）。

收购价。以 2017 年为例，早籼稻、中晚稻和粳稻的最低收购价分别为 2600 元/吨、2720 元/吨和 2600 元/吨，分别比 2015 年的 2700 元/吨、2760 元/吨和 3100 元/吨低了 3.85%、1.47% 和 19.23%。

（三）临时收储政策

国家在确定最低收购价品种时，并未将玉米、大豆、棉花等品种纳入国家最低收购价格政策体系。2008 年，金融危机导致大宗农产品价格暴跌，为维护农民利益，国家对大豆、油菜籽、玉米、小麦（仅仅在粮食最低收购价未覆盖的区域）等实行临时收储政策。其中，大豆和玉米临时收储主要集中于东北三省和内蒙古地区，油菜籽主要集中于江苏、河北和安徽等 17 个油菜籽主产区（Kimura，S.、S. Gay 和 W. Yu，2019）。随后，临时收储政策分别于 2009 年和 2011 年覆盖冷冻猪肉和棉花。随着政策环境的变化，临时收储政策逐渐被放弃：2014 年大豆和棉花的目标价格试点政策取代了临时收储政策，油菜籽、玉米和小麦也分别于 2015 年、2016 年和 2017 年退出了临储政策。

临时收储政策具体做法是：国家发改委根据市场具体情况，制定当年临时收储的次数、价格和数量，并委托国有粮食企业按照收储价收购市场上的农产品。一般来说，收储数量根据当年市场情况具体而定，通常只有当市场行情不好时，才会启动收储。应该说，农产品的临时收储政策在稳定农产品市场，保障农民利益方面起到了蓄水池的作用，实现了预期的政策目标。粮食最低收购价政策和临时收储政策共同构成了以"托市"为特征的农产品价格支持政策，这种支持政策将国家对农民的补贴隐含在价格之中，是一种典型的"价补合一"的直接价格支持政策。

五、差异化农产品价格支持政策改革（2014 年至今）

自 21 世纪以来，国家对主要农产品所建立的"托市"政策在保障农产品有效供给和稳定农产品市场方面发挥了重要作用。但随着国内外市场环境的变化，农产品"托市"政策的弊端逐渐显现：例如，扭曲农产品的市场价格，造成主要农产品国际国内市场价格倒挂，损害了粮油棉市场公平竞争，给农产品收储企业带来了巨大的收储压力，影响农业资源优化配置和统筹利用国际国内两个市场等。在此背景下，渐进市场化改革和农产品差异化政策设计成为中国中央政府农产品政策调整的主导方向。2014 年至今，中国农产品价格支持政策改革进入到以市场定价和农民收入保障为特征的差异化农产品价格支持政策阶段。

首先，在新疆地区、东北三省和内蒙古地区分别探索棉花和大豆的目标价格改革试点。2014 年的中央一号文件提出，"探索推进农产品价格形成机制与政府补贴脱钩的改革，逐步建立农产品目标价格制度，切实保证农民收益"。2015 年的中央一号文件进一步提出，"总结新疆棉花、东北和内蒙古大豆目标价格改革试点经验，完善补贴方式，降低操作成本"。2016 年的中央一号文件进一步提出，"深入推进新疆棉花、东北地区大豆目标价格改革试点"。自此，农产品目标价格制度在国家层面的试点工作逐步展开。2017 年，国家在对大豆目标价格改革试点效果评估的基础上，决定以生产者补贴政策取代目标价格补贴政策（田聪颖、肖海峰，2018）。

其次，在东北三省和内蒙古地区实施玉米的生产者补贴制度。生产者补贴与目标价格政策均属于"价补分离"直接补贴政策，但不同于目标价格的是，生产者补贴遵循的是"市场化收购＋生产者补贴"。

最后，粮食（稻谷、小麦）仍然执行粮食最低收购价政策。粮食（稻谷、小麦）是确保国家粮食安全的主要农产品，坚持和完善粮食最低收购价政策是践行"谷物基本自给，口粮绝对安全"的粮食安全观，确保我国谷物自给率超过95% 的重要制度安排。从 2016 年起，逐步完善稻谷和小麦最低收购价政策，进一步降低政策性收购比例，逐步实现以市场化收购为主（国务院新闻办公室，2019）。主要表现在：2017 年稻谷最低收购价首次全面下调，2018 年首次下调小麦最低收购价，并进一步调低稻谷最低收购价，2019 年小麦最低收购价进一步下调（阮荣平、刘爽、郑风田，2020）。除了粮食最低收购价政策之外，还通过增强粮食储备能力、健全粮食储备和应急体系全面构建中国粮食安全网。

六、对中国农产品价格支持政策演进的简要评论

纵观中国农产品价格支持政策的历程演变（见表 3－1），严格来说，1997 年之前国家对农产品价格的干预更多的是在农产品供给相对不足、农产品市场不成熟、市场机制不健全的背景下进行的，政策的主要目标是保障农产品有效供给和市场稳定；1998 年之后的政策重心开始转向对农业生产者的保护和农产品有效供给，无论是保护价政策、最低收购价政策、临时收储政策的出台，还是正在进行探索的目标价格改革都强化了对农业生产者的支持力度，充分体现了农产品价格支持政策的"托市"支持特点。可以看出，以"托市"为特征的农产品价格支持政策不仅扭曲了供求形成价格的机制，而且还割裂了国内和国外市场的价格联动，是一种典型的政府"最低限价"的价格调控政策，农产品价格并非由市场机制形成。而从 2004 年开始，受到国内外形势变化的影响，中国开始探索以

市场定价和农民收入保障为特征的"价补分离"价格形成机制改革，既包含大豆、棉花和菜籽油的目标价格改革试点，也包含玉米的生产者补贴制度改革，农产品分类调控政策格局初步形成。

表 3–1　中国农产品价格政策历程的简要回顾

中国农产品价格支持政策沿革			开始时间	结束时间	持续时间
自由购销体制下政府指令价与市场价并存			1949	1952	4 年
统购统销体制下的政府指令性定价			1953	1984	31 年
市场化探索背景下的农产品价格"双轨制"			1985	1997	11 年
市场化全面推进背景下的"托市"农产品价格支持政策	粮食保护价政策（稻谷、小麦）		1998	2003	5 年
	粮食最低收购价政策（稻谷、小麦）		2004	至今	超过 15 年
	临时收储政策	大豆	2008	2014	6 年
		油菜籽、玉米	2008	2015	7 年
		最低收购价未覆盖地区的小麦	2008	2017	9 年
		冷冻猪肉	2009	至今	超过 10 年
		棉花	2011	2014	3 年
以市场定价和农民收入保障为特征的差异化农产品价格支持政策改革	目标价格补贴	新疆地区的棉花	2014	至今	超过 5 年
		内蒙古和东北三省的大豆	2014	2016	3 年
	生产者补贴	玉米	2016	至今	3 年
		内蒙古和东北三省的大豆	2017	至今	2 年
	逐步完善最低收购价政策	稻谷、小麦	2016	至今	3 年
	主要是以市场交易形成价格	油菜籽等其他农产品	2016（油菜籽）；其他农产品时间具有差异	至今	3 年(油菜籽)；其他不同种类农产品时间不一

注：本表有两点需要特别说明的是：①限于表格篇幅，本表中所列举农产品价格政策所调节的农产品品种并没有全部列出，只是列举出了有代表性的主要农产品品类；②关于各类农产品价格政策的起始时间和结束时间，在具体农产品类别中的落地时间有所不同，因此，该起讫时间只是学界相对公认的时间节点（或政策出台时间），并非严格政策落地实施时间。

但需要特别指出的是，从中国对农产品价格支持政策的探索历程来看，不同种类农产品的价格支持政策的探索方向、推进步伐、调节强度存在明显的差异性。从整体来看，事关国计民生的大宗战略性农产品（如粮棉油等）的政策调整步伐要慢于禽蛋果蔬等农产品。以农产品价格市场化形成机制改革为例，自1998年农产品价格"双轨制"的解体以来，除粮食、棉花、猪肉等大宗农产品以外，其他种类农产品几乎都不同程度地开始了市场化改革进程。而粮食、棉花、猪肉则进入到最低收购价和以临时收储为主要特征的"托市"价格支持政策阶段，其中，事关粮食安全的水稻和小麦的政策调整尤为审慎。

总体而言，粮食市场化改革的政策目标大致经历了保供给为主（2004～2008年托市收购价格总体稳定）、保增收为主（2009～2014年托市收购价格大幅提升）、试探性市场化改革（2015～2017年托市收购价格小幅下调）和实质性市场化改革（自2018年以来托市收购价格大幅下调）四个阶段（王士春、肖小勇、李崇光，2019）。自2018年以来，国家开始加快粮食的市场化改革进程，不断弱化"托市"力度，强化市场主导力量。主要体现在三个方面：一是"托市"收购价格大幅度下调，早籼稻、中晚籼稻和粳稻的最低收购价分别由2015年的1.35元/斤、1.38元/斤和1.55元/斤下降到2019年的1.20元/斤、1.26元/斤和1.30元/斤，分别下降了12.5%、7.1%和6.2%；二是"托市"收购时间延后，"托市"收购时间缩短，早籼稻"托市"收购期限缩短了15天，中晚稻"托市"收购期限缩短了20～25天，为市场化购粮主体的收购留足了时间（王士春、肖小勇、李崇光，2019）；三是提高了"托市"收购粮食的质量，国家对"托市"收购早籼稻的质量由国标五等提高到国标三等，既为市场化主体的收购留足了空间，也保障了国家粮食储备的粮食质量。

第二节　中国农产品目标价格政策的简要历程、整体架构与运行态势

一、中国农产品目标价格政策的简要历程

农产品目标价格改革的探索发轫于基层政府自发性试点改革，最早可以追溯到2008年苏州出台的粮食收购价外补贴政策，该政策出台之初补贴品种仅限于

水稻，2013 年后扩大到小麦。其基本内容是在国家实行的最低收购价政策的基础上，对种植水稻 1 公顷（15 亩）以上的生产经营者实行价外补贴，补贴标准为在市场价收购基础上，苏州市财政为每斤粳稻直接补贴 0.06 元（秦中春，2015），2013 年开始将对稻谷的补贴标准提高到每斤 0.1 元。该政策有效地稳定了粮食种植面积，有力地保障了地方粮食储备安全，而且让当地粮食种植户从 2008～2013 年的粮食价格支持政策中累计增收 6.68 亿元，达到了预期的政策效果。之后的 2010 年，上海开始推出旨在"保淡"的绿叶菜成本价格保险制度。2012 年，四川成都探索开展蔬菜价格指数保险试点。2013 年 5 月，北京开始试行生猪价格指数保险试点。2013 年 6 月，江苏张家港市启动蔬菜价格保险。2014 年之前各地开展的探索只能算是农产品目标价格改革的萌芽，并没有"目标价格"改革的概念，只是具备了农产品目标价格制度的某些重要元素或具有农产品目标价格制度某些特性。

在对各地方政府探索的农产品价格改革试点观察几年之后，中央政府决定启动农产品目标价格改革的全国试点。2014 年 1 月 19 日，中共中央、国务院印发的《关于全面深化农村改革加快推进农业现代化的若干意见》的文件提出，"探索推进农产品价格形成机制与政府补贴脱钩的改革，逐步建立农产品目标价格制度，切实保证农民收益""探索粮食、生猪等农产品目标价格保险试点"。2015 年 2 月 1 日，中共中央、国务院印发的《关于加大改革创新力度加快农业现代化建设的若干意见》的文件进一步提出，"总结新疆棉花、东北和内蒙古大豆目标价格改革试点经验，完善补贴方式，降低操作成本""积极开展农产品目标价格保险试点"。自 2014 年，中央政府率先在新疆开展棉花、东北三省和内蒙古地区开展大豆的目标价格制度改革试点。自 2014 年以来，原农业部安排专门资金支持黑龙江、吉林等地开展了大豆、玉米、糖料蔗等"保险 + 期货"试点，由保险公司提供目标价格保险产品，并通过期货公司购买看跌期权分散风险。之后，其他省份也结合自身实际逐步开展了农产品目标价格保险试点。2015 年 7 月，重庆永川开展水稻和生猪目标价格保险试点，江苏武进开展水稻和翠冠梨目标价格保险试点（张林、温涛，2019）。自 2014 年农产品目标价格试点以来，目前我国农产品价格保险试点地区达到全国 31 个省（区、市），试点品种包括生猪、蔬菜、粮食和地方特色农产品共 4 大类 50 种，保费收入突破 10 亿元，同比增长 65%；提供风险保障 154.81 亿元，同比增长 28.87%（见表 3 - 2）（龙保勇，2017）。[①]

---

① https://www.tuliu.com/read - 84087.html.

表3-2　全国各省（区、市）目标价格保险开展情况

政策实施时间	重点省份	已开办的重点农产品目标价格保险产品	保费财政补贴情况
2016年6月	湖北	水产目标价格保险	保费负担比例：市级财政补贴30%，区县财政补贴50%，农户自担20%
2015年7月	贵州	生猪、蔬菜目标价格保险	保费负担比例：省级财政50%，市级财政30%，农户自担20%
2015年5月	四川	水果、蔬菜目标价格保险	保费负担比例：水果由区县财政补贴85%，农户自担15%；蔬菜由区县财政补贴70%，农户自担30%
2016年	重庆	水稻、生猪、青菜头、蔬菜、柑橘目标价格保险	保费负担比例：市财政承担36%，区县财政承担24%，投保企业承担40%；市财政承担42%，区县财政承担28%，投保农民合作社、农户承担30%
2016年8月	云南	山药、魔芋、白芸豆目标价格保险	保费负担比例：农户100%自担
2013年	北京	生猪目标价格保险	保费负担比例：市级财政补贴50%，区县财政补贴20%~30%，农户自担20%~30%
2015年8月	大连	玉米、鸡蛋期货价格指数保险	保费负担比例：大商所补贴80%，农户自担20%
2016年6月	江苏	水稻、生猪目标价格保险	保费负担比例：各级财政补贴60%，农户自担40%
2015年3月	湖南	生猪目标价格保险	保费负担比例：省级财政补贴20%，县级财政补贴10%，农户自担70%
2015年	安徽	肉鸡、生猪目标价格保险	保费负担比例：肉鸡由省财政补贴50%，农户自担50%；生猪由市级财政补贴40%，县级财政补贴30%，农户自担30%
2016年	陕西	生猪、肉牛、水果、蔬菜目标价格保险	保费负担比例：省级财政补贴50%，农户自担50%
2016年1月	浙江	芦笋、生猪目标价格保险	保费负担比例：省级补贴20%~30%，芦笋县级财政补贴50%，生猪县级财政补贴30%
2016年	宁夏	牛奶、蔬菜、羊肉目标价格保险	保费负担比例：牛奶、蔬菜各级财政补贴80%左右，农户自担20%；羊肉财政补贴100%
2018年7月	甘肃	中药材、洋葱、蔬菜目标价格保险	保费负担比例：蔬菜省级财政补贴50%，市级财政补贴20%，区县财政补贴10%，农户自担20%；中药材省级财政补贴44%~67%，农户自担33%~56%

续表

政策实施时间	重点省份	已开办的重点农产品目标价格保险产品	保费财政补贴情况
2014 年 11 月	山东	大白菜、大葱、马铃薯、大蒜、蒜苔目标价格保险	保费负担比例：各级财政补贴 80%，农户自担 20%
2015 年	河北	生猪、西红柿、大白菜	保费负担比例：各级财政补贴 80%，农户自担 20%
2017 年	新疆	棉花目标价格保险	保费负担比例：农户 100% 自担
2016 年 3 月	吉林	玉米、水稻、大豆目标价格保险	保费负担比例：农户 100% 自担
2015 年 12 月	海南	蔬菜、荔枝、槟榔目标价格保险	保费负担比例：蔬菜由省级财政补贴 45%、市县财政补贴 45%；或地方专项资金补贴 90%，槟榔地方专项资金补贴 90%，荔枝农户自担 100%
2016 年 5 月	山西	马铃薯目标价格保险	保费负担比例：马铃薯各级财政补贴 80%，农户自担 20%
2015 年 9 月	福建	蔬菜目标价格保险	保费负担比例：蔬菜省级财政补贴 30%，市县两级财政根据实际情况自行确定

资料来源：龙保勇. 对开展农产品目标价格保险的思考［J］. 中国保险，2017（6）：55－59.

需要特别指出的是，农产品目标价格改革包含以"差价补贴"为主要特征的农产品目标价格政策和以"保险公司承保"为主要特征的农产品目标价格保险两大类。目标价格政策包含目标价格和差价补贴两个方面的重要内容：目标价格是由政府在市场经济中为了公共利益或特定群体利益而设定的一种理想价格，通常与市场价格相互独立，互不影响，因而能够既实现政府目标，又不扭曲市场价格；而差价补贴是指当市场价格过高时补贴低收入消费者，在市场价格低于目标价格时按差价补贴生产者，切实保证农民收益（李国祥，2014）。前者更多是以政府为主导，政策目标更偏向于稳定农户预期，保障农户收益，从而保障农产品供给安全；而后者更多的是一种金融工具，是对现有农产品支持政策的一种补充，政策目标更偏向于通过降低市场风险来稳定农户受益。以目前各地开展的目标价格改革试点来看，除 2014 年开始在新疆开展的棉花以及在东北三省和内蒙古地区开展的大豆目标价格改革试点属于国家试点的农产品目标价格政策以外，其他地区均属于农产品目标价格保险的范畴。本书更关注的是，中央政府层面农产品目标价格改革的政策效果，因此，本书以新疆地区的棉花、东北三省和内蒙古地区的大豆所开展的目标价格试点情况，来评估农产品目标价格改革的政策效果。

二、农产品目标价格政策的理论内涵与整体构架

目标价格政策包含目标价格和差价补贴两个方面的内容：目标价格是由政府在市场经济中为了公共利益或者特定群体利益而设定的一种理想价格，通常与市场价格相互独立，互不影响，因而能够既实现政府目标，又不扭曲市场价格；而差价补贴是指当市场价格过高时补贴低收入消费者，在市场价格低于目标价格时按差价补贴生产者，切实保证农民收益（李国祥，2014）。农产品目标价格政策的理论内涵包含三个方面的内容：一是确立合适的目标价格水平；二是收集精准、真实的市场价格；三是实施差价补贴，即当农产品的市场价格低于目标价格时，按照种植面积、产量给予差价补贴；当农产品的市场价格高于目标价格时，不对农业种植主体发放补贴（徐田华，2018）。由此可见，农产品目标价格政策实施的效果取决于目标价格水平、市场价格状况以及差价补贴的具体操作。

按照现有的政策设计和试点情况，农产品目标价格政策的整体架构如图 3 - 1 所示。

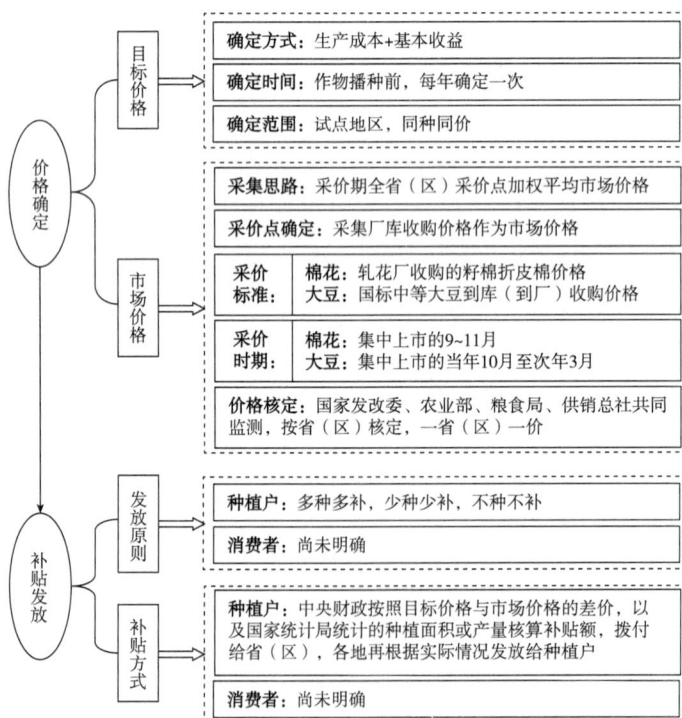

图 3 - 1 农产品目标价格政策的整体构架

资料来源：根据公开统计资料整理而得。

三、农产品目标价格政策的运行态势

（一）农产品目标价格政策改革探索的历程

从政策框架来看，作为市场化导向的农产品目标价格政策还未形成完整的政策体系，但政策实践的地方化探索却早已展开。从 2008 年开始，作为全国普遍施行的大宗农产品最低收购价和临时收储政策的补充，苏州、上海、北京等地结合自身实际陆续进行农产品价格的市场化探索，例如，苏州的粮食收购价外补贴制度、北京生猪价格指数保险制度、上海绿叶菜成本价格保险制度、张家港蔬菜价格指数保险制度等。这些地方政府的有益探索为农产品目标价格政策的全国试点提供了重要经验。随着国内外市场环境的变化，国家对主要农产品所建立的"托市"政策逐渐变得难以为继。从 2014 年开始，按照中央的有关部署，国家开始在新疆开展棉花、东北三省和内蒙古地区开展大豆目标价格改革试点。

（二）棉花目标价格改革试点的运行态势

棉花目标价格改革试点地区为新疆地区，包含自治区和建设兵团两个实施区域和主体。具体做法包含四个步骤：

1. 目标价格确定和市场价格采集

由国家发改委牵头确定目标价格，在每年的棉花播种前公布当年的目标价格，2014 ~ 2016 年第一个试点期国家确定的棉花目标价格分别为每吨 19800 元、19100 元和 18600 元（均为皮棉）。国家发改委明确从 2017 年开始棉花目标价格三年一定，并根据近三年生产成本加合理收益，将 2017 ~ 2019 年棉花目标价格确定为 18600 元（均为皮棉）。而市场价格为在采价期（每年 9 ~ 11 月）采价点所采集的新疆地区棉花价格的加权平均销售价格，由政府指定的覆盖全地区的各采价点每日汇总报送。

2. 识别和确定补贴对象

补贴对象为辖区内实际从事棉花种植的生产主体，包含普通农户、各类农场、农业专业合作社、家庭农场、种植大户、土地流转承包户等各种类型的棉花生产者。

3. 确定补贴依据和补贴标准

自治区政府和兵团在补贴依据和标准的确定上有所不同。自治区政府是按照种植面积和产量（交售量）以 6∶4 的权重进行补贴的。面积补贴按照核定的种植面积乘以全区单位面积补贴额计算得出，种植面积由棉花种植主体自主申报，

村委会核实公示、乡（镇）复核、县（市）和地（州）两级自查、自治区和地（州）联合抽查而确定，并给种植主体开具棉花种植证明。产量（交售量）补贴按照每吨籽棉价差乘以实际产量（交售量）计算得出，产量（交售量）由种植主体将籽棉出售给经政府认定的棉花加工企业时认定，并获得籽棉交售票据。在次年1月前，棉花种植主体将棉花种植证明和籽棉交售票据交至村委会，由村委会核对信息并上报至乡（镇）农业部门，乡（镇）农业部门建立补贴信息库（见图3-2）。

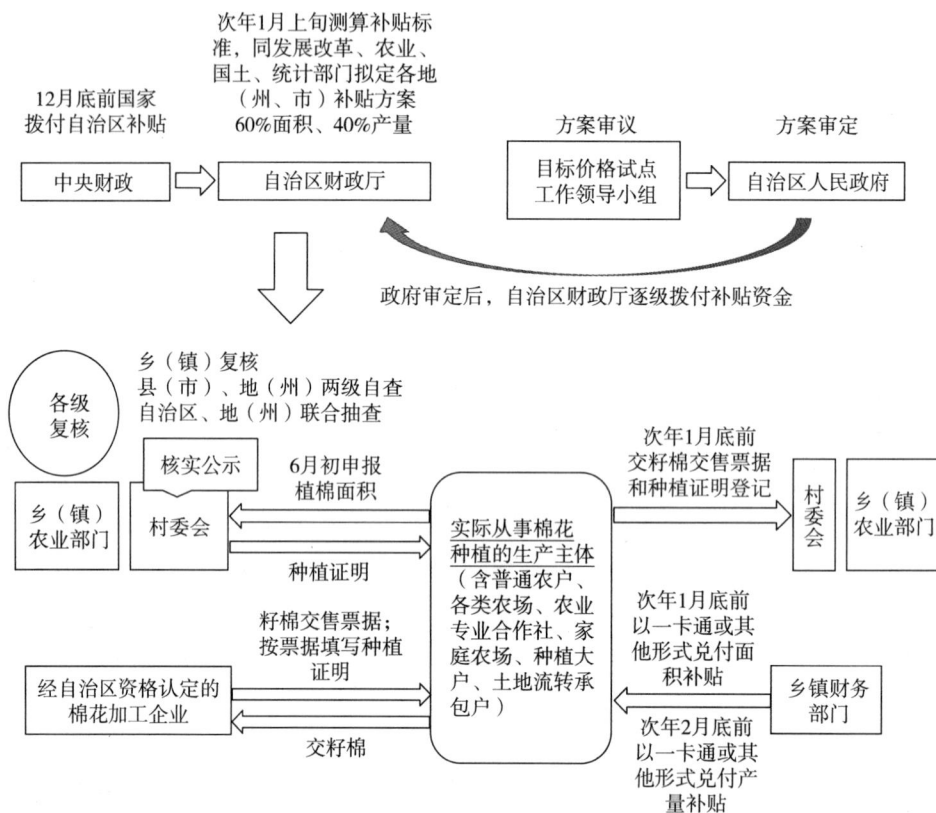

图3-2 新疆维吾尔自治区棉花目标价格补贴发放流程

资料来源：根据中国棉花信息网（www.cottonchina.org）、兴业证券研究所研究报告和公开资料绘制而成。

兵团是全部按照籽棉交售量来确定补贴的，按照每吨籽棉价差乘以实际交售量计算得出。由兵团棉花种植主体将籽棉交售给经由兵团和师发改委授权认定的棉花加工企业，并获得籽棉收购结算票据。棉花加工企业和棉花种植主体分别将植棉者实际籽棉数据和籽棉收购计算票据上交至团场及代管的兵直单位。团场审核后，将面积、预测产量、籽棉交售量在连队和团场公示，公示无异议后将数据上报植棉师统计局，由植棉师统计局审核无误后经由兵团统计局上报至国家统计局，由国家统计局最终核定兵团棉花种植面积和产量，并交由中央补贴发放机构（见图3-3）。

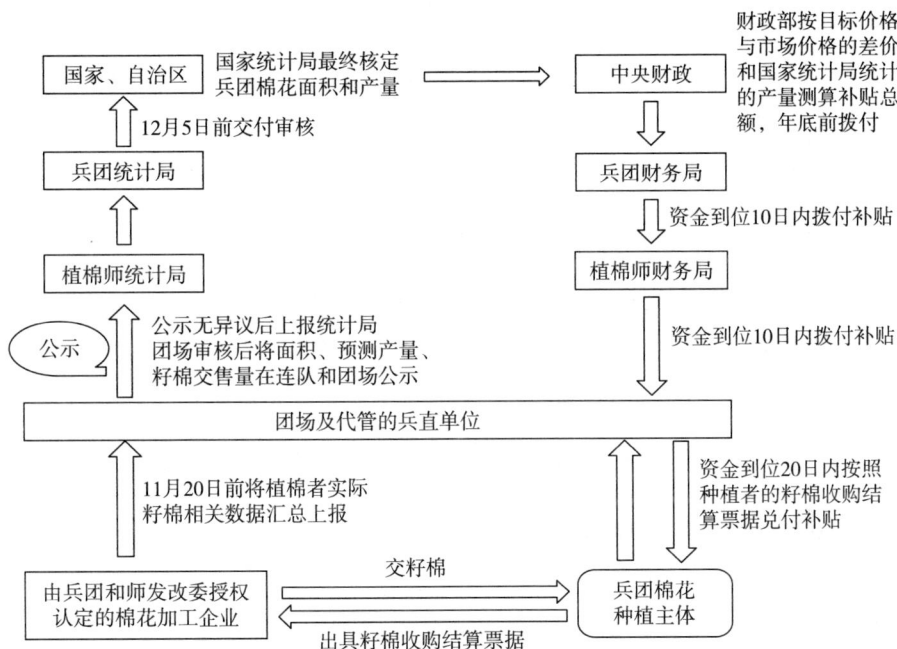

图3-3　新疆生产建设兵团棉花目标价格补贴发放流程

资料来源：根据中国棉花信息网（www.cottonchina.org）、兴业证券研究所研究报告和公开资料绘制而成。

4.进行补贴发放

通常在12月底前，国家会根据棉花目标价格和市场价格的价差以及国家统计局所调查的自治区和兵团棉花总产量，测算补贴资金总额，并分别下拨至自治区和兵团。自治区财政厅在次年1月上旬测算辖内补贴标准，并会同发展改革、农业、国土和统计部门按照种植面积和产量6:4的比例拟定各地（州、市）补贴方案，并经由自治区目标价格试点工作领导小组审议、自治区人民政府审定，交由自治区财政厅逐级下拨，最终由乡（镇）财政部门于次年1月底前以一卡通或其他形式向棉花种植主体兑付面积补贴，于次年2月底前以一卡通或其他形式向棉花种植主体兑付产量补贴（见图3-2）。

兵团财务局会在中央补贴资金下达10日内拨付给植棉师财务局，植棉师财务局在收到补贴资金10日内拨付给团场及代管的兵直单位，团场及代管的兵直单位会在资金到位20日内按照棉花种植主体提供的企业开具的籽棉收购结算票据向棉花种植主体兑付补贴资金（见图3-3）。

（三）大豆目标价格改革试点的运行态势

大豆目标价格改革试点地区为黑龙江、吉林、辽宁和内蒙古等四省（区），具体做法同样包含四个步骤：

1. 目标价格确定和市场价格采集

所有大豆试点地区采用统一的目标价格水平。国家发改委每年在播种前公布当年的大豆目标价格，目标价格水平是按照生产成本加基本收益的方式确定。在2014～2016年三年试点期内，国家在试点地区制定的大豆统一目标价格均为4800元/吨，折算2.4元/斤。市场价格为试点地区各省（区）通过在全省（区）设置的采价点于采价期（当年10月至次年3月）采集市场价格，并通过加权汇总方式确定各省（区）市场价格。在试点区域和试点期内，各省（区）根据大豆种植和产量情况，设置的采价点数量有所不同，黑龙江省在省农垦和7地（市）21县（市、农垦分局）设置了51个采价点，内蒙古自治区采价点主要选取大豆集中种植区的呼伦贝尔市的7个旗（县）17个采价点，辽宁省选取了7市14县（市）的28个采价点，吉林省选取了14县（市）的29个采价点。通常要求各采价点必须采集包含粮库、大豆加工企业、常年有固定收购场所的收购商等类型的市场主体，并且数量不少于3个。由此可见，全省（区）内市场价格统一，但省（区）之间的市场价格有差异。

2. 识别和确定补贴对象

大豆目标价格的补贴对象为试点地区一切从事大豆生产的种植主体，包括但不限于个体豆户、豆作大户、家庭农场、农民专业合作社以及通过"反租倒包"方式开展大豆生产的农业产业化龙头企业等。对补贴对象的认定，不同省区略有不同，黑龙江省将"大豆合法实际种植面积的实际种植者"，吉林省将"全省范围内大豆实际种植者"，辽宁省将"辽宁省在册耕种地上大豆实际种植者"，内蒙古自治区将"试点地区大豆实际种植者"认定为补贴对象。虽然都强调了实际种植者，但从操作性上来看，黑龙江省、吉林省都明确了耕地范围，界定的更加清晰明确，相对而言，吉林省和内蒙古自治区在实际操作过程中难度稍大（蔡海龙、马英辉，2018）。

3. 确定补贴依据和补贴标准

补贴测算具体流程为：首先，根据国家制定的统一目标价格和各省（区）所采集的市场价格，测算每个单位大豆的补贴价差；其次，统计计算全省（区）平均亩产，并利用单位大豆的补贴价差乘以全省（区）平均亩产测算出全省（区）平均每亩补贴；最后，利用全省（区）平均每亩补贴乘以实际种植面积来计算大豆最终目标价格补贴额（见图3-4）。

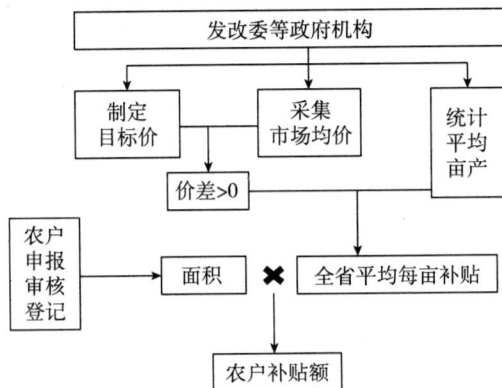

图3-4 四省（区）大豆目标价格补贴发放流程

资料来源：根据兴业证券研究所研究报告和公开资料绘制而成。

补贴依据和补贴标准中有两个关键环节会影响到最终补贴效果：一是全省（区）平均亩产的计算。根据试点地区做法，通常各省（区）会根据全省（区）大豆总产量和总种植面积来测算全省（区）大豆的平均亩产。二是实际大豆种植面积的调查、收集、核查和申报。试点地区的通行做法是，由大豆种植主体向村委会自主申报，并经由村委会、乡（镇）、市（县）统计部门（会同发改、农业、国土等部门）核实、汇总、公示后上报至省（区）统计部门，并由省（区）统计部门会同发改、农业、国土、财政等部门最终核准。

4. 进行补贴发放

通常在次年4月底前，中央财政根据计算的各试点省（区）大豆目标价格补贴总额，一次性下拨至各试点省（区），各试点省（区）根据各自实施方案，根据各县（市）大豆种植面积和每亩平均补贴标准，将补贴资金直接下拨至各县

（市），由各县（市）根据实际种植面积和每亩平均补贴标准，通过"一折（卡）通"或其他形式将补贴资金足额兑付给各实际大豆种植主体。

需要特别说明的是，鉴于政策操作成本过高、政策执行过程中出现的一些新问题，导致政策目标效果低于预期等因素，在首轮三年试点期结束之后，国家用生产者补贴政策取代了大豆目标价格政策，大豆目标价格政策在四省（区）已经退出。

第三节　中国农产品目标价格政策的主要特征与试点成效

一、农产品目标价格政策的主要特征

总体来看，试点省（区）的农产品目标价格政策的运行态势具有以下五个特点：

第一，各试点地区的政府均高度重视，成立农产品目标价格改革领导小组负责该项工作。东北三省、内蒙古自治区、新疆维吾尔自治区、新疆生产建设兵团均成立了领导小组，办公室设在省（区、兵团）发改委，全面指导和统筹全省（区、兵团）农产品目标价格的实施工作。

第二，各试点地区均根据地方实际情况制定了相应的实施方案。例如，新疆维吾尔自治区和新疆生产建设兵团均出台了《棉花目标价格改革试点工作实施方案》，东北三省和内蒙古均出台了《大豆目标价格改革试点工作实施方案》，新疆还专门出台了《棉花种植面积统计核实实施方案》《新疆棉花目标价格改革试点补贴资金管理暂行办法》等制度文件。这些政策规范对规范政策执行、实现政策的预期效果提供了重要保障。

第三，各试点地区均实施了种植者和种植面积核实制度，建立台账和档案，规范化政策实施。例如，新疆实行的是四级核查制度：种植者申报，村核实公示，乡（镇）复核，县（市）、地（州）两级自查，自治区联合地（州）抽查认定。期间建立种植信息档案，有专人负责。黑龙江和新疆实行的是类似的农户申报、村级核实、乡镇复核、县级确认上报、省市抽查确认等核准制度，并建立相应的台账。

　　第四，各试点地区按照国家要求积极开展价格监测，专门集中采价，确立补贴依据。按照国家相关文件精神和本地实施方案，各试点地区遴选确定采价点，并在农产品集中上市时间，每周2次，连续6个月向国家报送价格。

　　第五，各试点地区在补贴发放上做到客观、真实、细致，反复核算补贴标准，财政直补到户。各试点地区补贴资金实行专户管理，并纳入粮食风险基金财政专户，待补贴标准确立后，省级财政将补贴资金层层下拨到各级政府补贴资金专户，最后由县一级政府对相关数据进行审核后，通过涉农补贴"一卡通"直接补贴到农户。

二、农产品目标价格政策改革的试点成效

　　总体来看，棉花和大豆领域的目标价格改革试点取得了一些预期成果，主要体现在以下三个方面：

　　第一，完善了农产品价格的市场化机制，初步实现了市场化导向的预期政策目标。自目标价格政策实施以来，棉花和大豆的国内外价格倒挂态势得到有效缓解。国家发改委价格监测中心的数据显示，未实施目标价格之前的2011年9月至2014年8月棉花国内外价差高达48%，而改革实施后的2016年1~8月棉花国内外价差为10.7%，下降了37.3个百分点；内蒙古、辽宁、吉林、黑龙江2016年第1季度比2014年第4季度大豆国内外价差分别下降了15.7个、9.9个、15.9个和15.6个百分点。自目标价格试点改革实施以来，棉花和大豆价格的市场化机制得到充分体现。

　　第二，盘活了产业链下游产业，促进了产业持续健康发展。"托市"政策下的棉花、大豆价格高位运行，导致下游加工企业成本高企，缺乏市场竞争力。在目标价格改革试点后，以2015年为例，新疆轧花厂棉花的收购价格比2013年降低了25%以上，东北大豆加工企业大豆的收购价比2013年降低了15%以上。棉花、大豆产业链的下游产业成本下降明显，市场竞争力得到提升。

　　第三，保障了农户的生产积极性，稳定了农产品的市场供应。根据《全国农产品成本收益资料汇编》显示，2015年棉花净利润为-8025元/吨，当年目标价格补贴为19800元/吨，最终利润为14775元/吨，远高于2013年的-2045.4元/吨。2014年大豆净利润为-25.73元/亩，黑龙江大豆目标价格的补贴标准为60.5元/亩，最终利润为34.77元/亩，略高于2013年每亩净利润（33.68元/亩）。目标价格实施后，基本保障了农户的生产积极性，保障了农产品的市场供应。

第四节 中国农产品目标价格政策
实施中存在的现实困境

自农产品目标价格政策试点以来,基本达到了预期的目标,但同时也带来了其他一些突出问题,主要表现在四个方面:

一、基础数据信息系统不完善造成高昂的政策执行成本

基础数据信息系统不完善造成高昂的政策执行成本,进而造成政策目标的偏离。根据目标价格政策的整体构架和设计,补贴标准的确立依赖于数据的准确性和系统性。目前我国还没有建立起有关农户的基础数据库,因而农产品目标价格所需的基础数据资料都是通过不同的部门、不同的渠道收集和上报,造成了高昂的政策执行成本。主要表现在两个方面:

第一,土地面积数据缺失和不系统导致不同省(区)的同一品种补贴标准不一致。由于缺乏全国统一的土地面积数据,中央财政下拨补贴资金依据的土地面积数据是国家统计局省(区)调查总队上报的土地面积。而鉴于各省(区)调查总队没有足够的人力、物力、财力去逐一核查土地面积,通常是采用抽样调查的方式去估算土地面积,并以此作为中央补贴资金下拨的依据。实际发放补贴的标准则依据各省(区)统计局层层上报、全面统计的土地面积。很显然,抽样估算的土地面积和实际面积存在或大或小的误差,从而导致不同省区的同一品种补贴标准不一致(见表3-3)。

表3-3 内蒙古和黑龙江两省(区)不同统计机构统计的大豆面积差异

统计机构	数据获取方式	数据用途	2014年大豆面积	2015年大豆面积	2014年补贴标准
国家统计局内蒙古调查总队	抽样调查	核算国家下达补贴总额	755.56万亩	790万亩(增40万亩)	36.56元/亩
内蒙古统计局	层层上报、全面统计	补贴发放标准	1368.1万亩	1138万亩(降230万亩)	

统计机构	数据获取方式	数据用途	2014 年大豆面积	2015 年大豆面积	2014 年补贴标准
国家统计局黑龙江调查总队	抽样调查	核算国家下达补贴总额	3800 万亩	3600 万亩（降 200 万亩）	60.5 元/亩
黑龙江统计局	层层上报、全面统计	补贴发放标准	4700 万亩	3550 万亩（降 1150 万亩）	

资料来源：根据公开统计资料和数据整理而得。

第二，补贴标准不一致降低了农户的满意度，造成政策目标的偏离。在试点期内，四省（区）大豆的目标价格补贴标准差异较大，体现在：不仅同一省（区）不同年份纵向比较补贴标准差异明显，而且同一年份的不同省（区）横向比较补贴标准差异也很明显（见表3-4）。以 2014 年黑龙江和内蒙古的大豆补贴为例，2014 年黑龙江和内蒙古搜集核准的市场价格分别为 2.12 元/斤和 2.06元/斤，相差 5%；当年的补贴标准分别为 60.5 元/亩和 36.56 元/亩，相差40%。在国家统一的目标价格水平下，意味着黑龙江的大豆种植户拿到的补贴标准要远高于内蒙古。从而给豆农收益预期带来较大负面影响，显然已偏离了预期的政策目标。

表 3-4　试点期四省（区）大豆目标价格补贴标准差异　　单位：元/亩

年份	黑龙江省	吉林省	辽宁省	内蒙古自治区
2014	60.50	54.03	24.29	36.56
2015	130.87	139.72	150.00	32.63
2016	118.58	—	136.69	45.3

资料来源：根据公开统计资料和数据整理计算；田聪颖. 我国大豆目标价格补贴政策评估研究 [D].中国农业大学博士学位论文，2018.

二、采集的市场价格并没有反映真实的市场价格

采价点的选取随意性较大，对采价点的监管缺位。以黑龙江为例，试点期黑龙江共设立了 53 个企业采价点，据调查，其中，完全没有收购行为的"僵尸"采价点占到了其中的四成。这些"僵尸"采价点仍然每周 2 次，连续 6 个月向国家报送价格，而没有被发现。如此高比例的价格虚构，必然造成采集的市场价格偏离真实的市场价格。

采价点的分布不合理，导致采集的市场价格不能反映种植情况。以黑龙江省嫩江县为例，该县被称为中国的"大豆之乡"，其大豆产量占到黑龙江的 1/6，但所设立的采价点只占全省的 1/17。在这种情况下，所采集的用于补贴核算的市场价格必然要高于真实的市场价格，从而造成国家下拨的补贴总额偏少。

三、目标价格具体操作细节公布滞后导致农户预期不足收益不稳

目标价格水平公布时间偏晚，指导农业生产不力。按照政策设计，目标价格的政策细节应该在农作物播种前予以公布，以便指导农户开展农业生产。2014年大豆的目标价格在 5 月 17 日公布，此时东北地区的大豆已经播种；2014 年棉花的目标价格于 4 月 10 日公布，也晚于棉农的播种期，由此导致农户预期不足。

目标价格操作细节不细，补贴兑付困难。2014 年东北大豆目标价格下发执行是 2015 年 1 月，此时农户收割已经完成，难以核定大豆种植面积。2014 年的棉花目标价格实施方案晚于市场收购期，基层部门和棉农还不知晓目标价格具体操作细节，由此导致农户预期收益不稳。

四、目标价格政策高昂的政策成本导致一系列新的难题出现

目标价格政策会造成巨额的财政负担。现有诸多研究都证实了这一点。美国国会预算办公室（2014）研究了财政负担可能成为美国市场化补贴项目的难点（农业部农村经济研究中心，2014）。黄季焜等（2015）通过对 2014 年新疆棉花目标价格补贴进行了估算，发现新疆的目标价格补贴额高达当年新疆农林水事务财政支出总额的 64.2%，财政负担沉重。蒋黎（2016）通过对棉花和大豆的目标价格试点情况的分析，认为目标价格补贴的财政成本过高影响了目标执行的效果。鞠光伟等（2016）通过对各地生猪目标价格保险试点的研究，认为政府财政补贴压力较大是政府对推行生猪目标价格保险没有积极性的重要原因。

目标价格政策会带来高企的操作成本和政治风险。试点地区目标价格政策面临较高的操作成本，目标价格政策作为一项新政策，需要基层政府做大量的基础性工作，例如，加强政策宣传、细化实施方案、核查基础数据、完善配套政策等。目前，目标价格政策每个环节的工作不细都会带来一定的政治风险，如政策监管复杂（詹琳、蒋和平，2015）、容易滋生腐败现象和可能激化干群矛盾（黄季焜、王丹、胡继亮，2015；齐皓天、徐雪高、王兴华，2016），涉及多方利益调整，政策执行面临阻力等（黄季焜、王丹、胡继亮，2015）。

政策调节对象不理解导致政策目标的偏离。主要表现为棉农实际收入低于政

策预期，心里落差较大（农业部农村经济研究中心，2014；赵新民、张杰，2015）；补贴发放节奏慢，棉农生产借还贷难（赵新民、张杰，2015）；政策具体操作细节公布滞后于农业生产（农业部农村经济研究中心，2014）。造成这种现象的主要原因是政策宣传不到位（鞠光伟等，2016；张杰、杜珉，2016）和配套政策滞后（孙晓明，2014）。

目标价格政策可能会引致潜在新的市场风险。从国内市场来看，可能会导致农业生产者市场风险增加（孙晓明，2014；卢凌宵等，2015）、风险防控难度增加（游风、黎东升，2014；詹琳、蒋和平，2015；蒋黎，2016）、目标价格保险巨灾风险分散机制较难建立（鞠光伟等，2016；蒋黎，2016）等。从国际市场来看，可能导致应对国际农产品市场风险准备不足（黄季焜、王丹、胡继亮，2015）、可能受到WTO"黄箱补贴"制约，国际竞争压力较大（齐皓天、徐雪高、王兴华，2016；赵新民、张杰，2015；卢凌宵、刘慧，2015）等。

第五节　主要观点

本章基于研究文献和调查资料对中国农产品目标价格改革的政策效果做了理论和经验考察。从中国农产品价格支持政策的历程来看，自中华人民共和国成立以来，中国农产品价格支持政策历程大体上经历了自由购销体制下政府指令价与市场价短暂并存阶段（1949~1952年）、统购统销体制下的政府指令性定价阶段（1953~1984年）、市场化探索背景下的农产品价格"双轨制"阶段（1985~1997年）、市场化全面推进背景下的"托市"农产品价格支持政策阶段（1998~2013年）和以市场定价和农民收入保障为特征的差异化农产品价格支持政策改革（2014年至今）五个阶段。总体上，中国农产品的价格支持政策逐渐由政府严格管控价格逐渐向市场化定价、政府宏观调控转向，体现出政府政策逐渐"绿箱"化的过程。

作为"价补分离"重要探索的目标价格政策，本章分析了农产品目标价格政策的理论内涵与整体架构，并全面解析了新疆地区开展棉花目标价格改革试点以及黑龙江、吉林、辽宁和内蒙古四省（区）开展大豆目标价格改革试点的运行现状。在此基础上，从政府组织、实施方案、政策规范、补贴依据和补贴标准等五个方面归纳了农产品目标价格改革试点的主要特征，并从完善农产品价格的市场化机制、盘活产业链下游产业、保障农户生产积极性等方面归纳了农产品目标价格政策改革的试点成效。

　　基于文献研究和经验素材，本章认为，在中国农产品目标价格政策实施中还存在基础数据信息系统不完善造成高昂的政策执行成本、采集的市场价格并没有反映出真实的市场价格、目标价格具体操作细节公布滞后导致农户预期不足收益不稳以及目标价格政策高昂的政策成本导致一系列新的难题出现等现实困境，这些现实难题可能会影响预期政策效果。

第四章 中国农产品目标价格改革的政策效果：基于双重差分模型的估计

在农产品目标价格改革试点三年后，需要综合评判政策效果，以便进一步明晰未来政策方向。遗憾的是，有关这项改革的政策效果，我们却很少看到基于大样本的严格实证检验。现有关于这场改革效果的评判，主要是来自调查报告式的经验观察和理论推演（黄季焜等，2015；田聪颖、肖海峰，2018；张林、温涛，2019），少量定量政策评估研究只关注政策对单一的播种面积的影响（贺超飞、于冷，2018；贺超飞等，2018）。而自农产品目标价格改革出台开始，就被赋予多重性的政策目标，即保障农产品有效供给和提高农民收入（黄季焜等，2015）。因此，从政策目标设定的初衷来看，在对农产品目标价格改革政策效果的评价中，不应当忽视政策落地对农民收入的潜在影响。尤其值得注意的是，已有对目标价格制度的定量评估研究（贺超飞、于冷，2018），截至 2015 年，所分析样本仅比政策落地时间晚一年，这对具有明显滞后效应的农业政策的评价来讲，研究结论的可靠性还需进一步验证。

农产品目标价格改革是否达到了预期政策效果以及政策效果是否具有持久性，对进一步完善农产品目标价格政策，深化农产品价格形成机制和收储制度改革具有重大的理论价值和现实指导性。有鉴于此，本章试图基于大样本的面板数据和科学定量方法对农产品目标价格改革效果（主要考察对农产品供给和农民收入的影响）进行严格的实证检验；试图通过基于政策试点地区棉花和大豆的政策效果定量评判来检视农产品目标价格改革的政策效果，从而为农产品支持政策调整提供参考。

与既有研究相比，本章的主要贡献如下：在研究视域上，分别考察大豆和棉花的目标价格试点效果，有助于整体评估目标价格改革试点的政策效果，显著区别于当前研究只聚焦研究大豆或棉花一个品种；在研究内容上，从目标价格改革试点的多目标出发，系统考察目标价格改革对保障农产品有效供给和农民收入的影响，能更加全面客观地评估政策效果；在研究方法上，从政策实施的"准自然实验"原理出发，运用双重差分模型的因果识别策略，能很好地解决回归分析中的内生性问题，使政策评估结果更加有效和科学。

第一节　理论分析与经验事实

一、理论分析

目标价格改革试点的政策目标，主要关注稳定农产品供应和保障农民收入。不同于最低收购价政策农民可以获得即时收益，目标价格改革的农民收益将由市场交易收益和差价补贴两部分构成，而差价补贴是延后收益。因此，在理论上，目标价格改革具有对稳定农产品供应和保障农民收入的影响，在途径上主要还是通过影响农民受益进而影响农产品供应的。鉴于中国农民存在组织化程度低、抗风险能力弱、信息获取能力不足等先天不足，使农民在进行生产决策时主要是通过评估自身风险和收益状况来确定的。由于信息来源渠道有限，大部分农民对风险和收益状况的评估通常是通过以下三个方面来进行：一是通过自身上年度收益和风险状况来决定本期生产决策；二是通过周围参照群体（如意见领袖、示范户、农村能人等）的生产决策来安排自身生产；三是通过特殊利益联结方式（如订单农业）来安排农户开展生产。事实上，以上三种农民评估方式，都存在一些固有问题：前两种方式常常会造成"农民个体层面理性却招致集体层面非理性"的出现，部分农产品经常出现结构性、阶段性、区域性过剩就是明证；第三种方式在现实中也常常面临违约率过高的尴尬。

本章主要关注农产品目标价格改革对农户生产造成的影响，进而评估政策效果。根据以上分析，并结合大豆和棉花生产特点，主要讨论以下影响途径：单位农产品的预期收益（上期市价）、单位农产品的实际收益（目标价格）和单位农产品的当期收益（当期市价）。按照这个思路，不仅关注本期大豆（棉花）的成本收益情况，也关注上期大豆（棉花）的成本收益情况，还关注主要替代品（玉米）上期成本收益情况。为了更加细致地考察目标价格改革对农产品产量的影响，我们不仅考察对播种面积和总产量的影响，还特别关注目标价格改革是否对农地产出效率（大豆和棉花单产）有潜在影响。

二、经验事实

在定量评估政策效果之前，本章先通过比较试点省份和非试点省份大豆和棉花的播种面积、总产量、单产等因素趋势性变化，以期从经验事实上考察农产品目标价格改革的效果。图 4-1 ［（a）、（b）、（c）］和图 4-2 ［（a）、（b）、（c）］分别展示了 2002～2017 年试点省份和非试点省份大豆和棉花播种面积、总产量和单产趋势变化，并以 2014 年目标价格改革试点落地为时间节点进行分段分析。

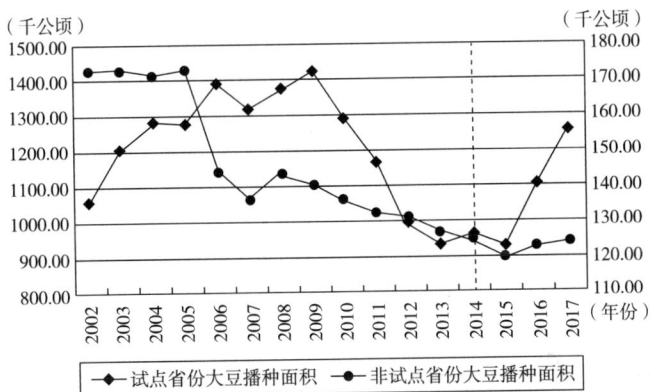

（a）试点省份与非试点省份大豆播种面积变化趋势

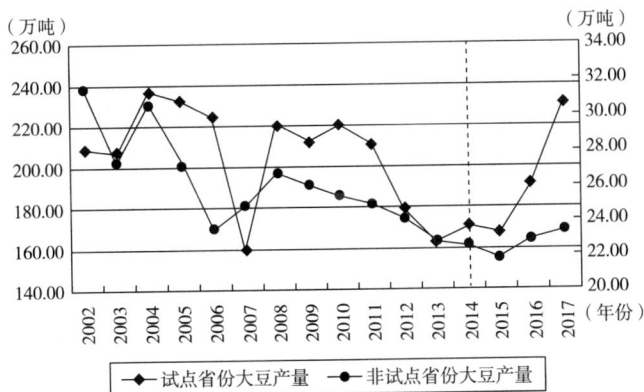

（b）试点省份与非试点省份大豆产量变化趋势

图 4-1　试点省份和非试点省份大豆播种面积、总产量和单产趋势变化①

---

①　图中深色曲线对应左边刻度，浅色曲线对应右边刻度。下图同。

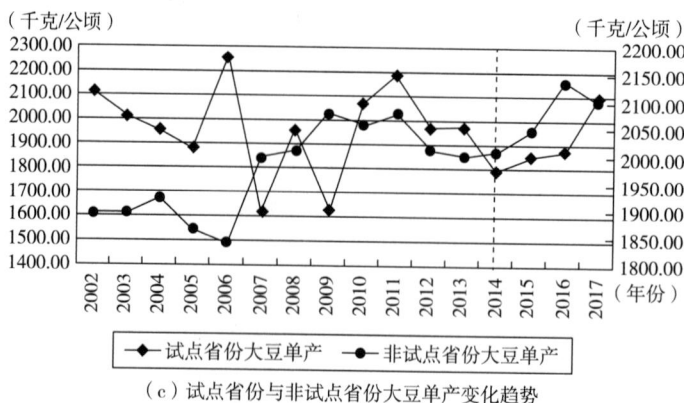

（c）试点省份与非试点省份大豆单产变化趋势

图4-1　试点省份和非试点省份大豆播种面积、总产量和单产趋势变化（续）

从大豆播种面积和产量的变化趋势来看，2014年大豆目标价格改革试点之前，试点省份和非试点省份的大豆播种面积和产量均呈现下降趋势；2014年大豆目标价格改革落地后，非试点省份大豆播种面积和产量仍继续处于下降通道，而试点省份大豆播种面积和产量则呈现出明显的上升［见图4-1（a）和图4-1（b）］。从大豆单产的变化趋势来看，2014年大豆目标价格改革试点之前，试点省份和非试点省份的大豆单产呈现波动特征；2014年大豆目标价格改革落地后，试点省份和非试点省份的大豆单产均呈现明显的上扬［见图4-1（c）］。由以上分析可知，2014年大豆目标价格改革明显刺激了大豆播种面积、产量和单产的提高，从经验事实上验证了大豆目标价格改革试点"稳大豆供给，保大豆安全"的政策目标初步达成。

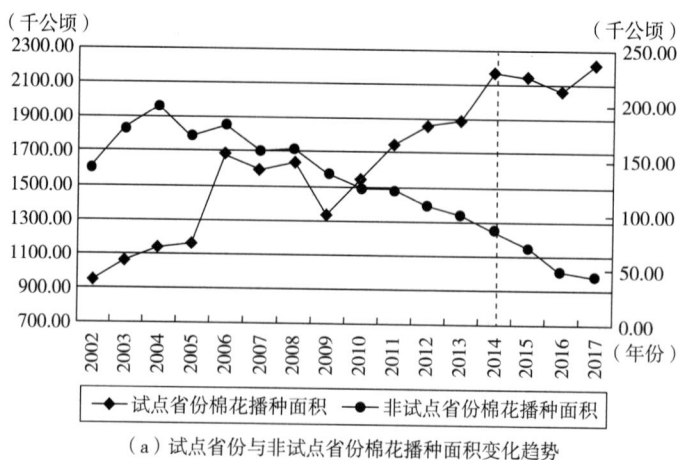

（a）试点省份与非试点省份棉花播种面积变化趋势

图4-2　试点省份和非试点省份棉花播种面积、总产量和单产趋势变化

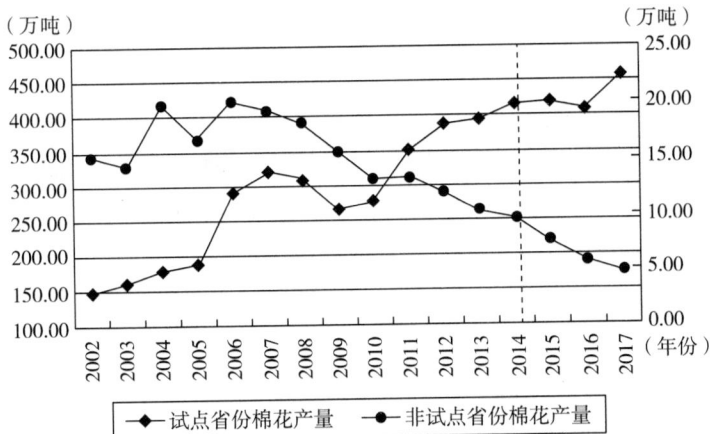

（b）试点省份与非试点省份棉花产量变化趋势

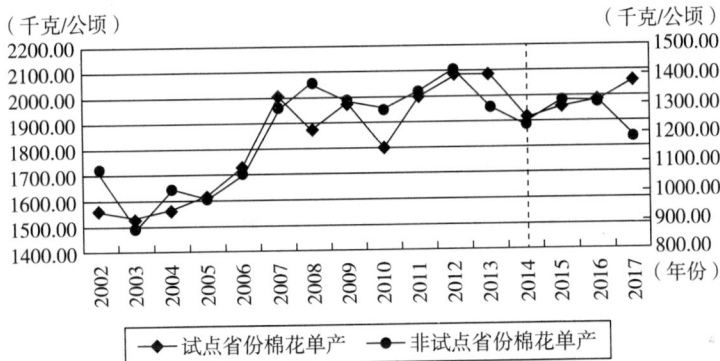

（c）试点省份与非试点省份棉花单产变化趋势

图4-2 试点省份和非试点省份棉花播种面积、总产量和单产趋势变化（续）

从棉花播种面积和产量的变化趋势来看，2014年棉花目标价格改革试点之前，非试点省份的棉花播种面积和产量均呈现下降趋势，而试点省份的棉花播种面积和产量均呈现出上升态势；2014年棉花目标价格改革落地后，非试点省份棉花播种面积和产量仍继续处于下降通道，而试点省份棉花播种面积和产量则呈现明显的上升［见图4-2（a）和图4-2（b）］。从棉花单产的变化趋势来看，2014年棉花目标价格改革试点之前，试点省份和非试点省份的大豆单产均呈现波动并下降的态势；2014年棉花目标价格改革落地后，非试点省份大豆单产的下降趋势并未改变，但试点省份大豆单产却呈现明显的上扬［见图4-1（c）］。由以上分析可知，2014年棉花目标价格改革保障了棉花播种面积和产量持续上升的趋势，且将棉花单产趋势"扭减为增"，同样从经验事实上验证了棉花目标价格改革试点"稳棉花供给，保棉花安全"的政策目标初步达成。

第二节　实证策略、数据来源与描述统计

一、实证策略

自 2014 年以来，中国对新疆的棉花、东北三省和内蒙古的大豆所实施的农产品目标价格改革试点，为我们评估目标价格改革的政策效果提供了一种"准自然实验"（Quasi – Natural Experiment），可以用来匹配的实证策略为"双重差分模型"（Difference – In – Differences Model，DID）。该方法可以很好地解决一般回归模型中的内生性问题，而被广泛地运用于农村税费改革、生猪补贴政策、农产品价格政策改革等政策评估（周黎安、陈烨，2005；周晶等，2015；陈林、伍海军，2015；贺超飞、于冷，2018；阮荣平、刘爽和郑风田，2020）。

在政策评价中，如果一项政策的实施使调节对象中的部分群体受到影响，而另外一部分没有受到影响或受到的影响很小，那么可以将政策的执行类比于自然实验中对实验对象施加的某种"处理"（周黎安、陈烨，2005）。首先，双重差分模型通过截面维度的差分可以消除处理组和对照组共时性因素对被解释变量的影响；其次，通过时间维度的差分可以消除不随时间变化因素对被解释变量的影响；最后，通过将以上两次差分的结果再次差分从而分离出政策冲击的纯效应。在本章中，对目标价格改革而言，以试点地区为处理组，非试点地区为对照组。具体来说，对棉花目标价格改革，新疆地区是处理组，非新疆地区是对照组；对大豆目标价格改革，东北三省和内蒙古是处理组，而其他省份是对照组。

基于以上分析，本章将自变量、控制变量和因变量之间的线性关系表示如下：

$$Y_{it} = \beta_0 + \beta_1 X_{it} + \alpha Z_{it} + v_i + u_t + \varepsilon_{it} \tag{4-1}$$

其中，Y_{it} 表示 i 省份大豆（棉花）在 t 年的因变量；X_{it} 是 i 省份在 t 时期是否"被处理"的虚拟变量；Z_{it} 表示控制向量组；v_i 表示省份 i 不随时间 t 变化的特征；u_t 表示年份 t 的时间效应；ε_{it} 表示随机扰动项。在此基础之上构建双重差分的基准模型如下：

$$Y_{it} = \beta_0 + \beta_1 du_{it} + \beta_2 dt_{it} + \beta_3 du_{it} dt_{it} + \varepsilon_{it} \tag{4-2}$$

du_{it}表示i省份豆（棉）农在t年是否受到目标价格改革的影响，当i省份豆（棉）农在t年受到目标价格改革的影响取1时（即处理组），否则取0（即对照组）；dt_{it}为时间的虚拟变量，表示豆（棉）农i在t年受目标价格改革的影响之前为0，之后为1；ε_{it}表示残差项。

由模型式（4-2）可以计算出对照组和处理组豆（棉）农受目标价格改革影响前后变化情况（见表4-1）：

表4-1　双重差分模型差分情况

	受目标价格改革影响前 （$dt_{it}=0$）	受目标价格改革影响后 （$dt_{it}=1$）	时间政策影响差分
对照组（$du_{it}=0$）	$Y_{it}=\beta_0+\varepsilon_{it}$	$Y_{it}=\beta_0+\beta_2+\varepsilon_{it}$	β_2
处理组（$du_{it}=1$）	$Y_{it}=\beta_0+\beta_1+\varepsilon_{it}$	$Y_{it}=\beta_0+\beta_1+\beta_2+\beta_3+\varepsilon_{it}$	$\beta_2+\beta_3$
空间异质性差分	β_1	$\beta_1+\beta_3$	β_3

显然，对照组中豆（棉）农受目标价格改革影响的增加量为β_2，而处理组为$\beta_2+\beta_3$，因而β_3就是目标价格改革对豆（棉）农的影响程度。在实证研究中采用包含控制变量的固定效应模型：

$$Y_{it}=\beta_0+\beta_1 du_{it}+\beta_2 dt_{it}+\beta_3 du_{it}dt_{it}+\alpha Z_{it}+\varepsilon_{it} \tag{4-3}$$

本章基于全国省级面板数据，使用双重差分法评估农产品目标价格改革的政策效果，即估计农产品目标价格改革对大豆（棉花）的影响（面积、产量、单产和农均收入）。结合式（4-1）和式（4-3），运用以下广义DID模型（包含个体固定效应和时间固定效应）来估计农产品目标价格的政策效果：

$$Y_{it}=\beta_0+\sum_{k=2014}^{k=2016}\beta_k\times TPPS_{it}\times Year_k+\alpha Z_{it}+v_i+u_t+\varepsilon_{it} \tag{4-4}$$

其中，Y_{it}表示i省份大豆（棉花）在t年的结果变量；$TPPS_{it}$表示目标价格试点省份的虚拟变量，即当该省份为目标价格试点省份时，$TPPS_{it}$取1，否则取0；$Year_k$为年份k的虚拟变量，即当年份为k时，$Year_k$取1，否则取0；Z_{it}表示控制向量组；v_i表示省级层面固定效应，用于控制省级层面所有不随时间变化的因素；u_t表示年份t的固定效应，用于控制某年对所有省份大豆（棉花）产出结果的共同影响；ε_{it}表示随机扰动项。β_k表示本章关注的主要参数，用于测量目标价格试点改革政策对大豆（棉花）的影响。

鉴于中央赋予目标价格改革以保障农产品有效供给和提高农民收入等两大政策目标，因此，本章主要检验目标价格政策对保障大豆（棉花）产出能力和稳定豆（棉）农收入的影响。本章主要关注的结果变量为大豆（棉花）播种面积增长率、大豆（棉花）产量增长率、大豆（棉花）单产增长率以及豆（棉）农人均纯收入增长率。参照前人研究并结合研究对象的特殊性，本章选取的控制变量主要是会影响豆（棉）农预期种植收益的变量，主要包含三类：一是上一年大豆（棉花）单产，一方面是该变量会影响本年度豆（棉）农的预期收益，另一方面可以控制可能通过影响单产进而影响预期收益的其他因素（如气温、降水等）；二是上一年大豆（棉花）生产成本，同样地，一方面该变量会影响本年度豆（棉）农的预期成本，另一方面可以控制可能通过影响生产成本进而影响预期成本的其他因素（如化肥、农药、农机、能源支出等）；三是上一年替代品（玉米）的单产和价格，玉米是棉花和大豆的主要替代性作物，上一年玉米的单产和价格也会影响本年度豆（棉）农的生产决策。当上一年玉米的单产和价格越高时，农户就会相应的减少本年度大豆（棉花）的种植。

二、数据来源

需要特别指出的是，根据双重差分模型政策分离思想，不仅要求处理组和对照组具有高度的同质性以保证同趋势变化，而且也要求用于实证的数据必须涵盖政策冲击前后时间段。从对数据要求而言，由于目标价格政策在新疆棉花产区、东北三省和内蒙古大豆产区落地的时间为2014年，考虑到政策影响的后效性和数据的可得性，为保证政策评估的可靠性，本章将样本时间追溯到1998年。选择将样本时间追溯到1998年的主要原因有三点：一是从农产品市场化改革的进程角度，国家从1998年开始了农产品全面市场化进程，粮食保护价、粮食最低收购价以及农产品临时收储等政策相继落地并实施。将样本时间追溯到1998年，有助于在农产品市场改革的历程中更好的识别目标价格的政策效果。二是1997年重庆市从四川省分离直辖，考虑到省级面板数据的前后一致性，并参考了学界相似研究的数据处理方法。三是从多个不同二手数据来源获得的可靠数据，通过数据整理和碰撞，并综合考虑统计口径的差异性，最终将数据追溯期设定为1998年。

需要特别说明的是，通过全面的数据收集整理，我们发现有些数据（尤其是模型中的一些控制变量）仍然存在不同程度的缺失。为保障模型模拟的可靠性和数据的可获得性，最终课题获得了河北、山西、内蒙古、辽宁、吉林、黑龙江、安徽、山东、河南、重庆、陕西等11个省（自治区、直辖市）2005～2017年的大豆面板数据，以及河北、江苏、安徽、江西、山东、河南、湖北、湖南、陕西、甘肃、新疆等 11 个省（自治区、直辖市）2002～2017 年的棉花面板数据。

本章所用到的变量及数据来源有以下三个方面：

第一，大豆（棉花）播种面积增长率、产量增长率、单产增长率和豆（棉）农人均纯收入增长率。面积增长率和产量增长率主要用于刻画保障大豆（棉花）供给安全的状况，单产增长率用于刻画大豆（棉花）产出效率状况，豆（棉）农人均纯收入增长率用于刻画农户收入变化状况。大豆（棉花）播种面积、产量、单产和人均纯收入数据均来自于 31 个省（区、市）统计年鉴，对应的增长率由公式"（当年数据/上年数据）－1"测算而出。

第二，上一年大豆（棉花）生产成本。该指标会影响豆（棉）农的预期收益，从而对本年度的种植决策产生影响。数据来源于国家发展和改革委员会价格司编写的《全国农产品成本收益资料汇编》（历年）和《中国农产品价格调查年鉴》（历年）。

第三，上一年玉米的单产和价格。玉米是大豆（棉花）同一生产周期的竞争性作物，该指标主要用于刻画替代性作物的上期收益对大豆（棉花）预期收益的影响，从而对本年度大豆（棉花）的种植决策产生影响。数据来源于全国 31 个省（区、市）的统计年鉴和《全国农产品成本收益资料汇编》（历年）、《中国农产品价格调查年鉴》（历年）和《中国农村统计年鉴》（历年）。

三、描述性统计分析

核心变量的描述性统计如表 4 - 2 所示。从全样本来看，大豆（棉花）的播种面积、产量、单产、生产成本、生产价格指数等指标以及农村居民纯收入、上年玉米单产和价格的差异性较大，表明不同省域之间的异质性较强。

表 4 - 2　变量描述性统计结果

变量名	单位	均值	标准差	最小值	最大值
大豆播种面积	千公顷	271.99	620.14	1.07	4246.13
大豆产量	万吨	47.28	102.20	0.03	689.43
大豆单位面积产量	千克/公顷	1825.76	707.26	587.61	4615.38
上一年大豆生产成本	元/亩	437.87	124.67	143.01	903.07
棉花播种面积	千公顷	246.63	339.04	0.04	2217.47
棉花产量	万吨	59.92	59.12	0.01	456.66
棉花单位面积产量	千克/公顷	1355.76	709.48	502.82	4237.19

续表

变量名	单位	均值	标准差	最小值	最大值
上一年棉花生产成本	元/亩	1261.31	389.16	417.14	2818.07
农村居民纯收入	元/人	7822.31	5096.02	1562.30	30374.70
大豆生产价格指数	上年=100	1.08	0.12	0.82	1.48
棉花生产价格指数	上年=100	1.09	0.11	0.85	1.53
上一年玉米单产	千克/公顷	5303.18	1087.29	3086.98	10210.73
上一年玉米价格	元/50千克	82.78	12.97	41.82	131.63

注：①大豆价格指数的年份为2005~2017年，仅涉及11个省份，棉花价格指数的年份为2002~2017年仅涉及11个省份，其他变量的年份均为2002~2017年；②限于篇幅，其他控制变量描述性结果并未报告。

核心变量的试点省份和非试点省份的差分统计如表4-3所示。从中可以发现三个结论：一是除大豆和棉花的生产价格指数外，差分结果表明试点省份和非试点省份在大豆（棉花）播种面积、产量、单产、上年生产成本以及农村居民人均可支配收入等方面均存在显著的差异；二是除上年棉花的生产成本和农村居民人均可支配收入外，其他指标都是试点省份显著大于非试点省份，进一步凸显出目标价格改革试点省份的重要地位；三是相较于非试点省份，试点省份的大豆单产具有显著优势，但生产成本却表现出显著劣势，而试点省份的棉花单产和生产成本均具有显著优势。

表4-3 试点省份与非试点省份差分统计结果

变量名	单位	试点省份	非试点省份	差分	样本期
大豆播种面积	千公顷	1185.94	238.77	947.17***	2005~2017年
大豆产量	万吨	198.47	43.06	155.41***	2005~2017年
大豆单位面积产量	千克/公顷	1931.67	1727.14	204.53**	2005~2017年
上一年大豆生产成本	元/亩	485.42	412.70	72.72***	2005~2017年
棉花播种面积	千公顷	1635.99	176.10	1459.89***	2002~2017年
棉花产量	万吨	310.03	29.11	280.92***	2002~2017年
棉花单位面积产量	千克/公顷	1857.17	1174.12	683.05***	2002~2017年
上一年棉花生产成本	元/亩	1034.65	1421.77	-387.12***	2002~2017年
农村居民人均可支配收入	元/人	5954.16	7225.83	-1271.7***	2002~2017年
大豆生产价格指数	上年=100	1.05	1.10	-0.05	2005~2017年
棉花生产价格指数	上年=100	1.08	1.10	-0.02	2002~2017年

注：①**、***分别表示在5%和1%的水平上显著，下表同；②限于篇幅，其他控制变量差分结果并未报告。

第三节 农产品目标价格的政策效果评估

依据目标价格改革的"保供给稳定，稳农民增收"政策目标，本章从播种面积增长率和产量增长率来考察大豆（棉花）目标价格改革对大豆（棉花）供给的影响，从单产增长率来粗略考察大豆（棉花）目标价格改革对大豆（棉花）生产效率的影响，从农村居民人均可支配收入增长率来考察大豆（棉花）目标价格改革对稳定豆农（棉农）收入的影响。

回归模型均采用了省份固定效应和时间固定效应模型，并同时控制了第一产业增加值占地区生产总值比重、农村居民家庭人均可支配收入、农用机械总动力、农村电力装机容量、农用化肥施用量、农用塑料薄膜使用量、农作物总播种面积等因素。此外，为了控制大豆（棉花）种植的惯性效应和替代农作物（玉米）的替代效应，大豆回归模型还将上一年大豆单位面积产量、上一年大豆生产成本、上一年玉米单位面积产量和上一年玉米价格纳入控制变量；棉花回归模型还将上一年棉花单位面积产量、上一年棉花生产成本、上一年玉米单位面积产量和上一年玉米价格纳入控制变量。

一、大豆目标价格改革的政策效应

表4-4分别从大豆播种面积增长率、产量增长率、单产增长率和农村居民人均可支配收入增长率四个方面报告了大豆目标价格改革的政策效应，其中，表4-4的（1）、（3）、（5）、（7）列分别报告了大豆目标价格改革政策的总效应，表4-4的（2）、（4）、（6）、（8）列分别报告了大豆目标价格改革政策的年份效应。

第一，从政策总效应来看，大豆播种面积增长率、产量增长率、单产增长率和农村居民人均可支配收入增长率均因大豆目标价格改革而得以提升，但对大豆播种面积增长率和产量增长率提升较为明显，而对单产增长率和农村居民人均可支配收入增长率提升程度有限。首先是产量增长率每年得以提升0.18个百分点，其次是大豆播种面积增长率（0.08个百分点）、单产增长率（0.04个百分点）和农村居民人均可支配收入增长率（0.02个百分点）。因此，从政策总效应来看，大豆目标价格改革基本实现了预期的政策目标。

表4-4　大豆目标价格改革的政策效应－固定效应模型（双重差分估计）

	播种面积增长率		产量增长率		单产增长率		农村居民人均可支配收入增长率	
	(1)	(2)	(3)	(4)	(5)	(6)	(7)	(8)
目标价格改革试点	0.08**		0.18**		0.04*		0.02*	
	(0.04)		(0.10)		(0.06)		(0.01)	
目标价格改革试点当年（2014年）		0.12**		0.22**		0.18**		0.01*
		(0.07)		(0.10)		(0.08)		(0.01)
目标价格改革试点第二年（2015年）		0.15***		0.23**		0.05		0.00
		(0.06)		(0.10)		(0.09)		(0.01)
目标价格改革试点第三年（2016年）		0.14***		0.17**		0.11		0.00
		(0.07)		(0.09)		(0.08)		(0.01)
目标价格改革试点第四年（2017年）		0.04		0.06		0.06		0.00
		(0.07)		(0.09)		(0.08)		(0.01)
控制变量	是	是	是	是	是	是	是	是
省份固定效应	是	是	是	是	是	是	是	是
时间固定效应	是	是	是	是	是	是	是	是
观测值	143	143	143	143	143	143	143	143
R^2	0.273	0.336	0.284	0.395	0.191	0.478	0.812	0.815

注：*、**、***分别表示在10%、5%、1%的水平上显著。

第二，从政策年份效应的差异来看，大豆目标价格改革呈现不同的年份效应。具体而言，大豆播种面积增长率和产量增长率的年份效应贯穿了整个政策试点期（改革试点期的三年的参数估计均显著为正），而单产增长率和农村居民人均可支配收入增长率的年份效应只在目标价格改革试点当年出现（只有改革试点当年的参数估计显著为正），政策效应的持续性存在显著差异。大豆目标价格改革对大豆单产增长率和豆农人均可支配收入增长率的提升程度有限，可能是决策者将大豆目标价格改革调整为生产者补贴的原因之一。

第三，从政策年份效应的趋势来看，大豆目标价格改革的年份效应呈现衰减趋势。尽管在改革试点期大豆目标价格改革对大豆播种面积增长率和产量增长率均呈现出正向效应（参数估计显著为正），但值得关注的是，年份效应呈现递减趋势，大豆播种面积增长率从0.12%（2014年）、0.15%（2015年）下降到0.14%（2016年），大豆产量增长率从0.22%（2014年）、0.23%（2015年）

下降到0.17%（2016年）。尤其是目标价格改革的第四年（2017年），大豆目标价格改革对大豆播种面积增长率和产量增长率均不再有提升效应（参数估计均不再显著）。大豆目标价格改革对大豆播种面积增长率和产量增长率的逐年弱化效应，尤其是改革第四年对大豆播种面积增长率、产量增长率、单产增长率和农村居民人均可支配收入增长率均不再有改善效应，可能是大豆目标价格改革被调整的原因之一。

二、棉花目标价格改革的政策效应

表4-5分别从棉花播种面积增长率、产量增长率、单产增长率和农村居民人均可支配收入增长率四个方面报告了棉花目标价格改革的政策效应，其中，表4-5的（1）、（3）、（5）、（7）列分别报告了棉花目标价格改革政策的总效应，表4-5的（2）、（4）、（6）、（8）列分别报告了棉花目标价格改革政策的年份效应。

表4-5 棉花目标价格改革的政策效应-固定效应模型（双重差分估计）

	播种面积增长率		产量增长率		单产增长率		人均纯收入增长率	
	（1）	（2）	（3）	（4）	（5）	（6）	（7）	（8）
目标价格改革试点	0.13***		0.18**		0.10*		0.02*	
	(0.07)		(0.06)		(0.05)		(0.01)	
目标价格改革试点当年（2014年）		0.17***		0.19**		0.16*		0.02*
		(0.05)		(0.05)		(0.04)		(0.01)
目标价格改革试点第二年（2015年）		0.19***		0.25**		0.13*		0.01
		(0.04)		(0.09)		(0.08)		(0.01)
目标价格改革试点第三年（2016年）		0.21***		0.12**		0.08*		0.01
		(0.08)		(0.06)		(0.09)		(0.01)
目标价格改革试点第四年（2017年）		0.15**		0.11**		0.01		0.01
		(0.07)		(0.06)		(0.03)		(0.01)
控制变量	是	是	是	是	是	是	是	是
省份固定效应	是	是	是	是	是	是	是	是
时间固定效应	是	是	是	是	是	是	是	是
观测值	176	176	176	176	176	176	176	176
R^2	0.594	0.630	0.569	0.632	0.300	0.468	0.783	0.785

注：*、**、***分别表示在10%、5%、1%的水平上显著。

第一，从政策总效应来看，棉花播种面积增长率、产量增长率、单产增长率和棉农人均可支配收入增长率均因棉花目标价格改革而得以提升，但对棉花播种面积增长率、产量增长率和单产增长率提升较为明显，而对棉农人均可支配收入增长率提升程度有限。首先是产量增长率每年得以提升 0.18 个百分点，其次是棉花播种面积增长率（0.13 个百分点）、单产增长率（0.10 个百分点）和农村居民人均可支配收入增长率（0.02 个百分点）。因此，从政策总效应来看，棉花目标价格改革基本实现了预期的政策目标。

第二，从政策年份效应的差异来看，棉花目标价格改革呈现不同的年份效应。具体而言，棉花播种面积增长率、产量增长率和单产增长率的年份效应几乎贯穿了整个政策试点期（改革试点期的前三年的参数估计均显著为正），而棉农人均可支配收入增长率的年份效应只在目标价格改革试点当年出现（只有改革试点当年的参数估计显著为正），政策效应的持续性存在显著差异。棉花目标价格改革对棉花播种面积增长率、产量增长率和单产增长率有明显提升作用，可能是决策者在试点地区持续推进棉花目标价格改革的原因之一。

第三，从政策年份效应的趋势来看，尽管棉花目标价格改革的年份效应有减弱趋势，但政策效应延续到了样本期的最后一年。从整个改革试点期来看，棉花目标价格改革对棉花播种面积增长率、产量增长率和单产增长率均呈现正向效应（参数估计显著为正），但年份效应呈现递减趋势，棉花播种面积增长率从 0.17%（2014 年）、0.19%（2015 年）、0.21%（2016 年）下降到 0.15%（2017 年），棉花产量增长率从 0.19%（2014 年）、0.25%（2015 年）、0.12%（2016 年）下降到 0.11%（2017 年），单产增长率从 0.16%（2014 年）、0.13%（2015 年）下降到 0.08%（2016 年）。尽管年份效应呈现递减趋势，但同时也应该看到，除单产增长率以外，棉花播种面积增长率和产量增长率的提升效应均因棉花目标价格改革持续到了样本期末。因此，我们有理由相信，不同于大豆目标价格改革的时间效应快速释放，棉花目标价格改革的时间效应还将持续。

可能正是由于大豆和棉花目标价格改革对播种面积增长率、产量增长率、单产增长率和棉农人均可支配收入增长率的影响差异以及影响的时间效应差异，才使决策者调整了大豆目标价格试点改革，而继续坚持棉花目标价格试点改革。

第四节 模型检验

双重差分模型估计结果的有效性需要经过严格的检验。一般而言，需要检验模型实验分组的随机性、实验分组前样本的同质性和实验处理的唯一性（陈林、伍海军，2015）。针对实验分组的随机性，采用实验前测法来检验试点地区与非试点地区的系统性差异；针对实验组和对照组同质性检验，采用事件分析法来检验在实验前实验组和对照组是否具有相同的演变趋势；针对实验处理的唯一性检验，采用虚构处理组的安慰剂法来检验。

一、试点省份与非试点省份系统性差异检验

双重差分模型有效的一种重要前提是处理组和对照组分组的随机性，以便控制可能影响实验结果的无关因素（陈林、伍海军，2015）。然而，从目标价格改革试点的文件来看，中央政府对大豆（棉花）试点省份的选择并非是抓阄式的随机选择，而是通常选择具有典型示范意义的省份。如果试点地区与非试点地区存在"系统差异性"，最终会导致无法断定目标价格改革试点的评估结果差异，究竟是来自于试点省份与非试点省份系统性差异，还是目标价格改革的政策效果，不得而知。因此，需要检验试点省份与非试点省份系统性差异。

我们借鉴周黎安、陈烨（2005）和胡新艳、陈小知和米运生（2018）所采用的实验前测法来检验试点省份与非试点省份的系统性差异。该检测方法的理论逻辑是，通过检验实验前的分组情况与结果变量的相关性来验证实验分组的随机性。本章采用二元 Logit 模型来验证试点省份与非试点省份选取的标准。具体而言，本章通过目标价格试点之前（2002~2013 年）的省级面板数据，以"是否试点省份"为因变量，以"大豆（棉花）播种面积增长率""大豆（棉花）产量增长率""大豆（棉花）单产增长率""豆（棉）农人均纯收入增长率"为解释变量，考察这些因素是否会影响一个省份被选择开展目标价格改革试点。同时，为缓解内生性问题，参照郑新业、王晗、赵益卓（2011）和贺超飞、于冷（2018）的研究，加入了第一产业增加值占地区生产总值比重、农村居民家庭人均可支配收入、农用机械总动力、农村电力装机容量、农用化肥施用量、农用塑料薄膜使用量、农作物总播种面积等作为控制变量。以上控制变量数据主要来源

于国家统计局和国家粮食局。试点省份与非试点省份系统性差异检验结果见表4-6和表4-7。

表4-6 大豆试点省份与非试点省份系统性差异检验

	因变量：是否试点省份-大豆			
	（1）	（2）	（3）	（4）
大豆播种面积增长率	1.46***	1.21**	0.99**	0.60
	(0.55)	(0.51)	(0.44)	(0.44)
大豆产量增长率	-1.21**	-0.94*	-0.66	-0.33
	(0.59)	(0.50)	(0.41)	(0.40)
大豆单产增长率	1.14**	1.10**	0.82**	0.51
	(0.55)	(0.45)	(0.36)	(0.37)
人均纯收入增长率	-0.86	-0.65	0.37	-0.56
	(0.85)	(0.84)	(0.82)	(0.80)
上一年大豆单产		0.35***	0.01	-0.03
		(0.11)	(0.13)	(0.12)
上一年玉米单产			1.44***	1.66***
			(0.25)	(0.23)
上一年大豆单位生产成本				-0.33***
				(0.08)
控制变量	是	是	是	是
观测值	143	143	143	143
R^2	0.028	0.071	0.232	0.304

注：*、**、***分别表示在10%、5%、1%的水平上显著。

表4-6展示了大豆试点省份与非试点省份系统性差异检验结果。对于哪些因素在影响大豆试点省份的选择，表4-6第（1）列只考察了当期大豆播种面积增长率、大豆产量增长率、大豆单产增长率和豆农人均可支配收入增长率四个因素，第（2）列加入了上一年大豆单产，第（3）列继续加入了上一年玉米单产，第（4）列继续加入了上一年大豆单位生产成本。检验结果显示：当期大豆播种面积增长率、大豆产量增长率、大豆单产增长率都显著影响了大豆试点省份的选择［见表4-6第（1）列］，表明大豆核心产区、重点产区更容易被中央选择开展试点，也进一步证明了表4-3中试点省份与非试点省份差分统计结果。但是，

当我们逐步控制上一年大豆单产、上一年玉米单产和上一年大豆单位生产成本之后，当期大豆播种面积增长率、大豆产量增长率、大豆单产增长率和豆农人均可支配收入增长率等变量的系数均不显著［见表4-6第（4）列］。由此可见，中央政府选择大豆目标价格试点省份并不是以当期大豆播种面积增长率、大豆产量增长率、大豆单产增长率和豆农人均可支配收入增长率的高低为主要依据的。

表4-7展示了棉花试点省份与非试点省份系统性差异检验结果。对于哪些因素在影响棉花试点省份的选择，表4-7第（1）列只考察了当期，棉花播种面积增长率、棉花产量增长率、棉花单产增长率和棉农人均可支配收入增长率四个因素，第（2）列加入了上一年棉花单产，第（3）列继续加入了上一年玉米单产，第（4）列继续加入了上一年棉花单位生产成本。检验结果显示：当期棉花产量增长率和棉花单产增长率都显著影响了棉花试点省份的选择［见表4-7第（1）列］，表明棉花核心产区、重点产区更容易被中央选择开展试点，也进一步证明了表4-3中试点省份与非试点省份差分统计结果。但是，当我们逐步控制上一年棉花单产、上一年玉米单产和上一年棉花单位生产成本之后，当期棉花播种面积增长率、棉花产量增长率、棉花单产增长率和棉农人均可支配收入增长率等变量的系数均不显著［见表4-7第（4）列］。由此可见，中央政府选择棉花目标价格试点省份并不是以当期棉花播种面积增长率、棉花产量增长率、棉花单产增长率和棉农人均可支配收入增长率的高低为主要依据的。

表4-7　棉花试点省份与非试点省份系统性差异检验

	因变量：是否试点省份－棉花			
	（1）	（2）	（3）	（4）
棉花播种面积增长率	-0.37	0.25	0.13	0.05
	(0.33)	(0.44)	(0.42)	(0.42)
棉花产量增长率	0.70*	0.01	0.18	0.20
	(0.38)	(0.44)	(0.43)	(0.43)
棉花单产增长率	-0.60*	-0.16	-0.24	-0.28
	(0.33)	(0.40)	(0.37)	(0.38)
人均纯收入增长率	0.12	-0.11	-0.10	-0.11
	(0.51)	(0.42)	(0.41)	(0.41)
上一年棉花单产		0.57***	0.50***	0.52***
		(0.11)	(0.10)	(0.10)

	因变量：是否试点省份 - 棉花			
	(1)	(2)	(3)	(4)
上一年玉米单产			0.22 ***	0.23 ***
			(0.06)	(0.06)
上一年棉花单位 生产成本				- 0.05
				(0.04)
控制变量	是	是	是	是
观测值	176	176	176	176
R^2	0.047	0.305	0.349	0.355

注：*、*** 分别表示在 10%、1% 的水平上显著。

　　表 4 - 6 和表 4 - 7 验证了试点省份选取与否与本章所考察的结果变量无关，进一步证明了表 4 - 4 和表 4 - 5 中计量结果所显示的目标价格试点和结果变量之间因果效应估计的合理性。为进一步检验试点省份和非试点省份在目标价格改革前无系统性差异，并进一步控制可能影响目标价格试点省份的选取因素，我们进一步选择 2002 ~ 2013 年试点省份和非试点省份在"三农"方面的特征进行检验，检验结果如表 4 - 8 所示。

表 4 - 8　2002 ~ 2013 年试点省份与非试点省份差分检验

变量名	单位	品种	试点省份	非试点省份	无条件差分	条件差分
第一产业增加值占地区 生产总值比重	%	大豆	12.04	11.83	0.21	0.17
		棉花	17.99	11.62	6.37 **	1.41
农村居民家庭人均 可支配收入	元/人	大豆	5936.80	6017.48	- 80.68	- 15.33
		棉花	4395.96	5872.27	- 1476.31 **	- 281.02
农用机械总动力	万千瓦	大豆	2616.31	2810.67	- 194.36 **	- 35.91
		棉花	1560.07	2852.36	- 1292.29 ***	- 202.14
农村电力装机容量	万千瓦	大豆	25.54	153.08	- 127.54 ***	- 24.65
		棉花	76.81	193.66	- 116.85 ***	- 21.79
农用化肥施用量 （按折纯法计算）	万吨	大豆	184.65	179.67	4.98	1.06
		棉花	189.36	179.35	10.01 **	3.17
农用塑料薄膜使用量	吨	大豆	74365.36	73345.31	1020.05 **	117.83
		棉花	162367.22	73168.55	89198.67 ***	1566.90

续表

变量名	单位	品种	试点省份	非试点省份	无条件差分	条件差分
农作物总播种面积	千公顷	大豆	6941.43	6202.76	738.67***	124.51
		棉花	5035.09	5208.35	−173.26**	−63.34

注：*、**、***分别表示在10%、5%和1%的水平上显著。

表4-8中的无条件差分检验表明大豆试点省份与非试点省份在农用机械总动力、农村电力装机容量、农用塑料薄膜使用量、农作物总播种面积四个方面存在显著差异；棉花试点省份与非试点省份在第一产业增加值占地区生产总值比重、农村居民家庭人均可支配收入、农用机械总动力、农村电力装机容量、农用塑料薄膜使用量、农作物总播种面积六个方面存在显著差异。然而，当我们控制了表4-4和表4-5中的控制变量之后，试点省份和非试点省份在以上七个方面的差异便不再显著（见表4-8中条件差分结果），这进一步验证了影响试点省份与非试点省份选择的"三农"因素通过了平衡性检验，较好地解决了遗漏变量。

二、试点省份与非试点省份平行趋势检验

鉴于省份固定效应和年份固定效应都包含在广义双重差分模型（1）中，因此，确保 β_1 为无偏估计的前提假设是，在目标价格改革试点之前对照组和实验组的结果变量具有相同演变趋势。因此，我们采用事件分析法来检验大豆（棉花）播种面积增长率、大豆（棉花）产量增长率、大豆（棉花）单产增长率以及豆（棉）农人均纯收入增长率等结果变量在政策落地前后是否具有平行趋势。参照Jacobson等（1993）、Li P.等（2016）、He G.和Wang S.（2017）以及张国建等（2019）的研究，本章采用以下模型进行检验：

$$Y_{it} = \beta_0 + \sum_{k \geq -4}^{k=3} D_{it}^k \times \delta_k + \alpha Z_{it} + v_i + u_t + \varepsilon_{it} \qquad (4-5)$$

其中，Y_{it} 表示 i 省份大豆（棉花）在 t 年的结果变量；虚拟变量 δ_k 表示共同刻画目标价格改革试点政策的省级分配事件。将 s_i 定义为省份 i 目标价格改革政策的首次试点年份，并对 D_{it}^k 作如下定义：当 $t - s_i \leq -4$ 时，定义 $D_{it}^{-4} = 1$，否则为0；当 $k = -3$、-2、-1、0、1、2，且 $t - s_i = k$ 时，定义 $D_{it}^k = 1$，否则为0；当 $t - s_i \geq -3$ 时，定义 $D_{it}^3 = 1$，否则为0。Z_{it} 表示控制向量组，v_i 表示省级固定效应，u_t 表示年份固定效应，ε_{it} 表示随机扰动项。参数 δ_k 用于测度目标价格改革试点实施后 k 年的效应。虚拟变量 D_{it}^k 用于测试在目标价格改革试点前（长达4

年）是否存在对结果变量的处理效应。回归结果如表4-9所示。

检验结果显示，在目标价格改革试点之前，试点省份和非试点省份大豆和棉花的四个核心结果变量的估计系数都接近为0，且都不显著，表明试点省份和非试点省份并无差异。而在目标价格改革试点后，大豆和棉花的四个核心结果变量均在0.05或0.10的显著性水平显著大于0，由此表明，试点省份和非试点省份存在显著差异，目标价格改革试点显著改善了大豆（棉花）播种面积增长率、大豆（棉花）产量增长率、大豆（棉花）单产增长率和豆农（棉农）人均纯收入增长率（见表4-9）。为了可视化展现系数估计的动态效果，图4-3和图4-4展示了大豆和棉花四种结果的点估计值和对应的95%和90%的置信区间演变图。每个点是实验组虚拟变量的点估计系数，对应于目标价格改革试点之前或之后的不同年份。从图4-3和图4-4的8幅图中可以看出，目标价格改革试点之前，点估计系数在统计上与0没有显著区别。因此，得出结论，试点省份和非试点省份的预处理趋势是相似的，非试点省份可以作为试点省份的合适对照组。

表4-9　试点省份与非试点省份平行趋势假设检验

	播种面积增长率		产量增长率		单产增长率		人均纯收入增长率	
	大豆	棉花	大豆	棉花	大豆	棉花	豆农	棉农
目标价格试点前四年及以前（2010年及以前）	0.02 (0.04)	-0.01 (0.08)	0.03 (0.06)	0.04 (0.10)	-0.04 (0.07)	0.03 (0.09)	0.02 (0.01)	0.04 (0.03)
目标价格试点前三年（2011年）	0.09 (0.04)	0.04 (0.07)	-0.01 (0.05)	-0.04 (0.13)	0.09 (0.06)	0.04 (0.06)	-0.01 (0.00)	-0.02 (0.00)
目标价格试点前两年（2012年）	-0.07 (0.03)	-0.02 (0.06)	0.05 (0.07)	0.06 (0.08)	-0.01 (0.04)	-0.01 (0.05)	-0.01 (0.00)	0.01 (0.00)
目标价格试点前一年（2013年）	-0.08 (0.03)	0.01 (0.05)	-0.04 (0.05)	-0.01 (0.08)	0.08 (0.03)	-0.03 (0.05)	0.01 (0.00)	-0.01 (0.00)
目标价格试点当年（2014年）	0.15** (0.06)	0.21** (0.18)	0.20** (0.06)	0.14** (0.08)	0.11** (0.04)	0.10** (0.04)	0.07* (0.01)	0.05* (0.01)
目标价格试点第二年（2015年）	0.15** (0.05)	0.19** (0.09)	0.38** (0.15)	0.28** (0.25)	0.13** (0.14)	0.11** (0.20)	0.05* (0.01)	0.04* (0.01)
目标价格试点第三年（2016年）	0.13** (0.10)	0.15** (0.07)	0.20** (0.06)	0.11** (0.07)	0.09** (0.05)	0.09** (0.05)	0.07* (0.02)	0.09* (0.01)
控制变量	是	是	是	是	是	是	是	是
省份固定效应	是	是	是	是	是	是	是	是

续表

	播种面积增长率		产量增长率		单产增长率		人均纯收入增长率	
	大豆	棉花	大豆	棉花	大豆	棉花	豆农	棉农
时间固定效应	是	是	是	是	是	是	是	是
观测值	143	176	143	176	143	176	143	176
R^2	0.304	0.623	0.384	0.631	0.466	0.458	0.813	0.783

注：①虽然引入了2017年份虚拟变量，但2017年的数据显示不出来（omitted）；②＊、＊＊分别表示在10%、5%的水平上显著。

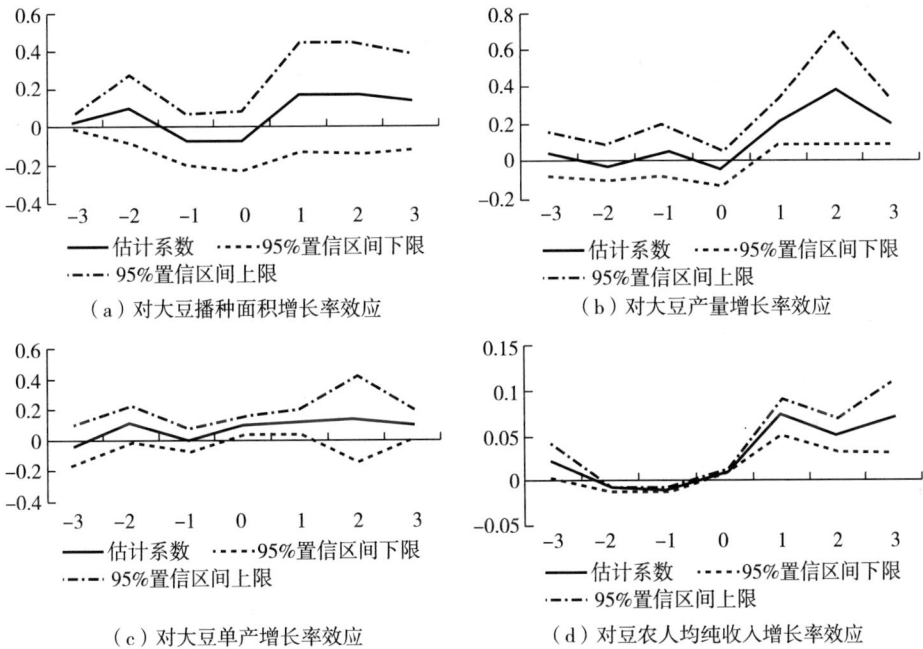

（a）对大豆播种面积增长率效应

（b）对大豆产量增长率效应

（c）对大豆单产增长率效应

（d）对豆农人均纯收入增长率效应

图4-3　大豆目标价格改革的动态效应（平行趋势检验）

三、安慰剂检验

为进一步检验目标价格改革试点评估效果的信度，我们采用安慰剂法检验计量结果的稳健性，即通过虚构处理组的方式来检验。具体做法是，鉴于大豆开展目标价格改革试点的时间跨度为2014～2016年，棉花开展目标价格改革试点的时间跨度为2014年至今，我们假设目标价格改革试点的时间为2011～2013年，

（a）对棉花播种面积增长率效应

（b）对棉花产量增长率效应

（c）对棉花单产增长率效应

（d）对棉农人均纯收入增长率效应

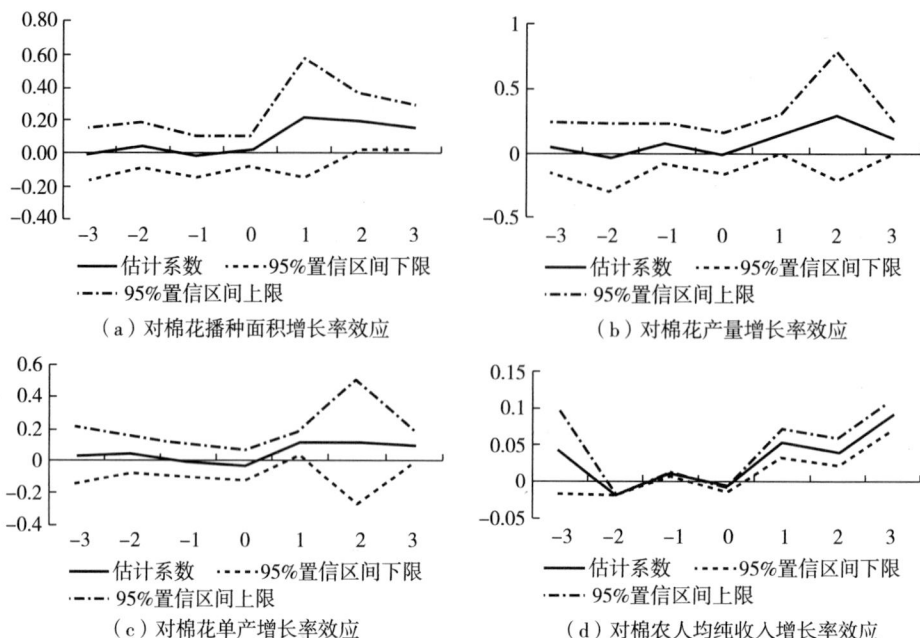

图 4-4　棉花目标价格改革的动态效应（平行趋势检验）

进而检验虚构的目标价格改革试点对大豆（棉花）播种面积增长率、大豆（棉花）产量增长率、大豆（棉花）单产增长率以及豆（棉）农人均纯收入增长率的影响。棉花和大豆目标价格改革试点的安慰剂检验结果分别见表 4-10 和表 4-11。

表 4-10　大豆目标价格改革的安慰剂检验

	播种面积增长率		产量增长率		单产增长率		人均纯收入增长率	
	（1）	（2）	（3）	（4）	（5）	（6）	（7）	（8）
目标价格改革试点	0.04 (0.03)		0.04 (0.07)		0.03 (0.05)		0.01 (0.01)	
目标价格改革试点当年 （2011年）		0.03 (0.09)		0.01 (0.06)		0.13 (0.14)		0.04 (0.01)
目标价格改革试点第二年 （2012年）		0.02 (0.09)		0.18 (0.14)		0.14 (0.14)		0.05 (0.01)
目标价格改革试点第三年 （2013年）		0.13 (0.10)		0.17 (0.14)		0.22 (0.14)		0.04 (0.01)

续表

	播种面积增长率		产量增长率		单产增长率		人均纯收入增长率	
	（1）	（2）	（3）	（4）	（5）	（6）	（7）	（8）
目标价格改革试点第四年		0.11**		0.14**		0.23		0.04
（2014 年）		（0.04）		（0.06）		（0.14）		（0.01）
控制变量	是	是	是	是	是	是	是	是
省份固定效应	是	是	是	是	是	是	是	是
时间固定效应	是	是	是	是	是	是	是	是
观测值	143	143	143	143	143	143	143	143
R^2	0.243	0.261	0.261	0.384	0.178	0.466	0.809	0.813

注：**表示在5%的水平上显著。

表 4 - 11　棉花目标价格改革的安慰剂检验

	播种面积增长率		产量增长率		单产增长率		人均纯收入增长率	
	（1）	（2）	（3）	（4）	（5）	（6）	（7）	（8）
目标价格改革试点	0.08		0.02		0.00		0.01	
	（0.05）		（0.05）		（0.05）		（0.01）	
目标价格改革试点当年		0.19		0.27		0.08		0.02
（2011 年）		（0.16）		（0.21）		（0.18）		（0.01）
目标价格改革试点第二年		0.12		0.21		0.11		0.03
（2012 年）		（0.16）		（0.22）		（0.19）		（0.03）
目标价格改革试点第三年		0.06		0.14		0.11		0.04
（2013 年）		（0.18）		（0.24）		（0.19）		（0.03）
目标价格改革试点第四年		0.21		0.28		0.07		0.04
（2014 年）		（0.18）		（0.25）		（0.20）		（0.03）
控制变量	是	是	是	是	是	是	是	是
省份固定效应	是	是	是	是	是	是	是	是
时间固定效应	是	是	是	是	是	是	是	是
观测值	176	176	176	176	176	176	176	176
R^2	0.584	0.623	0.566	0.631	0.297	0.458	0.781	0.783

当假设大豆目标价格改革试点的时间为 2011 ~ 2013 年，我们仍然采用双重差分法估计固定效应面板模型，检验结果显示：第一，大豆目标价格改革的安慰剂检验总效应在四个关键变量上均不具有显著性［见表 4 - 10 第（1）、（3）、（5）、（7）列］，表明虚构的改革设定并不具有现实效应；第二，除播种面积增长率和产量增长率在虚构改革的第四年（2014 年）呈现显著性外，大豆目标价

格改革的安慰剂检验年份效应也几乎不具有显著性［见表 4 - 10 第（2）、（4）、（6）、（8）列］。出现这种情况的原因可以作如下解释：2014 年是目标价格改革试点真正落地的第一年，大概率该呈现的显著性是因为试点政策真正落地造成的。

同理，对棉花用同样的方式进行了安慰剂检验，得到了和大豆安慰剂检验相似的结果（见表 4 - 11）。大豆和棉花的安慰剂检验的结果表明：表 4 - 4 和表 4 - 5 所得到的目标价格改革对大豆（棉花）播种面积增长率、大豆（棉花）产量增长率、大豆（棉花）单产增长率和豆（棉）农人均可支配收入增长率因果效应具有稳健性，进一步排除了其他潜在因素所造成的估计结果的显著性，也几乎排除了其他可能因素所造成了叠加效应影响。

第五节　研究结论与政策启示

一、主要结论

本章基于全国层面的省级面板数据，运用双重差分法，从实证角度检验了大豆和棉花目标价格改革试点的政策效果。按照目标价格改革"保供给稳定，稳农民增收"目标设定，主要检验了目标价格改革对大豆（棉花）播种面积增长率、大豆（棉花）产量增长率、大豆（棉花）单产增长率以及豆（棉）农人均纯收入增长率的影响，主要研究结论有以下四点：

第一，从试点期的政策总效应来看，目标价格改革试点基本达到了预期政策目标。实证结果表明，大豆目标价格改革导致试点期试点地区大豆产量增长率、大豆播种面积增长率、大豆单产增长率和豆农人均可支配收入增长率年均分别得以提升 0.18、0.08、0.04 和 0.02 个百分点；棉花目标价格改革导致试点期试点地区棉花产量增长率、棉花播种面积增长率、棉花单产增长率和棉农人均可支配收入增长率年均分别得以提升 0.18、0.13、0.10 和 0.02 个百分点。

第二，从试点期的政策年份效应来看，目标价格改革试点呈现不同的年份效应。就大豆目标价格改革而言，大豆播种面积增长率和大豆产量增长率的年份效应贯穿整个政策试点期，而大豆单产增长率和豆农人均可支配收入增长率的年份效应只在目标价格改革试点当年出现；棉花目标价格改革对在试点期的棉花播种面积增长率、棉花产量增长率和棉花单产增长率都有明显提升作用，而对棉农人均可支配收入增长率的提升效应只在试点当年出现。由此可见，目标价格改革试点的政策效应在不同的结果维度上具有显著差异性。

第三，从试点期的政策效应的持续性来看，大豆和棉花目标价格改革试点呈现不同的持续性。实证结果显示，大豆目标价格改革对大豆播种面积增长率和大豆产量增长率的逐年弱化效应，大豆播种面积增长率从 0.12%（2014 年）、0.15%（2015 年）下降到 0.14%（2016 年），大豆产量增长率从 0.22%（2014 年）、0.23%（2015 年）下降到 0.17%（2016 年），尤其是改革第四年对大豆播种面积增长率、大豆产量增长率、大豆单产增长率和豆农人均可支配收入增长率均不再有改善效应。而具体到棉花目标价格改革，除棉花单产增长率、棉农人均可支配收入增长率以外，棉花播种面积增长率和棉花产量增长率的提升效应均因棉花目标价格改革持续到了样本期末。

第四，从试点期结束后的政策调整来看，大豆和棉花目标价格改革对大豆（棉花）播种面积增长率、大豆（棉花）产量增长率、大豆（棉花）单产增长率和豆（棉）农人均可支配收入增长率的影响差异，以及影响的时间效应差异，才使决策者调整了大豆目标价格试点改革，而继续坚持棉花目标价格试点改革的原因之一。

二、政策启示

本章的实证结论具有以下三个方面的政策启示：

第一，作为农业政策市场化改革重要探索方向的目标价格改革，应予以鼓励和肯定，但同时应该围绕农业种植主体的利益进行适当调整和修正。目标价格改革试点的初衷在于改革原有"托底"政策造成的重重弊端，取得了初步效果。但任何一项农业政策的调整，都必须保障农业种植主体的利益不受损。实证结果显示，虽然目标价格改革在稳定大豆和棉花播种面积和产量方面有显著刺激作用，但对豆农（棉农）收入的增幅却相当有限，甚至没有影响。因此，从稳定提升农民收益的角度来看，农产品目标价格改革缺乏农业种植主体的内在驱动力，长期政策效果将受到负面影响。

第二，鉴于实证结论所展示的目标价格改革所造成的不同政策后果，建议应该进一步明确政策目标，提高政策目标的集中度。任何单一的农业政策都很难兼顾多个政策目标，农产品目标价格政策也面临同样的困境。实证结果所显示的目标价格改革在"保农产品供应安全"和"稳农民收入增长"两个方面呈现的明显差异化的结果就是佐证之一。建议进一步明确目标价格改革的核心政策目标，强化政策瞄准，提高政策的有效性。

第三，要进一步提高农产品目标价格改革的效果，还需持续加大相关政策配套。改革农业种植主体从事农业生产，其自身利益变化不仅在微观上会极大地影响种植决策和种植结构，也会在宏观上影响农产品的供给安全。农产品目标价格改革在革除现有"托底"政策弊端的同时，还必须在保障农产品供给安全和稳定提升农民收入方面加大政策配套。要进一步在建立农户收入补贴制度、建立"期货+保险"的风险分摊制度、降低政策执行成本、提高政策目标精准性等方面加大政策创新力度。

第六节　主要观点

本章分别运用 2005～2017 年和 2002～2017 年中国省级面板数据和双重差分模型，对大豆和棉花目标价格改革的政策效果进行了严格的实证评估，研究结果有四点：一是从试点期的政策总效应来看，大豆和棉花目标价格改革试点都显著提升了产量增长率、播种面积增长率、单产增长率和豆农人均可支配收入增长率，基本达到了预期政策目标。二是从试点期的政策年份效应来看，大豆和棉花的播种面积增长率和产量增长率以及棉花的单产增长率在整个试点期都显著提升了，豆（棉）农人均可支配收入增长率以及大豆的单产增长率都只在政策试点当年显著提升，由此可见，目标价格改革试点的政策效应在大豆和棉花不同的结果维度上具有显著差异性。三是从试点期的政策效应的持续性来看，大豆和棉花目标价格改革的政策效果都呈现逐年弱化趋势；不同在于大豆目标价格改革的政策效果仅维持在政策试点期，而棉花目标价格改革的政策效果一直延续到样本期末仍未释放完毕，大豆和棉花目标价格改革试点呈现不同的时间效应。四是从试点期结束后的政策调整来看，可能正是缘于大豆和棉花目标价格改革试点呈现不同的政策效果，才使大豆和棉花目标价格改革呈现了不同的结局。

针对实证研究结果，本章提出了三条政策建议：一是作为农业政策市场化改革重要探索方向的目标价格改革，应予以鼓励和肯定，但同时应该围绕农业种植主体的利益进行适当调整和修正；二是鉴于实证结论所展示的目标价格改革所造成的不同政策后果，建议应该进一步明确政策目标，提高政策目标的集中度；三是要进一步提高农产品目标价格改革的效果，还需持续加大相关政策配套。

第五章 数据采集与描述性统计分析

第一节 调研过程

一、调研区域

由于本书研究的是粮食主产区目标价格政策的粮农行为响应及政策优化，因此，微观农户数据采集主要选取了粮食主产区的江西省和湖北省这两个水稻主产省。选择这两个省的主要原因是：江西省和湖北省同属于我国 13 个粮食主产省份，是全国重要的商品粮基地，为国家的粮食安全做出了主要贡献。江西省是自中华人民共和国成立以来从未间断向国家提供商品粮的两个省份之一，近年来江西省粮食总产量稳定在 420 亿斤以上，总产量位列全国第 12 位，稻谷产量位列全国第 3 位（钟金平，2019）。湖北省素有"鱼米之乡"的美誉，稻谷、小麦和油料产量均居全国前列，是全国 10 个粮食净调出省之一，近年来粮食总产量达到 560 亿斤以上（湖北日报评论员，2019）。

赣抚平原和江汉平原调研区域。江西省的赣抚平原和湖北省的江汉平原分别是各自省份的主要产粮区，以赣抚平原和江汉平原为主要调研区，并适当兼顾其他调研区域，具备抽样调查的科学性和代表性。赣抚平原享有"赣抚粮仓""鱼米之乡"的美誉，是长江流域极具代表性的农业区域，地跨南昌、宜春、抚州 3市 6 县（市、区），拥有耕地总面积 200 万亩，拥有农业人口约 120 万人，是江西最大的粮食主产区。江汉平原素有"鱼米之乡""水乡泽国"的美誉，农业种植面积达 974.3 千公顷，其中，水田占比较高，占农业种植面积的 67.2%，江汉平原地区水田种植面积占湖北省水田种植面积的32.3%，水稻产量占湖北省总产量的32.4%，不仅是湖北省的主要粮食产区，也是全国12大商品粮生产基地之一（《湖北农村统计年鉴》编辑委员会，2010），湖北省政府制定的全省农业结构调整规划，划分了九大优势农业产业带，其中，有七大农业带包含或直接就是江汉平原。

江西省和湖北省抽取的调研县区。鉴于赣抚平原和江汉平原在各自省份的农业地位，课题组在两个平原地区各抽取两个县（区）进行田野调研。其中，在赣抚平原抽取了金溪县和新建县，金溪县为赣抚平原腹地的产量县，新建县为鄱阳湖区的产量县；在江汉平原选择了重要商品粮基地洪湖市和仙桃市，洪湖市是江汉平原湖区农区的代表，仙桃市是江汉平原腹地农区的代表。

同时，为保证样本的代表性和科学性，课题组在两个省的其他农区也抽取了三个县区进行调研。在江西省抽取了上高县这个赣中产量大县，在湖北省抽取了丘陵农业区的沙洋县及都市农业区的武汉市江夏区。沙洋县是传统的农业大县，尤其是该县农村基层探索活跃且成效显著，曾经孕育出两次被写入中央一号文件的"按户连片耕种"的"沙洋模式"，在该地区开展一项新政策的持续性调研，具有较强的样板示范意义。武汉市江夏区是城郊县，同时也是粮食主产县，面临城市化所带来的土地和务农劳动力流出的双重压力，在该县调研一项新农业政策的农户认知和农户响应具有典型价值。

二、调研方案

1. 样本抽取过程

采用多阶段抽样抽取样本，具体而言是先典型抽样，再随机抽样。为确保样本的代表性和覆盖面，结合本课题研究的问题，先进行典型抽样。典型抽样的具体操作为：

（1）确定抽样单位。本调研方案采用分阶段不等概率抽样，各阶段的抽样单位为：首先，以县级行政单位（如区、县、县级市）为初级抽样单位；其次，以乡镇为二级抽样单位；再次，以村民委员会为三级抽样单位；最后，以农户并在每户中确定1人（通常为户主或文化程度最高者）为最终被访单位。

（2）构建抽样框。分别选取江西省的赣抚平原和其他农区、湖北省的江汉平原和其他农区为抽样框，因此最终确定了四个抽样框。

（3）确定样本容量。根据样本容量测算公式 $n_0 = \dfrac{u_\alpha^2 p\ (1-p)}{d^2}$，测算样本容

量。按照中国综合社会调查（CGSS）[①] 的标准，考虑到抽样的精度、时间、精力和经济成本，课题组将绝对误差 d 设定为 0.05，在 95% 的置信度下 u_a 取值为 1.96，$p(1-p)$ 取值 0.25，设计效应定为 1.3，通过测算，考虑到两个省的平原地区同质性以及两个省的非平原地区的同质性，因此，平均每个省需要的样本数为 500 个。考虑到实际调查中遇到的缺答、漏答、误答等情况，最终确定的样本容量为 1000。

（4）样本分配。考虑到各县农业从业人口，各地区、各阶段抽样样本分配（见表 5-1）：

表 5-1　各地区、各阶段抽样样本分配

抽样框	初级单元（区、县）	二级单元（乡镇）	三级单元（村委会）	最终单元（农户）
抽样框 1（赣抚平原）	2（新建、金溪）	4	8	新建（150）、金溪（150）
抽样框 2（江西其他农区）	1（上高）	2	4	上高（150）
抽样框 3（江汉平原）	2（洪湖、仙桃）	4	8	洪湖（130）、仙桃（140）
抽样框 4（湖北其他农区）	2（沙洋、江夏）	4	8	沙洋（280）、江夏（100）
合计	7	14	28	1000

2. 抽样步骤

第一阶段，分别在四个抽样框中随机抽出初级单元（区、县）；第二阶段，在每个初级单元（区、县）中抽出 2 个二级单元（乡镇）；第三阶段，在每个二级单元（乡镇）抽出 2 个三级单元（村委会）；第四阶段，按照样本分配表在每个三级单元（村委会）随机抽出最终单元（农户），样本分配数按照表 5-1 所进行。

3. 问卷设计

调研问卷分为访谈开放式调研问卷和农户结构化调研问卷。访谈开放式调研问卷主要访谈基层官员，共分为两大部分。第一部分对粮食最低收购价政策的评价及改善建议，尤其是从基层官员角度了解农户对粮食最低收购价政策的认知和

[①] 中国综合社会调查（Chinese General Social Survey, CGSS）始于 2003 年，是我国最早的全国性、综合性、连续性学术调查项目。中国综合社会调查（CGSS）系统、全面地收集社会、社区、家庭、个人多个层次的数据，总结社会变迁的趋势，探讨具有重大科学和现实意义的议题，推动国内科学研究的开放与共享，为国际比较研究提供数据资料，充当多学科的经济与社会数据采集平台。目前，中国综合社会调查（CGSS）数据已成为研究中国社会最主要的数据来源，广泛地应用于科研、教学、政府决策之中。

满意度，以及从保障粮食安全的角度如何稳定和提高农户的种粮意愿和收益，旨在了解基层官员对粮食最低收购价政策在粮食主产区实施的评价。第二部分详细了解基层官员对农产品目标价格落地实施的看法与建议，从农产品目标价格政策的具体落地和实施流程、农产品目标价格政策的预期效果预判、农产品目标价格政策官员看法等，旨在了解基层官员对农产品目标价格政策在粮食主产区落地的预期看法。

农户结构化调研问卷访问对象为农户，共分为三大部分：第一部分为受访者和家庭基本信息，受访者信息包括性别、年龄、受教育年限、务农年限、工作状况、家庭经济收入类型、其他职业、个人经历等；家庭信息包括家庭人口、劳动力及农业劳动力数量、农户是否受过农业培训、农户是否加入合作组织、农户到最近集市距离等。第二部分为农户家庭收支情况与未来预期，包含家庭实际经营土地面积（各类农作物的种植面积），主要农作物生产投入和支出情况以及其他农业或非农业收入情况。第三部分为农户对农产品目标价格政策的认知、政策需求优先序以及影响目标价格政策实施预期效果的主要障碍因素等。

三、调研准备

1. 问卷修改与完善

为提高问卷的有效性，针对调研问卷，课题组通过各种形式多次邀请国内农业经济研究领域的专家教授提出征询意见，并多次修改调研问卷；为提高问卷的实操性，课题组在粮食主产区的南昌市南昌县、抚州市东乡区进行多次试调查，反复修改完善调查问卷。

2. 调研员选拔与培训

为提高问卷的效度，减少问卷调研过程中的信息失真，课题组对调研员的选拔主要考虑两个因素：一是对所调研的课题内容感兴趣，能吃苦并有过农村调研的经历；二是来自所调研区域所在的县（区），能用当地方言进行调研。在正式调研前，课题组组织了两次调研员培训。培训主要围绕两个方面的问题展开：一是针对调研问卷的内容，由课题组组长亲自向调研员讲解了每个题项设置的初衷、收集信息的内容、如何有技巧的提问，如何将问卷调研信息转换为调研对象更容易理解的话语等；二是针对调研中可能出现的突发情况的处理以及调研技巧，如被拒答该如何处理，发现明显失真的回答该如何处理，在调研过程中调研对象之间互相干扰该如何处理，等等。此外，还专门针对调研安全作了详细讲解。通过调研员培训，能更加高效地完成调研并取得预期成果。

四、调研实施

1. 问卷调研

在实际开展调研时，为保证调研数据的有效性，调研员都是采用一对一面访的形式完成，并且尽量保证问卷持有在调研员手中，调研员用被调研对象能理解的语言将问卷中所需要的信息填写在问卷中。在每个调研区域，为提高调研效果，课题组会通过当地村委会将村民聚集在村委会，由课题组成员向老百姓宣讲当前的粮食最低收购价政策以及农产品目标价格政策，以便当地村民对粮食的价格支持政策（尤其是目标价格政策）有一个直观的认识。讲解完成之后，调研员两人一组，按照一定方向随机抽样进行入户一对一面访。

2. 深度访谈

为全面了解粮食种植主体对目标价格政策的响应及政策需求优先序，课题组在每个乡镇都会专门对大户进行深度访谈，以便深层次了解种粮大户对粮食最低收购价政策的认知，以及对目标价格政策的意愿及政策需求优先序。同时，课题组也会适时对农村基层官员进行访谈，尤其是访谈乡镇干部和基层村委会主要成员对粮食最低收购价政策以及农产品目标价格政策的态度。这些基层官员是农业支持政策在基层的实践者和落实者，了解他们的看法对一项政策的有效推行至关重要。

3. 问卷复核

调研组坚持"日事日毕"的原则，每天调研完成之后，所有调研组成员集中碰面，主要解决以下两个问题：一是补充调研问卷，在调研过程中因为种种原因没来得及填写的内容、字迹潦草不太清晰的内容以及问卷中成本收入的核算，都在每晚集中碰面时完成；二是集中解决每天调研中出现的新问题，以及需要大家共同注意的问题，可以大家集体讨论解决。

五、调研成果

1. 获得了来自田野调研的一手调研数据

2015 年 7 ~ 8 月，课题组带领研究生和本科生 5 名前往江西省抚州市金溪县就粮农对目标价格政策实施的意愿和政策优先序开展了问卷调查，获得有效调研问卷 133 份，期间还专门访谈了抚州市主管农业的副市长和抚州市人大主管农业的副主任及抚州市人大农委主任，详细了解了地方主官对当前农业支持政策的看法（主要是保护价）以及农产品目标价格的看法。2016 年 8 月，课题组带领研究生和本科生 7 名前往位于江汉平原的湖北省沙洋县就粮农对目标价格政策实施的意愿和政策优先序开展了问卷调查，获得有效调研问卷 211 份（其中种粮大户 3 户）。2016 年 10 月，课题组 2 名成员前往湖北省荆门市专门访谈了乡镇、县市官员，着重就现行的农产品价格及支持政策进行了访谈，并就农产品目标价格政策详细咨询了基层官员的意见和看法。2017 年 4 ~ 5 月，课题组带领研究生和本科生 6 名前往江西省宜春市上高县和南昌市新建县就粮农对目标价格政策实施的意愿和政策优先序开展了问卷调查，获得有效调研问卷 247 份（其中种粮大户 15 户）。2017 年 7 ~ 8 月，课题组带领研究生和本科生 7 名前往位于粮食主产区的湖北省洪湖市、仙桃市、武汉市江夏区等地就粮农对目标价格政策实施的意愿和政策优先序开展了问卷调查，获得有效调研问卷 258 份（其中，种粮大户 11 户）。通过对问卷的整理，剔除明显错答、漏答等无效问卷后，最终课题组共获得粮农有效调研问卷 849 份，问卷有效率为 84.9%。同时，课题组也获得了部分地方官员对农产品价格支持政策的看法，以及对目标价格政策在粮食主产区落地的看法与建议。

2. 获得了每位调研员的调查感受

每位调研员除了完成调研问卷外，整个调查期间，每位调研员必须撰写一份调查感受，主要阐述整个调研过程中自己对零距离接触调研农户的认识，尤其是问卷无法反应的农户对目标价格政策的认知、对粮食最低收购价政策的认知以及对粮食政策的期许。通过调研员的调研感受，课题组可以更加直观地了解来自调研一线的信息，这些信息有助于课题组强化对研究问题的感性认识。

第二节　样本描述性统计分析

一、农户个体特征

（一）受访者性别

从被调查农户的性别来看，男性被访者居多，为 695 人，占比 81.86%，女性被访者只有 154 人，占比 18.14%。从统计结果来看，男性仍然是当前农业生产经营的主要决策者。

（二）年龄

根据被访农户的年龄统计（见图 5 - 1），年龄分布在 41 ~ 50 岁的样本农户数量最多，为 279 人，占比 32.86%；年龄分布在 51～60 岁的样本农户的数量为 251 人，占比 29.56%；年龄分布在 31～40 岁的样本农户的数量为 198 人，占比 23.32%；年龄分布在 60 岁以上的样本农户的数量为 96 人，占比 11.31%；年龄分布在 18～30 岁的样本农户的数量为 24 人，占比 2.83%；年龄分布在 18 岁以下的样本农户的数量最少，为 1 人，占比 0.12%。由此可以看出，当前从事农业生产的劳动者呈现老龄化的趋势，主力军集中在 41～50 岁的中青年劳动者，青壮年劳动力由于就业机会多，很多都选择非农业就业。

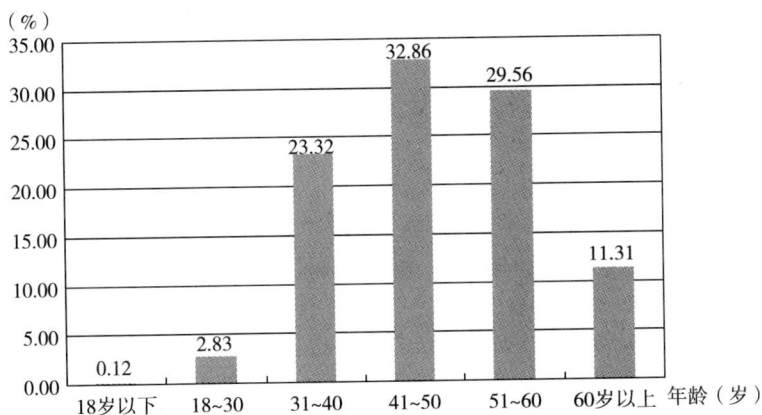

图 5-1　农户各年龄段的样本分布

（三）受教育程度

根据被访农户受教育程度的调查（见图 5-2），受教育程度分布在初中阶段的样本农户数量最多，为 448 人，占比 52.77%；受教育程度分布在小学及以下阶段的样本农户数量为 288 人，占比 33.92%；受教育程度分布在高中阶段的样本农户数量为 98 人，占比 11.54%；受教育程度分布在大学阶段的样本农户数量为 12 人，占比 1.41%；受教育程度分布在研究生及以上阶段的样本农户数量为 3 人，占比 0.36%。被访农户的受教育程度普遍不高，集中在小学及以下和初中两个阶段，具有大学和研究生教育的样本农户所占比例很低，与已有文献以及我国农村的实际情况相吻合。义务教育的普及，的确使更多的农民接受了中小学教育，但是接受高等教育的农户数量较少。

（四）务农年限

如图 5-3 所示，务农年限分布在 21～30 年的样本农户数量最多，为 254

人，占比 29.92%；受访农户务农年限分布在 31~40 年的样本农户数量为 201 人，占比 23.67%；受访农户务农年限分布在 11~20 年的样本农户数量为 177 人，占比 20.85%；受访农户务农年限分布在 0~10 年的样本农户数量为 103 人，占比 12.13%；受访农户务农年限分布在 41~50 年的样本农户数量为 95 人，占比 11.19%；受访农户务农年限分布在 50 年以上的样本农户数量为 19 人，占比 2.24%。被调查区域农户的务农年限普遍较高，这也与被访农户的老龄化特征相吻合。

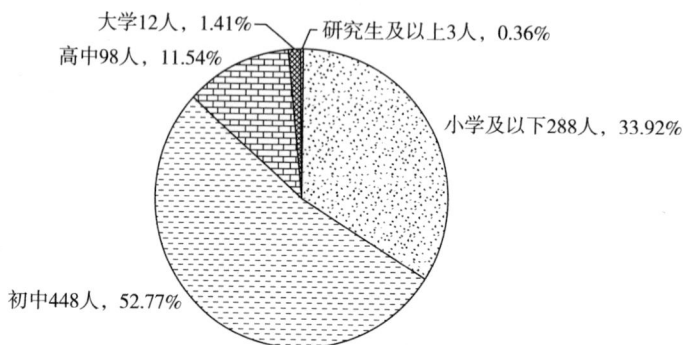

图 5-2　农户受教育程度分布

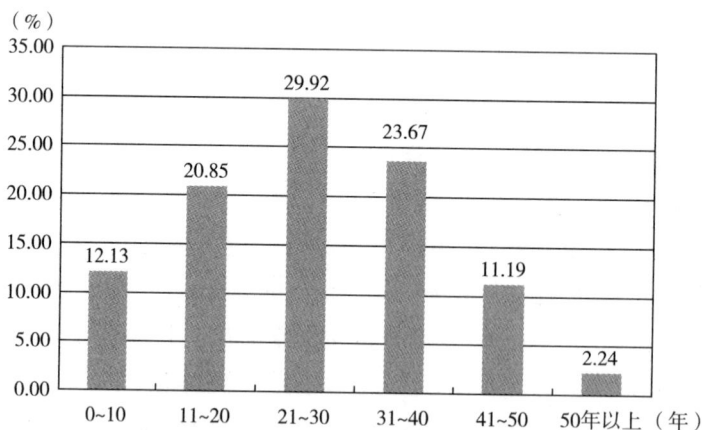

图 5-3　农户务农年限分布

（五）工作状况

根据受访农户工作状况的调查（见图 5-4），受访农户是纯农户的样本农户数量最多，为776人，占比91.40%；在外打工的样本农户数量为47人，占比5.54%；自营工商业者的样本农户数量为14人，占比1.65%；在企事业单位工作和其他的样本农户数量较少。受访农户的工作以农业生产为主，兼业农户和非农户较少。

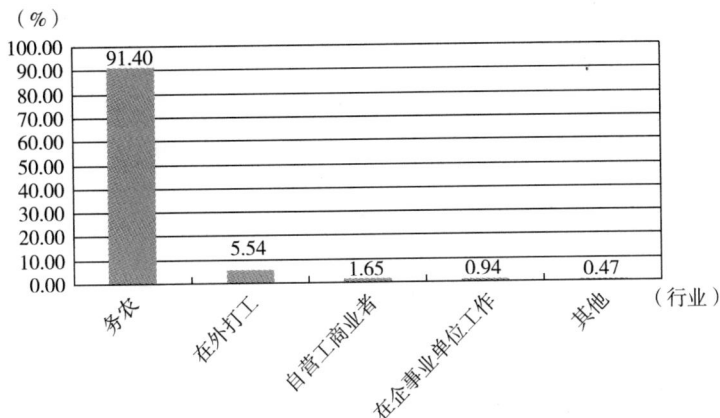

图5-4　农户工作状况分布

（六）接受农业培训

根据调查者接受农业培训情况的统计（见图5-5），受访农户接受过农业培训的农户数量为402人，占比47.35%；没有接受过农业培训的农户数量为447人，占比52.65%。可以看出，有接近一半的受访农户接受过农业培训，农业培训执行情况良好，为农业技术的有效推广，农业政策的切实落地打下了坚实基础。

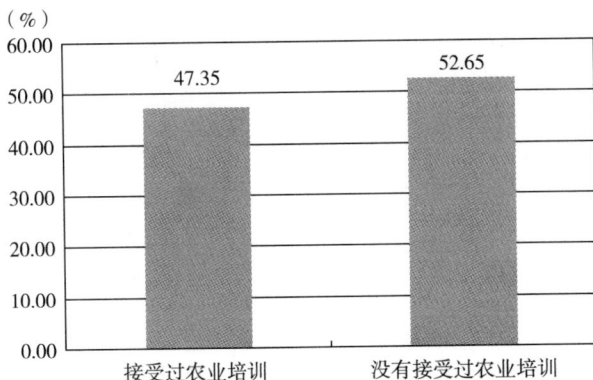

图5-5　农户接受农业培训状况分布

（七）是否加入合作组织

根据调查者加入合作组织情况的统计（见图5－6），受访农户加入合作组织的农户数量为51人，占比6.01%；没有加入合作组织的农户数量为798人，占比93.99%。由此可以看出，受访农户加入合作组织的比例并不高，该区域新型经营主体的发展情况并不是很好。

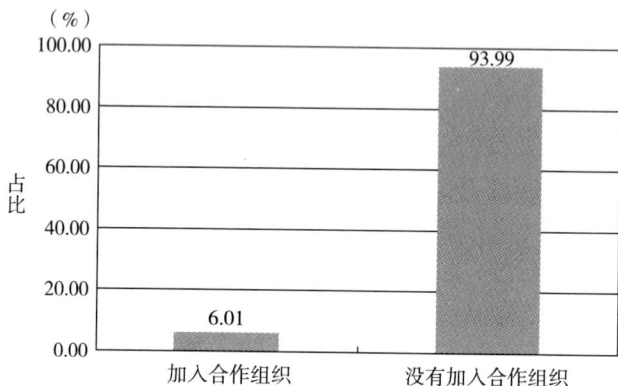

图5－6　农户加入合作组织状况分布

二、农户家庭特征

（一）农业劳动力数量

根据调查区域农业劳动力数量的统计（见图5－7），家庭农业劳动力数量为1～2人的户数为719户，占比84.69%，调查时发现，当前农村家庭农业生产主要靠夫妻双方，其他家庭成员如子女和父母或者不具备农业生产能力或者外出务工，没有参与农业生产；家庭农业劳动力数量为0人的户数为72户，占比8.48%；家庭农业劳动力数量为3～5人的户数较少，仅为58户，占比6.83%。由此可以看出，当前农村农业生产经营方式呈现节约劳动力的趋势，农户可以通过机械化和生产环节外包等形式将劳动力解放出来，这样也解决了家庭农业劳动力不足的问题。

（二）耕地规模

根据受访农户家庭耕地总面积的数据，运用聚类分析方法将农户家庭耕地总面积分成四组，并根据每组农户的数量以及占总体样本的比重绘制图表（见图5－8）。调查区域农户家庭耕地总面积在0～7.65亩的家庭数量最多为322户，占比为 37.92%；农户家庭耕地总面积在 7.7 ~ 15.7 亩的家庭数量次之，为 291 户，占比 34.28%；农户家庭耕地总面积在 15.75 ~ 29.95 亩的家庭数量为 178 户，占比 20.97%；农户家庭耕地总面积在 30 ~ 90 亩的家庭数量为 58 户，占比 6.83%。由此可以看出，受访农户家庭耕地规模普遍较小，耕地面积在 15.7 亩以下的家庭数量占比高达 72.20%。

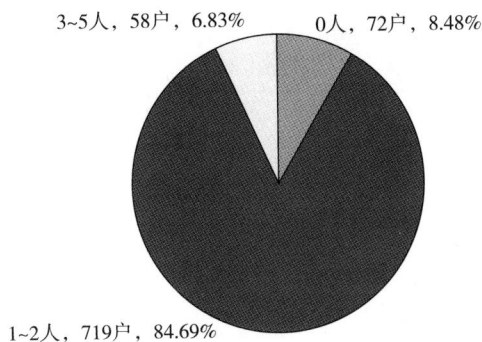

图 5-7　家庭农业劳动力人数分布

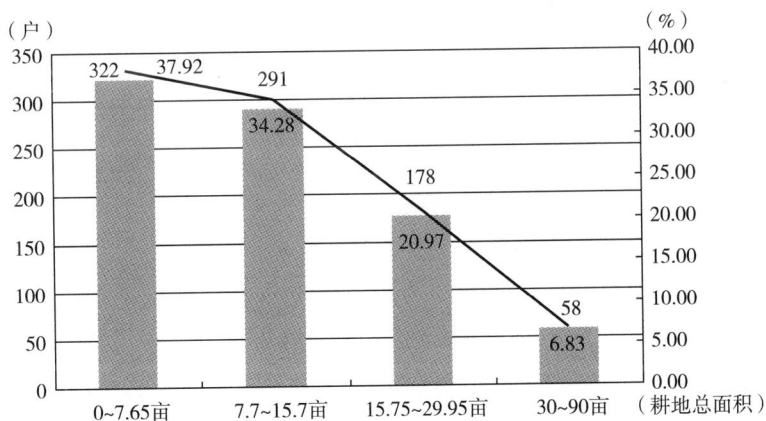

图 5-8　家庭耕地总面积分布

（三）家庭经济收入类型

根据受访农户家庭经济类型的统计（见图 5-9），Ⅰ 兼农户数量最多，为 423 户，占比 49.82%；纯农业户数量次之，为 348 户，占比 40.99%；Ⅱ 兼农户数量为 71 户，占比 8.36%；其他类型农户，占比 0.83%。由此可以看出，受访农户的家庭收入主要来自农业收入，部分农户有兼业行为，且兼业农户占比较高，Ⅰ兼农户和Ⅱ兼农户合计占总体样本的58.18%。

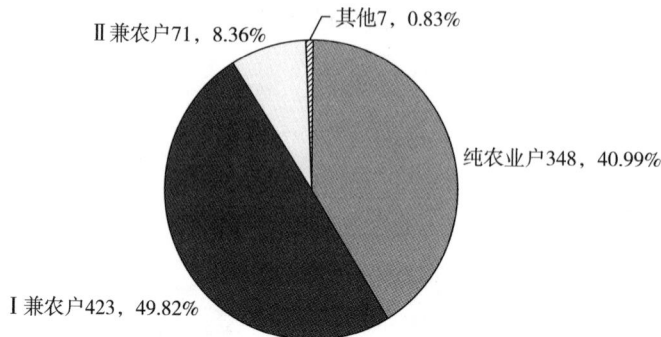

图 5-9　农户家庭经济收入类型分布

第三节　目标价格政策的粮农响应的描述性统计分析

一、农户对农产品目标价格政策的认知

（一）农户对目标价格政策的了解程度

从受访农户对目标价格政策的了解程度来看（见表 5-2），表示对目标价格政策完全不了解的农户数量为 670 人，占比 78.92%；表示对目标价格政策了解小部分农户数量为 166 人，占比 19.55%；表示对目标价格政策基本了解的农户数量为 5 人，占比 0.59%；表示对目标价格政策了解大部分的农户数量为 7 人，占比 0.82%；表示对目标价格政策完全了解的农户数量为 1 人，占比 0.12%。由此可见，调查结果显示粮食主产区的粮农普遍对目标价格政策缺乏了解。

表 5-2　农户对目标价格政策的了解程度

项目	完全不了解	了解小部分	基本了解	了解大部分	完全了解
数量（人）	670	166	5	7	1
比重（%）	78.92	19.55	0.59	0.82	0.12

（二）受访农户对最低收购价格政策的满意程度

从受访农户对最低收购价格政策的满意程度的统计情况来看（见表5－3），当受访农户被问到"您对最低收购价格政策满意吗"，回答"满意"的农户数量为306人，占比36.04%；回答"不满意"的农户数量为310人，占比36.52%；回答"说不清"的农户数量为233人，占比27.44%。调查数据显示，受访粮农对粮食最低收购价格政策正面和负面评价大体相当。

表5－3　农户对最低收购价格政策的满意程度

是否满意	数量（人）	占比（%）	是否支持替换政策	数量（人）	占比（%）
满意	306	36.04	支持	152	49.03
不满意	310	36.52	不支持	60	19.35
说不清	233	27.44	无所谓	98	31.62

当受访农户被问到"如果不满意，您是否支持目标价格政策取代目前最低收购价政策"，回答"支持"的农户数量为152人，占不满意最低收购价政策样本农户数量的49.03%；回答"不支持"的农户数量为60人，占不满意最低收购价政策样本农户数量的19.35%；回答"无所谓"的农户数量为98人，占不满意最低收购价格政策样本农户数量的31.62%。由此可以看出，对最低收购价格政策不满意的受访农户中，有相当比例（49.03%）的受访农户对目标价格政策抱有积极态度。

（三）受访农户认为目标价格政策存在的问题

（1）从受访农户认为"目标价格政策存在问题"的情况统计来看（见表5－4），关于"对政策的认识和理解与否"，受访农户中认为"问题较小"的农户数量最多，为335户，占比39.46%；认为"问题较大"的农户数量为189户，占比30.15%；认为"没有问题"的农户数量为113户，占比13.31%；认为"问题很大"的农户数量为73户，占比8.60%；认为"问题很小"的农户数量为72户，占比8.48%。由此可见，在对目标价格政策的认知中，受访农户对政策的认识和理解与否对政策落地执行至关重要。

（2）关于"目标价格政策是否会降低自己的收入"，受访农户中认为"问题很大"的农户数量最多，为334户，占比39.34%；认为"问题较小"的农户数量为223户，占比26.27%；认为"问题较大"的农户数量为189户，占比22.26%；认为"问题很小"的农户数量为96户，占比11.31%；认为"没有问题"的农户数量最少,为 7 户,占比 0.82%。由此可以看出,受访农户普遍认为目标价格政策会降低自己的收入,认为"没有问题"或者"问题很小"的农户仅占 12% 左右。由此可见,在对目标价格政策的认知中,受访农户普遍比较关注目标价格政策是否会降低自己的收入。

表 5 - 4 　 农户认为目标价格政策的问题统计

存在的问题	没有问题 占比（%）	问题很小 占比（%）	问题较小 占比（%）	问题较大 占比（%）	问题很大 占比（%）
（1）对政策的认识和理解与否	13.31	8.48	39.46	30.15	8.60
（2）是否降低收入	0.82	11.31	26.27	22.26	39.34
（3）比最低收购价麻烦与否	24.15	18.49	15.43	30.27	11.66
（4）标准合理与否	5.18	15.43	30.51	30.39	18.49
（5）水平偏低	1.30	19.08	14.84	16.84	47.94
（6）补贴标准	2.00	16.96	30.74	22.50	27.80
（7）补贴方式	10.48	22.51	18.37	20.61	28.03
（8）采集市场价格	12.37	20.85	10.60	20.14	36.04
（9）难以认同政策执行人员的工作与否	18.96	16.96	10.37	26.97	26.74
（10）配套政策建设	11.54	22.49	9.78	24.62	31.57
（11）监督机制	14.84	19.67	12.96	25.32	27.21

（3）关于"目标价格政策是否比最低收购价格政策麻烦",受访农户中认为"问题较大"的农户数量最多,为 257 户,占比 30.27%;认为"没有问题"的农户数量为 205 户,占比 24.15%;认为"问题很小"的农户数量为 157 户,占比 18.49%;认为"问题较小"的农户数量为 131 户,占比 15.43%;认为"问题很大"的农户数量为 99 户,占比 11.66%。由此可以看出,受访农户普遍认为目标价格政策是否比最低收购价格政策麻烦,对目标价格政策执行效果有很大影响。

（4）关于"目标价格政策标准是否合理",受访农户中认为"问题较小"的农户数量最多,为 259 户,占比 30.51%;认为"问题较大"的农户数量为 258 户,占比 30.39%;认为"问题很大"的农户数量为 157 户,占比 18.49%;认为"问题很小"的农户数量为 131 户,占比 15.43%;认为"没有问题"的农户数量为 44 户,占比 5.18%。由此可以看出,受访农户普遍认为目标价格政策标准存在一定问题,认为"没有问题"或"问题很小"的农户仅占 20.61%。由此可见，在对目标价格政策的认知中，受访农户普遍比较关注目标价格政策标准是否合理。

（5）关于"目标价格政策是否水平偏低"，受访农户中认为"问题很大"的农户数量最多，为 407 户，占比 47.94%；认为"问题很小"的农户数量为 162 户，占比 19.08%；认为"问题较大"的农户数量为 143 户，占比 16.84%；认为"问题较小"的农户数量为 126 户，占比 14.84%；认为"没有问题"的农户数量为 11 户，占比 1.30%。由此可以看出，受访农户普遍认为目标价格政策水平是否偏低，对目标价格政策的效果有很大影响。

（6）关于"目标价格政策补贴标准明确与否"，受访农户中认为"问题较小"的农户数量最多，为 261 户，占比 30.74%；认为"问题很大"的农户数量为 236 户，占比 27.80%；认为"问题较大"的农户数量为 191 户，占比 22.50%；认为"问题很小"的农户数量为 144 户，占比 16.96%；认为"没有问题"的农户数量为 17 户，占比 2.00%。由此可以看出，受访农户普遍认为目标价格政策补贴是否存在标准不明确的问题，对目标价格政策落地效果具有重要影响。

（7）关于"目标价格政策补贴方式是否有分歧"，受访农户中认为"问题很大"的农户数量最多，为 238 户，占比 28.03%；认为"问题很小"的农户数量为 191 户，占比 22.51%；认为"问题较大"的农户数量为 175 户，占比 20.61%；认为"问题较小"的农户数量为 156 户，占比 18.37%；认为"没有问题"的农户数量为 89 户，占比 10.48%。由此可以看出，受访农户认为目标价格政策的补贴方式是否有分歧，对目标价格政策的政策效果至关重要。

（8）关于"对目标价格政策采集的市场价格认同与否"，受访农户中认为"问题很大"的农户数量最多为 306 户，占比 36.04%；认为"问题很小"的农户数量为 177 户，占比 20.85%；认为"问题较大"的农户数量为 171 户，占比 20.14%；认为"没有问题"的农户数量为 105 户，占比 12.37%；认为"问题较小"的农户数量为 90 户，占比 10.60%。由此可以看出，受访农户普遍认为目标价格政策采集的市场价格认同与否在很大程度上会影响政策落地效果。

（9）关于"难以认同目标价格政策执行人员的工作"，受访农户中认为"问题较大"的农户数量最多，为 229 户，占比 26.97%；认为"问题很大"的农户数量为 227 户，占比 26.74%；认为"没有问题"的农户数量为 161 户，占比 18.96%；认为"问题很小"的农户数量为 144 户，占比 16.96%；认为"问题较小"的农户数量为 88 户，占比 10.37%。由此可见，受访农户对目标价格政策执行人员的工作认同与否，在很大程度上会影响目标价格的政策效果。

（10）关于"目标价格配套政策"，受访农户中认为"问题很大"的农户数量最多，为 268 户，占比 31.57%；认为"问题较大"的农户数量为 209 户，占比 24.62%；认为"问题很小"的农户数量为 191 户，占比 22.49%；认为"没有问题"的农户数量为 98 户，占比 11.54%；认为"问题较小"的农户数量为 83 户，占比 9.78%。由此可以看出，在对目标价格政策的认知中，大部分受访农户比较关注目标价格政策配套政策的完善程度。

（11）关于"目标价格政策监督机制"，受访农户中认为"问题很大"的农户数量最多，为 231 户，占比 27.21%；受访农户认为"问题较大"的农户数量为 215 户，占比 25.32%；受访农户认为"问题很小"的农户数量为 167 户，占比 19.67%；受访农户认为"没有问题"的农户数量为 126 户，占比 14.84%；受访农户认为"问题较小"的农户数量为 110 户，占比 12.96%。绝大部分受访农户对目标价格政策的监督机制的完善与否比较关注。

二、农户对农产品目标价格政策需求优先序

（1）从受访农户对目标价格政策的需求优先序统计情况来看，如表 5－5 所示，农户对目标价格子政策的第一需求中，最需要的政策首先是"进一步明确政策具体执行规范和制度"，占比 26.74%；其次是"尽快建立和完善政策实行监管机制"和"加强对政策的宣传"，分别占比 19.43% 和 19.19%；再次是"强化对农户的政策培训"和"尽快建立相关配套政策"，分别占比 18.14% 和 16.49%；最后是其他政策，占比为 0。

表 5－5　农户对目标价格政策的需求优先序情况

政策需求排序	第一需求占比（%）	第二需求占比（%）	第三需求占比（%）	第四需求占比（%）	第五需求占比（%）	第六需求占比（%）
政策宣传	19.19	30.51	8.13	12.72	28.03	1.42
政策执行规范	26.74	22.26	29.33	10.72	8.59	2.36
政策监管机制	19.43	12.96	17.79	27.21	18.02	4.59
相关配套政策	16.49	25.68	23.56	17.19	16.97	0.11
政策培训	18.14	8.60	20.49	27.80	23.09	1.88
其他	0.00	0.00	0.71	4.48	5.30	89.51

（2）农户对目标价格子政策的第二需求中，最需要的政策首先是"加强对政策的宣传"，占比 30.51%；其次是"尽快建立相关配套政策"和"进一步明

确政策具体执行规范和制度"，分别占比 25.68% 和 22.26%；再次是"尽快建立和完善政策实行监管机制"和"强化对农户的政策培训"，分别占比 12.96% 和 8.60%；最后是其他政策，占比为 0。

（3）农户对目标价格子政策的第三需求中，最需要的政策首先是"进一步明确政策具体执行规范和制度"，占比 29.33%；其次是"尽快建立相关配套政策"和"强化对农户的政策培训"，分别占比 23.56% 和 20.49%；再次是"尽快建立和完善政策实行监管机制"和"加强对政策的宣传"，分别占比 17.79% 和 8.13%；最后是其他政策，占比 0.71%。

（4）农户对目标价格子政策的第四需求中，最需要的政策首先是"强化对农户的政策培训"，占比 27.80%；其次是"尽快建立和完善政策实行监管机制"，占比 27.21%；再次是"尽快建立相关配套政策""加强对政策的宣传"和"进一步明确政策具体执行规范和制度"，分别占比 17.19%、12.72% 和 10.72%；最后是其他政策，占比 4.48%。

（5）农户对目标价格子政策的第五需求中，最需要的政策首先是"加强对政策的宣传"，占比 28.03%；其次是"强化对农户的政策培训"，占比 23.09%；再次是"尽快建立和完善政策实行监管机制"和"尽快建立相关配套政策"，分别占比 18.02% 和 16.97%；最后是"进一步明确政策具体执行规范和制度"和其他政策，分别占比 8.59% 和 5.30%。

（6）农户对目标价格子政策的第六需求中，占比最高的首先是其他政策，为 89.51%；其次是"尽快建立和完善政策实行监管机制"，占比 4.59%；接着是"进一步明确政策具体执行规范和制度"，占比 2.36%；"强化对农户的政策培训"和"加强对政策的宣传"，分别占比 1.88% 和 1.42%；占比最小的是"尽快建立相关配套政策"，为 0.11%。

三、粮农的意愿响应

（一）粮农的种粮意愿

从受访农户种粮意愿的统计分析来看（见表 5-6），当受访农户被问到，"如果实行粮食的目标价格政策，会改变您的种粮意愿吗"，回答"会"的农户数量为 313 人，占比 36.87%；回答"不会"的农户数量为 490 人，占比 57.71%；回答"不清楚"的农户数量为 46 人，占比 5.42%。可以看出，如果实行目标价格政策，会在一定程度上改变农户的种粮意愿。但同时也应看到，仍有超过半数（57.71%）的受访农户表示不会改变种粮意愿，根据前述对目标价格政策认知调查情况可知，一个重要的原因可能是缘于受访农户对目标价格政策缺乏系统了解。

表5-6 农户种粮意愿统计

改变种粮意愿	数量（人）	占比（%）	改变方式	数量（人）	占比（%）
会	313	36.87	不减少种粮面积	50	15.97
不会	490	57.71	减少种粮面积	122	38.98
说不清	46	5.42	粮田全部或部分改种经济作物	122	38.98
			放弃农业生产	13	4.15
			其他	6	1.92

当受访农户被问到"如果会，您将会如何改变"，回答"继续种粮，和以前一样"的农户数量为50人，占会改变种粮意愿样本的15.97%；回答"继续种粮，但会减少种粮面积或减少种粮投入"的农户数量为122人，占会改变种粮意愿样本的38.98%；回答"粮田全部或部分改种经济作物"的农户数量为122人，占会改变种粮意愿样本的38.98%；回答"放弃农业生产"的农户数量为13人，占会改变种粮意愿样本的4.15%；回答"其他"的农户数量为6人，占会改变种粮意愿样本的1.92%。从会改变种粮意愿的被访农户调查可知，只有15.97%的受访农户表示不减少种粮面积，其他受访农户都表示会调整农业生产结构，减少粮食种植面积，也从侧面反映目标价格政策对农户种粮意愿的"挤出"效应。

（二）具有种粮意愿的农户特征

实行目标价格政策是否会改变受访农户的种粮意愿，表5-7是将会改变种粮意愿的农户特征与不会改变种粮意愿的农户特征进行的对比分析，为了叙述方便，以下将"会改变种粮意愿农户"简化为"有种粮意愿农户"；将"不会改变种粮意愿农户"简化为"无种粮意愿农户"。

表5-7 农户种粮意愿与农户特征统计

受访农户特征		年龄（岁）	受教育程度（年）	耕地面积（亩）	农业劳动力人数（人）
有种粮意愿农户	均值	47.60	7.68	11.71	1.50
	标准差	10.24	2.84	8.69	0.78
	变异系数	0.22	0.37	0.74	1.19

受访农户特征		年龄（岁）	受教育程度（年）	耕地面积（亩）	农业劳动力人数（人）
无种粮意愿农户	均值	48.46	7.63	12.85	1.56
	标准差	10.07	3.02	10.91	0.76
	变异系数	0.21	0.39	0.85	0.49

由表 5 - 7 中数据可以看出，"有种粮意愿农户"的平均年龄为 47.60 岁，低于"无种粮意愿农户"的平均年龄为 48.46 岁，在数据稳定性上，"无种粮意愿农户"的数据更稳定；"有种粮意愿农户"的平均受教育程度为 7.68 年，高于"无种粮意愿农户"的平均受教育程度为 7.63 年，且"有种粮意愿农户"的数据稳定性更高；"有种粮意愿农户"的平均耕地面积为 11.71 亩，低于"无种粮意愿农户"的耕地面积为 12.85 亩，且"有种粮意愿农户"的数据更加稳定；"有种粮意愿农户"的平均家庭农业劳动力人数为 1.50 人，低于"无种粮意愿农户"的平均家庭农业劳动力人数为 1.56 人，且无种粮意愿农户的数据更加稳定。

第四节　主要观点

为了获得粮食主产区粮农对目标价格政策的响应及政策需求优先序的一手资料，通过典型抽样和随机抽样的多阶段抽样的方式抽取了江西省和湖北省两个粮食主产区开展田野调查。考虑到样本的代表性和科学性，在江西省的赣抚平原和湖北省的江汉平原各抽取了 2 个县（区），在两省其他地区各抽取了 1 个县（区），在每个县（区）各随机抽取了 2 个乡镇，在每个乡镇各随机抽取了 2 个村委会，在每个村委会按照农户人数随机抽取了 130～280 户农户开展了入户面访。我们历时 3 年分 5 次对抽样地区的 1000 个农户进行了问卷调研和深度访谈，并获得了 849 份有效问卷。同时，课题组也获得了部分地方官员对农产品价格支持政策的看法，以及对目标价格政策在粮食主产区落地的看法与建议。为了获知农户对目标价格政策认知、对粮食最低收购价政策认知以及对粮食政策期许的感性认识，每位调研员还提供了一份整个调查期间的调查感受。

关于政策认知,大部分受访农户对目标价格政策不了解(78.92%),回答"基本了解""了解大部分""完全了解"的农户只有1.63%。关于政策优先序,首先是最需要的政策是"进一步明确政策具体执行规范和制度"(26.74%);其次是"尽快建立和完善政策实行监管机制"(19.43%)"加强对政策的宣传"(19.19%)"强化对农户的政策培训"(18.14%)和"尽快建立相关配套政策"(16.49%)。关于粮农意愿响应,超过一半的受访农户(57.71%)表示不会因为最低收购价调整为目标价格政策就改变种粮意愿,但也有相当数量的受访农户(36.87%)表示会改变种粮意愿。

第六章 目标价格政策的粮农意愿响应

第五章为描述性统计分析，包括调查区域样本基本特征的描述性统计分析，农户对目标价格政策认知的描述性统计分析，具有种粮意愿农户的基本特征，以及影响农户种粮意愿因素的描述性分析。本章在上一章描述性统计分析的基础上，运用849份实地调查数据，对实行农产品目标价格政策的粮农的种粮意愿进行实证分析，提出假设并进行验证。

第一节 分析框架与模型设定

一、分析框架

本章以计划行为理论（Theory of Planned Behavior，TPB）来研究目标价格政策的粮农意愿响应。计划行为理论主要从心理学的角度探究个体的行为。计划行为理论主要包括行为态度、主观规范、感知行为控制、行为意愿和行为实施五个要素，前三者直接决定行为意愿，间接影响行为的实施。行为意愿是行为实施重要的预测工具。农户种粮意愿的调整是指发生实际调整种粮结构的倾向性，基于行为意愿对行为实施有着极为重要的预测作用，对农户种粮结构调整意愿的影响机制的分析显得尤为重要，通过农户种粮意愿的研究可以为进一步种粮调整行为奠定基础。本章考察的对象是农户调整种粮的意愿，因此，选择行为态度、主观规范以及直觉行为控制作为主要的解释变量进行影响因素分析。

计划行为理论中行为意愿是指个人对于采取某项特定行为的主观概率的判定，它反映了个人对于某一项特定行为的履行意愿（王瑞梅等，2015）。影响行为意愿的因素有三个：一是行为态度，是指个人对该项行为所持有的正面或负面的感觉；二是主观规范，是指个人对于是否采用某项特定行为所感受到的社会压力；三是感知行为控制，反映个人过去的经验和预期的阻碍（殷志扬、朱珠，2018；殷志扬等，2012；金雪，2019）。农户会根据行为态度、主观规范、感知行为控制、个人禀赋、家庭禀赋等进行种粮意愿行为响应决策（见图 6-1）。本章运用 Mlogit 模型检验行为态度、主观规范、感知行为控制对农户种粮意愿调整的影响机理。

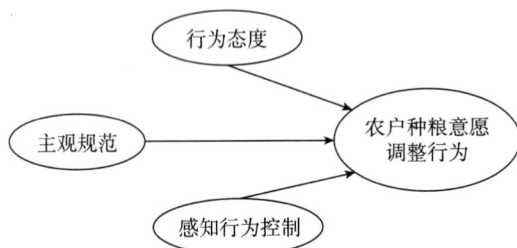

图 6-1　基于计划行为理论的农户种粮意愿调整及其影响因素分析框架

二、模型设定

本章的基本假设是，由于农产品价格政策的农户种粮意愿调整会受到行为态度、主观规范以及感知行为控制等的影响，因此，被解释变量为实施目标价格政策农户的种粮意愿调整，将会改变种粮意愿、不会改变种粮意愿、说不清分别赋值为 1、2、3；在农户种粮意愿调整方向的研究中，被解释变量是种粮意愿的调整方向，将继续种粮，和以前一样、继续种粮，但会减少种粮面积或减少种粮投入、粮田全部或部分改种经济作物、放弃农业生产、其他分别赋值为 1、2、3、4、5；由于被解释变量农户种粮意愿调整、种粮意愿调整方向均是多元离散型变量，因此，本书采用多元选择模型即 Mlogit 模型分析影响农户种粮意愿响应的因素。

个体面临的选择有时是多值的，而不仅是二值的。假设可供选择的方案为 $y = 1, 2, \cdots, J$，其中，J 为正整数，即共有 J 种互相排斥的选择。

使用随机效用法，假设个体 i 选择方案 j 所能带来的随机效用为

$$U_{ij} = x'_i \beta_j + \varepsilon_{ij} (i = 1, \cdots, n; j = 1, \cdots, J) \qquad (6-1)$$

其中，解释变量 x'_i 只随个体 i 变化，不随方案 j 变化。系数 β_j 表明，x'_i 对

随机效用 U_{ij} 的作用取决于方案 j。

显然，个体 i 选择方案 j，当且仅当方案 j 带来的效用高于所有其他方案时，故个体 i 选择方案 j 的概率可写成

$$
\begin{aligned}
P(y_i = j \mid x_i) &= P(U_{ij} \geqslant U_{ik}, \quad \forall k \neq j) \\
&= P(U_{ik} - U_{ij} \leqslant 0, \quad \forall k \neq j) \\
&= P(\varepsilon_{ik} - \varepsilon_{ij} \leqslant x'_i \beta_j - x'_i \beta_k, \quad \forall k \neq j)
\end{aligned}
\tag{6-2}
$$

假设 $\{\varepsilon_{ij}\}$ 为 iid 且服从 I 型极限分布，则可证明：

$$
P(y_i = j \mid x_i) = \frac{\exp(x'_i \beta_j)}{\sum_{k=1}^{J} \exp(x'_i \beta_k)}
\tag{6-3}
$$

显然，选择各项方案的概率之和为 1，即 $\sum_{j=1}^{J} P(y_i = j \mid x_i) = 1$。方程（6-3）是二值选择向多值选择的自然推广。无法同时识别所有的系数 β_k，$k = 1$，…，J，原因是，如果将 β_k 变为 $\beta_k^* = \beta_k + \alpha$（$\alpha$ 为常数向量），完全不会影响模型的拟合。为此，通常将某方案作为参照方案，然后令其系数 $\beta_1 = 0$。由此，个体 i 选择方案 j 的概率为

$$
P(y_i = j \mid x_i) = \begin{cases} \dfrac{1}{1 + \sum_{k=1}^{J} \exp(x'_i \beta_k)} & (j = 1) \\[4mm] \dfrac{\exp(x'_i \beta_j)}{1 + \sum_{k=2}^{J} \exp(x'_i \beta_k)} & (j = 2, \cdots, J) \end{cases}
\tag{6-4}
$$

其中，$j = 1$ 所对应的方案为参照方案，此模型为多项 Logit（Multinomial Logit），即 Mlogit 模型。可用 MLE 进行估计，个体 i 的似然函数为

$$
L_i(\beta_1, \cdots, \beta_J) = \prod_{j=1}^{J} \left[P(y_i = j \mid x_i) \right]^{1(y_i = j)}
\tag{6-5}
$$

其对数似然函数为

$$
\ln L_i(\beta_1, \cdots, \beta_J) = \sum_{j=1}^{J} 1(y_i = j) \cdot \ln P(y_i = j \mid x_i)
\tag{6-6}
$$

其中，$1(\cdot)$ 为示性函数，即如果括号中的表达式成立，则取值为 1；反之，取值为 0。将所有个体的对数似然函数加总，则得到整个样本的对数似然函数，将其最大化则得到系数估计值 $\hat{\beta}_1$，…，$\hat{\beta}_J$。

根据 Mlogit 模型的基本原理，第 i 个农户选择第 j 个方案的效用为：

$$
U_{ij} = x_{ij} B + \varepsilon_{ij} = v_{ij} + \varepsilon_{ij}
\tag{6-7}
$$

其中，U_{ij} 表示第 i 个农户选择第 j 个方案的效用，x_{ij} 表示影响第 i 个农户选择第 j 个方案的因素，本书的研究结果必须满足：

$$P(U_{ij} > U_{ik}) \quad k = 1,\ 2,\ 3 \quad k \neq j \tag{6-8}$$

即第 i 个农户选择第 j 个方案能达到效应最大。因此，假设 y 为第 i 个农户的选择，可以得到第 i 个农户选择第 j 个方案的概率为：

$$P(y_i = j) = \frac{e^{x_i B_j}}{\sum_{k=1}^{3} e^{x_i B_j}},\ j = 1,\ 2,\ 3 \tag{6-9}$$

在对农户种粮意愿调整的分析中，$e^{x_i B_j}$ 表示第 i 个农户的估计解释变量，k 表示 3 个选择组成的选择集，在实际分析中，将 "3 说不清" 作为另外两组的参照组，令其系数为 0；在对农户种粮意愿调整方向的分析中，$e^{x_i B_j}$ 表示第 i 个农户的估计解释变量，k 表示 5 个选择组成的选择集；在实际分析中，将 "5 其他" 作为另外四组的参照组，令其系数为 0。利用 Stata 统计分析软件进行回归，可以得到模型的参数估计值，参数估计值可以反映相对于对比组而言，各变量对农户种粮意愿响应的影响。

第二节　农户种粮意愿及影响因素

一、变量选取与说明

（一）被解释变量

本书主要研究目标价格政策农户的种粮响应，即种粮意愿的调整情况，结合相关学者的研究以及实际调查情况，将种粮意愿调整划分为三类：一是会改变种粮意愿；二是不会改变种粮意愿；三是说不清。

（二）解释变量

根据计划行为理论以及相关学者的研究，确定本章农户种粮意愿调整的各类影响因素为：行为态度，包括目标价格农户收入（收入预期），目标价格水平（价格预期）；主观规范，包括政策执行人员的工作评价、监督机制评价、配套政策建设评价；感知行为控制，包括目标价格政策补贴标准认知、目标价格政策补贴方式认知。各类控制变量为：受访农户个人特征，包括年龄、受教育程度；受访农户家庭特征，包括农户家庭经济类型、是否接受农业技术培训、是否加入合作组织和耕地规模等。变量定义与说明见表 6-1。

表6-1 模型中变量定义与说明

变量名称	变量定义与赋值	平均值	标准差
因变量			
种粮意愿调整（Y）	目标价格政策是否会改变种粮意愿？①会；②不会；③说不清	1.69	0.57
自变量			
（1）行为态度			
农户收入预期（X_1）	目标价格政策会降低收入？①非常不赞同；②不赞同；③一般；④赞同；⑤非常赞同	3.88	1.08
目标价格水平预期（X_2）	目标价格水平偏低？①非常不赞同；②不赞同；③一般；④赞同；⑤非常赞同	3.91	1.23
（2）主观规范			
政策执行人员评价（X_3）	难以认同政策执行人员的工作？①非常不赞同；②不赞同；③一般；④赞同；⑤非常赞同	2.72	1.46
监督机制的评价（X_4）	监督机制不完善？①非常不赞同；②不赞同；③一般；④赞同；⑤非常赞同	2.99	1.56
配套政策建设评价（X_5）	配套政策建设滞后？①非常不赞同；②不赞同；③一般；④赞同；⑤非常赞同	2.62	1.43
（3）感知行为控制			
补贴标准认知（X_6）	目标价格补贴不明确？①非常不赞同；②不赞同；③一般；④赞同；⑤非常赞同	3.57	1.12
补贴方式认知（X_7）	目标价格补贴方式有分歧？①非常不赞同；②不赞同；③一般；④赞同；⑤非常赞同	3.33	1.37
控制变量			
年龄（X_8）	受访农户实际年龄	48.14	10.13
受教育程度（X_9）	受访农户实际受教育年限	7.65	2.95
家庭经济类型（X_{10}）	受访农户家庭经济收入类型。①纯农户；②Ⅰ兼农户；③纯工商户；④Ⅱ兼农户；⑤靠他人供养户；⑥部分靠他人供养户；⑦其他	1.79	0.95
是否参加技术培训（X_{11}）	是否接受过农业培训？①是；②否	1.53	0.49
是否加入合作组织（X_{12}）	是否加入合作组织？①是；②否	1.94	0.24
耕地规模（X_{13}）	受访农户当年实际耕地面积	12.43	10.16

二、模型回归结果及讨论

(一) 变量间的多重共线性检验

在对受访农户样本基本特征以及农户目标价格政策响应行为的描述统计基础上，运用 Mlogit 模型对农户的种粮意愿的调整进行实证分析。在实证分析之前，需要检验所选择的变量之间是否存在多重共线性问题。即检验自变量中某一个变量是否可以由其他解释变量线性表示，通过计算方差膨胀因子（VIF）和容忍度（tolerance）来检验样本是否存在多重共线性的问题。方差膨胀因子是容忍度的倒数，VIF 越大说明共线性问题越严重，一般情况下，VIF 不超过 10 则表明变量之间不存在多重共线性问题（金雪，2019）。

某一个自变量的容忍度是用"1 减去该自变量"为因变量，模型中"其他解释变量"为自变量所得到的线性回归模型的决定系数，取值范围为 [0，1]，容忍度越小，多重共线性越大，当一般认为容忍度小于 0.1 时，存在严重的多重共线性（金雪，2019）。当自变量之间存在严重的多重共线性时，处理办法时是将对因变量解释较小的，并导致严重共线性问题的变量进行删除。这里将耕地面积作为因变量，其他的 12 个变量作为自变量进行线性回归，得到方差膨胀因子和容忍度，如表 6 - 2 所示，各自变量的方差膨胀因子从大到小排列，VIF 的平均值为 1.83，tolerance > 0.1，显然自变量间不存在严重的多重共线性问题，无须替换和删除变量，所选取的自变量全部保留并纳入模型中进行回归（金雪，2019）。

表 6 - 2　自变量间的多重共线性检验

自变量	共线性统计量	
	方差膨胀因子（VIF）	容忍度（tolerance）
配套政策建设评价（X_5）	4.37	0.229
监督机制的评价（X_4）	3.36	0.297
政策执行人员评价（X_3）	2.50	0.399
补贴标准认知（X_6）	1.94	0.515
目标价格水平预期（X_2）	1.85	0.540
补贴方式认知（X_7）	1.59	0.628
农户收入预期（X_1）	1.24	0.809
受教育程度（X_9）	1.06	0.946

自变量	共线性统计量	
	方差膨胀因子（VIF）	容忍度（tolerance）
年龄（X_8）	1.05	0.954
家庭经济类型（X_{10}）	1.03	0.975
是否参加技术培训（X_{11}）	1.02	0.984
是否加入合作组织（X_{12}）	1.01	0.987

（二）模型估计结果

用 Stata 软件对调查区域 849 户样本农户进行 Mlogit 模型回归，得到的结果如表 6-3 所示，具体的分析如下。

表 6-3　农户种粮意愿的 Mlogit 模型估计结果

变量名称	种粮意愿改变	
	1	2
农户收入预期（X_1）	-0.16（0.23）	-0.36（0.23）
目标价格水平预期（X_2）	-0.45**（0.22）	-0.45**（0.21）
政策执行人员评价（X_3）	-0.42***（0.16）	0.18（0.16）
监督机制的评价（X_4）	-0.68***（0.21）	-0.13（0.19）
配套政策建设评价（X_5）	-0.19（0.16）	-1.04***（0.21）
补贴标准认知（X_6）	1.00***（0.20）	0.60***（0.19）
补贴方式认知（X_7）	0.64***（0.15）	0.59***（0.14）
年龄（X_8）	0.01（0.02）	0.02（0.02）
受教育程度（X_9）	-0.01（0.07）	0.003（0.07）
家庭经济类型（X_{10}）	-0.02（0.17）	-0.16（0.17）
是否参加技术培训（X_{11}）	0.19（0.36）	0.33（0.36）
是否加入合作组织（X_{12}）	1.63***（0.58）	1.94***（0.57）
耕地规模（X_{13}）	-0.03*（0.01）	-0.01（0.01）

注：*、**、***分别表示在10%、5%、1%的水平上显著。

（1）行为态度对受访农户种粮意愿调整的影响。降低农民的收入对农户选择改变种粮意愿和不改变种粮意愿均没有显著的影响。可能的解释是，当前农户有很强烈的"惜地情节"，农户出于对土地的爱惜，不会将土地撂荒，因此即使目标价格政策会降低农户的收入，对农户的种粮意愿也不会产生影响，即农户收入的降低对农户种粮意愿的调整没有显著的影响；目标价格政策水平偏低对农户选择改变种粮意愿和不改变种粮意愿均有显著的影响，且作用方向为负，说明目标价格政策的价格水平会改变农户的种粮意愿。

（2）主观规范对受访农户种粮意愿调整的影响。农户对政策执行人员的评价越差，越不可能选择改变种粮意愿，农户接收信息的途径在很大程度来源于政策执行人员，当农户对政策执行人员的工作评价很好时，农户会更有信心，对目标价格政策抱有良好期待，并进行相应的种粮意愿调整，反之亦然；农户对政策监督机制的评价越差，越不可能改变种粮意愿，政策监督机制越完善，农户享受到的政策就越公平和全面，农户越可能进行种粮意愿的调整，反之亦然；同理，配套政策越完善，农户越可能进行种粮意愿的调整。

（3）知觉行为控制对受访农户种粮意愿调整的影响。补贴标准补贴方式均对农户种粮意愿有显著的正向影响。由此表明，不论补贴标准和补贴方式是否合理和规范，都会改变农户的种粮意愿。可能的解释是，农户对于补贴政策是否规范的关注度并不高，农户可能更在乎是否发放了补贴；或者是农户对目标价格政策缺乏基本认知使农户无法做出准确判断。

（4）是否加入合作组织显著正向影响农户的种粮意愿，加入合作社，会拓宽农户的信息获取渠道，提高抵御市场风险的能力，农户会根据多种途径获取的信息做出生产经营决策。

耕地规模对农户改变种粮意愿有显著的负向影响，说明耕地规模越大，农户越不可能改变种粮意愿。可能的解释是，耕地规模越大，农户面临的风险就越大，因此抵御风险能力较差的农户，不会改变种粮意愿。

根据农户种粮意愿调整影响因素的实证结果可以总结如下：行为态度、主观规范、感知行为控制、农户是否加入合作组织以及家庭耕地规模均会对农户的种粮意愿的调整产生影响。

第三节　农户种粮意愿调整方向及影响因素

一、变量选取与说明

针对选择改变种粮意愿的农户，进一步通过计量模型分析影响其不同调整方向的因素。结合相关学者的研究以及实际调查数据，确定本章农户种粮意愿调整方向的各类解释变量为：对目标价格政策的认知（X_1）、目标价格整体评价（X_2）；目标价格标准合理性（X_3）、市场价格认同度（X_4）、年龄（X_5）、受教育程度（X_6）、家庭经济类型（X_7）、是否参加技术培训（X_8）、是否加入合作组织（X_9）、耕地规模（X_{10}）。变量定义及特征统计，如表6-4所示。

表6-4 模型中变量定义与说明

变量名称	变量定义与赋值	平均值	标准差
因变量			
种粮意愿调整方向（Y）	如何改变种粮意愿？①和以前一样；②减少种粮面积或减少种粮投入；③粮田全部或部分改种经济作物；④放弃农业生产；⑤其他	2.37	0.87
自变量			
对目标价格政策的认知（X_1）	对目标价格政策的认识和理解？①非常不了解；②不了解；③一般；④部分了解；⑤很了解	3.18	1.30
目标价格整体评价（X_2）	目标价格政策比最低收购价麻烦？①非常不赞同；②不赞同；③一般；④赞同；⑤非常赞同	3.09	1.35
目标价格标准合理性（X_3）	目标价格标准合理？①非常不赞同；②不赞同；③一般；④赞同；⑤非常赞同	3.36	1.03
市场价格认同度（X_4）	对采集的市场价格认同？①非常不赞同；②不赞同；③一般；④赞同；⑤非常赞同	3.43	1.66
控制变量			
年龄（X_5）	受访农户实际年龄	47.60	10.24
受教育程度（X_6）	受访农户实际受教育年限	7.68	2.84
家庭经济类型（X_7）	受访农户家庭经济收入类型。①纯农户；②Ⅰ兼农户；③纯工商户；④Ⅱ兼农户；⑤靠他人供养户；⑥部分靠他人供养户；⑦其他	1.85	1.02
是否参加技术培训（X_8）	是否接受过农业培训？①是；②否	1.51	0.50
是否加入合作组织（X_9）	是否加入合作组织？①是；②否	1.93	0.25
耕地规模（X_{10}）	受访农户当年实际耕地面积	11.71	8.69

二、模型回归结果及讨论

（一）多重共线性检验

参照农户种粮意愿调整的分析，同样对种粮意愿调整方向进行多重共线性检验。这里将耕地面积作为因变量，其他的 9 个变量作为自变量进行线性回归，得到方差膨胀因子和容忍度，如表 6 – 5 所示，各自变量的方差膨胀因子从大到小的排列，VIF 的平均值为 1.17，tolerance > 0.1，显然自变量间不存在严重的多重共线性问题，无须替换和删除变量，所选取的自变量全部保留并纳入模型中进行回归（金雪，2019）。

表 6 – 5　自变量间的多重共线性检验

自变量	共线性统计量	
	方差膨胀因子（VIF）	容忍度（tolerance）
市场价格认同度（X_4）	1.60	0.626
对目标价格政策的认知（X_1）	1.59	0.628
目标价格标准合理性（X_3）	1.18	0.846
目标价格整体评价（X_2）	1.05	0.951
受教育程度（X_6）	1.05	0.953
年龄（X_5）	1.05	0.955
家庭经济类型（X_7）	1.02	0.982
是否加入合作组织（X_9）	1.01	0.989
是否参加技术培训（X_8）	1.01	0.991
Mean VIF	1.17	

（二）农户种粮意愿调整方向影响因素估计结果

利用 Stata 软件对调查区域 313 户 "会进行种粮意愿调整" 的样本农户进行 Mlogit 模型回归，得到的结果如表 6 – 6 所示，具体分析如下。

（1）对目标价格政策的认知和理解。对目标价格政策的认识和理解对农户选择 "将粮田全部或部分改种经济作物" 具有显著的正向影响，即农户对目标价格政策的认识和理解越差，农户越有可能选择 "将全部或部分粮田改种经济作物"。

（2）对目标价格政策的整体评价。对农户选择 "继续种粮，和以前一样；继续种粮，但会减少种粮面积或减少种粮投入；粮田全部或部分改种经济作物；

放弃农业生产"均有显著的正向影响。相比于最低收购价，首先是粮农对目标价格政策整体评价越高，农户越有可能选择"将粮田全部或部分改种经济作物"；其次会有可能选择"放弃农业生产"；再次会有可能选择"继续种粮，和以前一样"；最后有可能选择"继续种粮，但会减少种粮面积或减少种粮投入"。

表 6 - 6　农户种粮意愿调整方向 Mlogit 模型估计结果

变量名称	种粮意愿方向的调整			
	1	2	3	4
对目标价格政策的认知和理解	0.43（0.32）	0.48（0.32）	0.73 ** （0.33）	0.69（0.46）
对目标价格政策的整体评价	1.15 *** （0.36）	0.93 ** （0.36）	1.70 *** （0.37）	1.68 *** （0.47）
目标价格标准合理性	-0.32（0.24）	0.20（0.31）	-0.71 ** （0.32）	0.59（0.52）
对采集的市场价格认同度	-0.33（0.24）	-0.36（0.24）	-0.91 *** （0.25）	-0.45（0.34）
年龄	-0.009（0.03）	-0.03（0.03）	-0.03（0.03）	0.04（0.04）
受教育程度	0.007（0.11）	0.06（0.11）	0.01（0.12）	0.13（0.15）
家庭经济类型	-0.63 *** （0.19）	-0.52 *** （0.19）	-0.61 *** （0.21）	-0.69 * （0.39）
是否接受农业培训	1.19 ** （0.59）	0.83（0.60）	1.15 * （0.62）	1.74 ** （0.83）
是否加入合作社	1.18（0.95）	0.83（0.95）	0.75（1.00）	13.41（445.64）
耕地面积	-0.05 *** （0.02）	-0.04 ** （0.02）	-0.06 *** （0.02）	-0.02（0.03）

注：*、**、*** 分别表示在 10%、5%、1% 的水平上显著。

（3）目标价格标准合理性。对目标价格标准不合理的认同程度越高，农户越不可能选择"将粮田全部或部分改种经济作物"。

（4）对采集的市场价格认同度。农户对采集的市场价格越不认同，越不可能选择"将粮田全部或部分改种经济作物"。

（5）农户的个体特征对种粮意愿调整方向的影响。农户的年龄和受教育程度均没有通过显著性检验，即农户的个体特征对农户种粮意愿的调整没有显著的影响。

（6）农户家庭特征对种粮意愿调整方向的影响。家庭经济类型对农户种粮意愿的调整方向均有显著的负向影响。对于农业收入占比越低的农户来说，首先最不可能选择的是"放弃农业生产"；其次不可能选择"继续种粮，和以前一样"；再次不可能选择"将粮田全部或部分改种经济作物"；最后不可能选择"继续种粮，但是会减少种粮面积或减少种粮投入"。是否接受农业培训对农户种粮意愿调整方向有一定的显著影响，在农户选择"继续种粮，和以前一样""将粮田全部或部分改种经济作物""放弃农业生产"中具有显著的正向影响，对农户"选择继续种粮，但会减少种粮面积或减少种粮投入"没有显著影响。根据估计结果的系数可以得出结论，首先是农户不参加技术培训最有可能选择"放弃农业生产"，其次有可能选择"继续种粮，和以前一样"；再次会选择"将粮田全部或部分改种经济作物"。耕地面积对农户种粮意愿的调整方向有一定的显著影响，对农户选择"继续种粮，和以前一样"；选择"继续种粮，但是会减少种粮面积或减少种粮投入"；选择"将粮田全部或部分改种经济作物"这三种选择具有显著的负向影响。具体的影响为，首先，耕地面积越大农户越不可能选择"将粮田全部或部分改种经济作物"；其次，不可能选择"继续种粮，和以前一样"；最后，不可能选择"继续种粮，但是会减少种粮面积或种粮投入"。

根据农户种粮意愿调整方向影响因素的实证结果可以总结如下：农户对目标价格政策的认知和理解、目标价格政策的复杂程度、目标价格标准的合理性、市场价格的认同程度对农户种粮意愿的调整方向均有显著影响。农户种粮意愿调整的方向主要取决于农户对目标价格政策的认知和理解，以及农户对目标价格政策的评价。由于农户获取信息的途径相对较少，且存在信息失真的情况，可能会出现农户对政策的理解偏离了政策本身方向的情况，进而使农户做出非理性的生产经营决策。农户的兼业化程度以及耕地面积也会对农户种粮意愿的调整有显著影响。不难理解，农户兼业化程度越高，对农业生产的依赖性就越低，农户可以通过非农业经营收入弥补农业收入较低的现状，因此，对农业政策的反应程度相对较低。耕地面积越大，农户对农业生产的依赖性相对较高，在农业生产中面临的风险也相对较高。大规模农户对政策的反应程度相对敏感，同时大规模农户会更加积极的了解农业生产的各种政策信息、技术信息、市场信息，并根据对信息的分析做出相对理性的生产决策。

（三）豪斯曼检验

Mlogit 模型存在模型假定，即多值选择模型中的任何两个方案单独挑出来，都是二值 Logit 模型，此假定称为"无关方案的独立性"，记为 IIA 假定。对于 IIA 假定，检验方法之一是豪斯曼检验。其基本原理是，如果 IIA 假定成立，则去掉某个方案不影响对其他方案参数的一致估计，只是降低了效率（金雪，2019）。这意味着，在 IIA 假定成立的情况下，去掉某个方案后子样本的系数估计值（记为 $\hat{\beta}_R$）与全样本的系数估计值（记为 $\hat{\beta}_F$，不含被去掉方案的对应系数）没有系统差别。为此，Hausman 和 McFadden（1984）提出以下统计量：

$$(\hat{\beta}_R - \hat{\beta}_F)'[\operatorname{Var}(\hat{\beta}_R) - \operatorname{Var}(\hat{\beta}_F)]^{-1}(\hat{\beta}_R - \hat{\beta}_F)' \xrightarrow{d} \chi^2(m)$$

使用 Stata 软件对数据结果进行豪斯曼检验，所得到的结果如表 6-7 所示。

表 6-7　豪斯曼检验结果统计

变量	Chi2	df	p > chi2	evidence
1	1.832	5	0.872	For H$_0$
2	13.999	17	0.667	For H$_0$
3	0.100	4	0.999	For H$_0$
4	-0.889	32	0.999	For H$_0$

根据豪斯曼检验的结果显示，去掉四个非参照方案中的任何一个方案，都不会拒绝 IIA 的原假设，因此，模型成立，模型结果有可信度。

第四节　结论与政策优化

一、研究结论

本章在描述性统计分析的基础上，运用 Stata 软件和 Mlogit 模型对农户在目标价格政策下种粮意愿的调整，以及种粮意愿调整方向的影响因素进行实证分析，并运用豪斯曼检验对种粮意愿调整方向的实证分析结果进行 IIA 假定检验。主要结论有以下两个方面：

第一，农户种粮意愿的调整是在多种因素相互作用下的复杂决策行为。实证研究结果表明，农户种粮意愿的调整受到行为态度、主观态度、感知行为控制的影响。具体表现为：目标价格水平越低，农户越可能调整种粮意愿；农户对政策执行人员的评价越差，越可能调整种粮意愿；农户对目标价格政策监督机制的评价越差，越可能调整种粮意愿；农户对目标价格政策配套政策的评价越差，越可能调整种粮意愿；农户对目标价格政策补贴标准、补贴方式的评价越差，越可能调整种粮意愿；农户加入合作组织会促进其种粮意愿的调整；农户家庭耕地规模越大，农户越可能调整种粮意愿。

第二，尽管农户种粮意愿的调整方向集中在"继续种粮，但会减少种粮面积或减少种粮投入"和"将粮田全部或部分改种经济作物"这两个方面。农户种粮意愿调整方向受农户对目标价格政策的认知和理解、目标价格政策整体评价、目标价格标准合理性、对采集的市场价格认同度、家庭经济类型、是否接受农业技术培训以及耕地面积的影响。具体表现为：农户对目标价格政策的认知和理解程度越差，农户越可能选择"将粮田全部或部分改种经济作物"；对目标价格政策整体评价越差，农户最可能选择"将粮田全部或部分改种经济作物"；认为目标价格越合理，农户越可能选择"将粮田全部或部分改种经济作物"；对市场价格越认同，农户越可能选择"将粮田全部或部分改种经济作物"；农户家庭兼业化程度越低，越可能选择"放弃农业生产"；接受农业技术培训会促进农户选择"将粮田全部或部分改种经济作物"；家庭耕地面积越小，农户越可能选择"将粮田全部或部分改种经济作物"。

二、政策优化

（一）改善农户的行为态度、主观规范、感知行为控制的水平

根据研究结论我们知道，受访农户的行为态度、主观规范、感知行为控制均会对目标价格政策种粮意愿的调整产生影响，通过改善农户行为态度、主观规范、感知行为控制的水平可以促进农户做出理性的经营决策。具体的举措如下：首先，需要制定合理的价格水平，保障农户的农业收入不受影响；其次，完善政策的监督机制，并提高政策执行人员的工作质量，切实保证农民的利益；最后，制定合理的补贴标准和补贴方式，从理性经济人的角度出发，只有当农户的预期收益大于预期成本，即预期净收益为正时，农户才可能选择某项政策。因此，政府在制定政策时，应根据农户的实际成本和收益，制定合理的补贴标准和补贴方式。

（二）提高农户对目标价格政策的认识和理解程度

田野调查发现，很多农户对目标价格政策不理解，在这样的情况下，农户很难做出理性的经营决策。为了使农户更加理解目标价格政策，应该进行政策的宣传和政策的培训，通过举办讲座、网络宣传以及发放政策宣传材料等形式进行政策的宣传，使农户对目标价格政策有更深刻的理解和认识。

（三）完善政策目标价的内部机制

根据实际调查，很多农户反映目标价格政策比最低保护价格政策麻烦，并且

认为目标价格政策的标准制定得不够合理，农户对市场价格的认同程度不高。因此，需要政府部门简化目标价格政策的执行程序，根据农户的成本收益制定合理的价格标准，提高农户对目标价格政策的认同。

第五节 主要观点

农户种粮意愿的调整是在多种因素相互作用下的复杂决策行为，并受到行为态度、主观态度、感知行为控制的影响。具体表现为，目标价格水平越低、农户对政策执行人员的评价越差、农户对目标价格政策监督机制的评价越差、农户对目标价格政策配套政策的评价越差、农户对目标价格政策补贴标准和补贴方式的评价越差，农户越可能调整种粮意愿。农户种粮意愿的调整方向集中在"继续种粮，但会减少种粮面积或减少种粮投入"和"将粮田全部或部分改种经济作物"两个方面，并受农户对目标价格政策的认知和理解、目标价格政策整体评价、目标价格标准合理性、对采集的市场价格认同度、家庭经济类型、是否接受农业技术培训以及耕地面积的影响。鉴于实证结果，我们应该从以下三个方面优化目标价格政策：一是改善农户的行为态度、主观规范、感知行为控制的水平；二是提高农户对目标价格政策的认识和理解程度；三是完善政策目标价格的内部机制（如政策执行程序、补贴标准等），提高农户对目标价格政策的认同。

第七章 目标价格政策粮农需求优先序及影响因素

在第六章分析目标价格政策粮农种粮意愿响应的基础上，本章进一步分析农户对目标价格政策需求的优先序，并对影响农户政策需求优先序的因素进行实证分析，以便为目标价格政策的后续完善提供决策参考。

第一节 农户对目标价格政策需求优先序分析

由于我国农业人口众多，不同兼业水平、不同经营规模农户对政策的反应程度存在很大的差异性，因此农户资源禀赋不同（如受教育程度、性别、年龄、是否加入合作组织）会对农户的政策响应带来一定影响。在实际调查中发现，受教育程度影响着农户生产经营的前瞻性，对于农户目标价格政策的需求有着很大影响；同时，合作社作为一种农民自愿性合作组织，相比普通农户可以提供更加全面的信息以及政策解读，对农户目标价格政策的响应存在一定影响。因此，针对不同兼业水平、不同经营规模、不同受教育水平、是否加入合作组织的受访农户的目标价格政策需求优先序的分析很有必要。

一、全部样本农户政策需求优先序

根据全部样本农户对六项目标价格政策需求优先序的统计，利用 Stata 软件计算各政策在不同位次上出现的频数和均值，得到全部受访农户对目标价格政策需求的统计表（见表 7-1）。

表7-1　全部受访农户对目标价格政策需求的统计

	第一位	第二位	第三位	第四位	第五位	第六位	均值
政策的宣传	164	253	71	109	237	14	3.05
明确规范和制度	225	192	245	91	73	23	2.60
完善监管机制	166	112	151	230	153	37	3.24
完善配套政策	143	218	199	146	142	1	2.92
加强政策培训	152	73	178	233	197	16	3.35
其他	0	0	6	38	47	758	5.83

注：在实际调查中，让每一位受访农户根据自身条件，对政策的需求进行排序，第一位至第六位均有选择，因此，每个政策的有效频数与样本总量849个相同，表格中不做展示。

根据表7-1的数据统计，依据首选决定项以及加权平均值得到全部受访农户对目标价格政策需求的优先顺序表，如表7-2所示。

表7-2　全部受访农户对目标价格政策需求优先序

选项	第一位	第二位	第三位	第四位	第五位	第六位
首选项排序	明确规范和制度	政策的宣传	完善配套政策	加强政策培训	完善监管机制	其他
加权均值排序	明确规范和制度	完善配套政策	政策的宣传	完善监管机制	加强政策培训	其他

依据首选项得到的农户最迫切需要的政策是明确规范和制度，其次为加强政策的宣传，第三是完善配套政策；依据加权均值得到的农户最迫切需要的政策也是明确规范和制度，其次是完善配套政策，第三是加强政策的宣传。虽然依据首选项和加权均值得到的全部受访农户的政策需求优先序有所差异，但是受访农户最需要的前三项政策是一致的，只是先后顺序不同。因此，为了更加精确地分析全部受访农户对目标价格政策需求优先序的问题，本书采用SPSS计量分析软件，进行聚类分析，聚类分析的结果如图7-1所示。

（1）从全部农户目标价格政策需求优先程度的聚类分析谱系图（见图7-1）可以看出，"明确规范和制度"和"加强政策培训"处于第一层次。在实际调查中发现，农户对政策的规范和制度不了解，需要进行政策培训，才能使农户更加清楚地了解目标价格政策，以做出更加理性的生产决策。

（2）受访农户对目标价格政策需求处于第二层次的是"完善监管机制"和"完善配套政策"。一项政策的出台，需要有完善的监管机制以及完善的配套政策的实施，农村居民受教育水平普遍不高，对政策的理解能力相对较差，如果没有完善的监管机制以及配套政策的实施，农民很有可能享受不到真正切实有利的政策，这对政策的落地是不利的。

平均值的树形结构（分组回归）
重新调节聚类组合

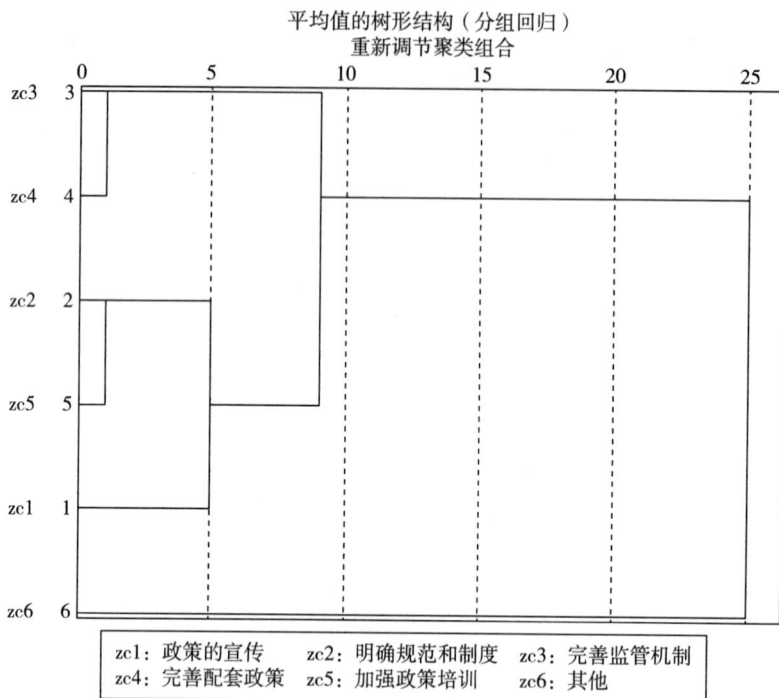

zc1：政策的宣传　　zc2：明确规范和制度　　zc3：完善监管机制
zc4：完善配套政策　　zc5：加强政策培训　　zc6：其他

图 7 - 1　全部农户政策需求聚类分析谱系

（3）受访农户对目标价格政策需求处于第三层次是"政策的宣传"，此时政策的宣传与明确规范和制度、加强政策培训合并，三者处于一个层次。通过完善政策规范和制度、加强政策培训、完善监管机制以及配套政策的实施，政策已经具备相对完善的管理机制，相对成熟，再次通过政策的宣传，让农户接触到更加具体的目标价格政策，日积月累，这项政策会在农户心中留下深深的印记，农户也会根据自身的理解做出理性的生产决策。

（4）受访农户对目标价格政策需求第四层次的是"政策的宣传"与"明确规范和制度""加强政策培训"合并之后，再次与完善监管机制、完善配套政策聚合。最后所有样本聚合为一类，此时类间的距离已经非常大。树形图粗略展现了聚类分析的全过程，可以根据聚类分析的过程做出政策需求优先序的判断。

二、不同分类依据农户政策需求优先序

（一）受访农户性别与目标价格政策需求优先序

根据受访农户性别与目标价格政策需求优先序的统计（见表7-3）。表中的频数是根据农户的首选项得到的，即农户对各项政策认为是第一需要的农户数量。在男性样本中，根据农户的首选项和均值特征，男性受访农户在前两项政策中表现出一致性，即男性受访农户对"加强政策的宣传""明确规范和制度"这两项政策需求程度更高。依据聚类分析的结果，将男性受访农户对目标价格政策的需求程度分成以下四个层次：第一层次是"明确规范和制度"；第二层次是"加强政策的宣传""完善监管机制"；第三层次是"加强政策培训""完善配套政策"；第四层次是"其他"。

表7-3　农户性别与政策需求优先序统计

性别	项目	zc1	zc2	zc3	zc4	zc5	zc6
男	频数	138	189	137	113	120	0
	均值	3.06	2.58	3.22	2.93	3.35	5.86
女	频数	26	36	29	30	32	0
	均值	3.05	2.73	3.32	2.86	3.36	5.73

资料来源：调查数据整理而得。

在女性样本中，根据农户的首选项和均值特征，女性受访农户在对"明确政策规范和制度"需求上频数和均值的顺序是相同的，对"完善配套政策"的需求上频数和均值的顺序接近。根据表7-3的统计以及聚类分析的结果，将女性受访农户对目标价格政策需求程度分成以下四个层次：第一层次是"明确规范和制度""完善配套政策"；第二层次是"加强政策培训""完善监管机制"；第三层次是"加强政策的宣传"；第四层次是"其他"。

受访农户性别的不同，对目标价格政策需求优先程度做出的判断也会有所差异，男性受访农户由于个人禀赋条件，对政策培训的需求与女性受访农户相比较低，男性农户更加关注政策的规范性。

（二）受访农户年龄与目标价格政策需求优先序

根据受访农户年龄与目标价格政策需求优先序的统计（见表7-4）。根据农户对目标价格政策需求的首选项和均值，年龄在30岁以下的农户对"政策的宣传"首选项和均值的排序是一致的，且均是第一需求，即30岁以下农户最需要

的政策是"政策的宣传"。结合表 7-4 以及聚类分析的结果，将年龄在 30 岁以下农户对目标价格政策的需求程度分成以下四个层次：第一层次是"加强政策的宣传"；第二层次是"加强政策培训""明确政策规范和制度"；第三层次是"完善监管机制""完善配套政策"；第四层次是"其他"。

表 7-4 农户年龄与目标价格政策优先序统计

年龄	项目	zc1	zc2	zc3	zc4	zc5	zc6
30 岁以下	频数	7	5	4	3	6	0
	均值	2.76	3.12	3.20	2.96	3.08	5.92
31~50 岁	频数	85	127	101	81	82	0
	均值	3.13	2.58	3.22	2.88	3.83	5.81
51 岁以上	频数	72	93	61	59	64	0
	均值	2.97	2.60	3.26	2.96	3.33	5.87

资料来源：调查数据整理而得。

根据农户对目标价格政策需求的首选项和均值，年龄在 31~50 岁的农户对"加强政策宣传""明确政策规范和制度"的需求排序相同。根据聚类分析的结果，将年龄在 31~50 岁的农户对目标价格政策的需求程度分成以下三个层次：第一层次为"明确政策的规范和制度"；第二层次为"完善监管机制""加强政策的宣传""加强政策的培训"；第三层次为"完善配套政策"。

根据农户对目标价格政策需求的首选项和均值，年龄在 51 岁以上的农户对"明确政策的规范和制度""完善监管机制"的需求排序相同。根据聚类分析的结果，将年龄在 51 岁以上的农户对目标价格政策的需求程度分成以下三个层次：第一层次为"明确政策规范和制度""加强政策宣传"；第二层次为"完善监管机制""完善配套政策""加强政策的培训"；第三层次为"其他"。

受访农户的年龄不同，农户对目标价格政策需求的优先程度也会存在差异。年轻的农户更迫切需要对政策的宣传，而年长者更加需要政策的规范性，包括规范和制度，配套政策的实施，政策的培训以及监管机制。不难理解，年轻的农户由于缺乏经验，对农业生产经营更加关注外在的条件，并不看重政策本身的特征。

（三）受访农户受教育程度与目标价格政策需求优先序

（1）根据受访农户受教育程度与目标价格政策需求优先程度的统计（见表 7-5）。根据受访农户对目标价格政策需求的首选项和均值特征，受教育程度小学及以下的农户对"明确政策规范和制度""加强政策宣传""完善监管机制"这三类政策的需求优先情况一致。依据表7-5的统计以及聚类分析的结果，将受教育程度在小学及以下的农户对目标价格政策的需求程度分为以下四个层次：第一层次为"明确政策规范和制度""加强政策宣传"；第二层次为"完善监管机制""完善配套政策"；第三层次为"加强政策的培训"；第四层次为"其他"。

表7-5 农户受教育程度与目标价格政策需求优先序统计

农户受教育	项目	zc1	zc2	zc3	zc4	zc5	zc6
初中及以下	频数	59	77	52	44	56	0
	均值	2.95	2.61	3.29	2.99	3.33	5.82
高中	频数	101	145	11	96	95	0
	均值	3.12	2.59	3.21	2.89	3.34	5.84
本科及以上	频数	4	3	4	3	1	0
	均值	2.67	3.07	3.20	2.13	4.07	5.87

资料来源：调查数据整理而得。

（2）根据农户对目标价格政策的首选项和均值特征，受教育程度在中学的农户对"明确政策规范和制度""加强政策宣传""加强政策的培训"这三个政策的需求排序相同。依据表7-5数据及聚类分析的结果，将受教育程度为中学的农户对目标价格政策的需求程度分成以下三个层次：第一层次为"明确政策规范和制度""完善监管机制""加强政策宣传"；第二层次为"加强政策的培训""完善配套政策"；第三层次为"其他"。

（3）根据农户对目标价格政策的首选项和均值特征，受教育程度为大学及以上的农户对"加强政策的培训"的需求排序是一致的。依据表7-5的数据及聚类分析的结果，将受教育程度在大学及以上农户对目标价格政策的需求程度分成以下三个层次：第一层次为"完善配套政策""加强政策宣传"；第二层次为"明确政策规范和制度""完善监管机制"；第三层次为"加强政策的培训"；第四层次为"其他"。

农户的受教育程度不同，会使农户的个人资源禀赋有所差异，农户获取信息的能力也会不一致，对政策的需求程度会存在差异。受教育水平普遍不高是当前农村的现状，大学以上学历的农户少之又少，农户获取信息的途径大多是从邻居或者政府、企业；由于受教育程度高的农户数量少，因此，对政策的需求的程度也就相对较低，同时又由于受教育程度高的农户获取信息的能力强，同样也使其对政策的需求程度较低。反之,农户受教育程度低,对政策的依赖性较高,对政策的宣传,政策的培训,政策的完善等的需求均较强。

(四)受访农户是否合作社成员与目标价格政策需求优先序统计

根据受访农户是否合作社成员与目标价格政策需求优先程度的统计(见表7-6)。根据农户对目标价格政策的首选项和均值,是合作社成员的农户对"加强政策的培训""完善监管机制""加强政策宣传"这三个政策的需求排序一致。依据表7-6及聚类分析的结果,将合作社成员的农户对目标价格政策的需求程度分成以下三个层次:第一层次为"明确政策规范和制度""完善配套政策";第二层次为"加强政策的培训""完善监管机制""加强政策宣传";第三层次为"其他"。

表7-6　是否合作社成员与目标价格政策需求优先序统计

是否合作社成员	项目	zc1	zc2	zc3	zc4	zc5	zc6
合作社成员	频数	10	14	10	11	6	0
	均值	3.14	2.55	3.39	2.53	3.55	5.86
非合作社成员	频数	154	211	156	132	146	0
	均值	3.05	2.61	3.23	2.94	3.34	5.83

资料来源:调查数据整理而得。

根据受访农户对目标价格政策首选项和均值,非合作社成员的农户对"明确政策规范和制度"和"加强政策宣传"这两个政策的需求排序一致。依据表7-6及聚类分析的结果,将不是合作社成员的农户对目标价格政策的需求程度分成以下三个层次:第一层次为"明确政策规范和制度""完善监管机制""加强政策宣传";第二层次为"加强政策的培训""完善配套政策";第三层次为"其他"。

是否合作社成员对受访农户目标价格政策的需求程度有一定的影响,农户可以通过加入合作社获取更多信息,拓宽信息获取渠道,以及抵御风险的能力。农户应对风险不同的态度决定着农户对目标价格政策的需求程度及排序。从以上的分析大致可以看出,合作社成员更加需要政策的完善,非合作社成员更加需要对政策的宣传。

(五)受访农户务农年限与目标价格政策需求优先序统计

(1)根据受访农户的务农年限与目标价格政策需求优先程度的统计(见表7-7)。根据受访农户对目标价格政策需求的首选项和均值,务农年限在20年及以下的农户对"明确政策规范和制度""加强政策宣传""加强政策的培训"这三种政策的需求一致。根据表7-7及聚类分析结果，将务农年限在20年及以下的农户对目标价格政策的需求程度分成以下三个层次：第一层次为"明确政策规范和制度""完善监管机制""加强政策宣传"；第二层次为"完善配套政策""加强政策的培训"；第三层次为"其他"。

表7-7 务农年限与目标价格政策需求优先序统计

务农年限	项目	zc1	zc2	zc3	zc4	zc5	zc6
20年及以下	频数	57	61	58	56	47	0
	均值	2.97	2.76	3.29	2.79	3.38	5.81
21~40年	频数	84	128	90	69	84	0
	均值	3.09	2.54	3.29	2.97	3.37	5.84
41年及以上	频数	23	36	18	18	21	0
	均值	3.12	2.46	3.27	3.01	3.20	5.89

资料来源：调查数据整理而得。

（2）根据受访农户对目标价格政策需求的首选项和均值，务农年限在21~40年的农户对"明确政策规范和制度""加强政策宣传"的需求一致。根据表7-7及聚类分析的结果，将务农年限在21~40年的农户对目标价格政策的需求程度分成以下三个层次：第一层次为"明确政策规范和制度"；第二层次为"加强政策的培训""完善监管机制""加强政策宣传"；第三层次为"完善配套政策""其他"。

（3）根据受访农户对目标价格政策需求的首选项和均值，务农年限在41年及以上的农户对"明确政策规范和制度""完善监管机制"这两个政策的需求一致。根据表7-7及聚类分析的结果，将务农年限在41年及以上的农户对目标价格政策的需求程度分成以下四个层次：第一层次为"明确政策规范和制度"；第二层次为"加强政策的培训""加强政策宣传"；第三层次为"完善监管机制""完善配套政策"；第四层次为"其他"。

务农年限对农户目标价格政策的需求程度具有一定的影响，务农年限反映了农户的务农经验，务农年限越长，经验越丰富，对种粮意愿做出的决策也相对理性。务农年限短的农户，更加迫切需要加强政策的宣传以获得更多的信息，务农年限较长的农户，更希望明确政策的规范和制度，使政策本身更加合理完善。

（六）受访农户兼业化程度与目标价格政策需求程度

（1）根据受访农户兼业化程度与目标价格政策需求程度的统计（见表7-
8）。根据受访农户对目标价格政策需求的首选项和均值，纯农户对"完善配套
政策"这项政策的需求是一致的。根据表7-8及聚类分析的结果，将纯农户对
目标价格政策的需求程度分为以下三个层次：第一层次为"明确政策规范和制
度""加强政策的培训"；第二层次为"完善监管机制""加强政策宣传"；第三
层次为"完善配套政策""其他"。

表7-8　兼业化程度与目标价格政策需求优先序统计

农户类型	项目	zc1	zc2	zc3	zc4	zc5	zc6
纯农业户	频数	62	98	67	53	68	0
	均值	3.06	2.57	3.32	3.96	3.29	5.80
I兼农户	频数	90	105	86	75	67	0
	均值	2.99	2.68	3.18	2.88	3.42	5.86
II兼农户	频数	11	20	12	14	15	0
	均值	3.38	2.37	3.21	2.93	3.21	5.87
其他	频数	1	2	1	1	2	0
	均值	3.57	2.43	2.86	2.86	3.43	5.86

（2）根据受访农户对目标价格政策需求的首选项和均值，I兼农户对"明确政
策规范和制度""加强政策的培训"这两项政策的需求是一致的。根据表7-8和
聚类分析的结果，将I兼农户对目标价格政策的需求程度分成以下四个层次：第
一层次为"完善监管机制"；第二层次为"明确政策规范和制度""加强政策宣
传"；第三层次为"加强政策的培训""完善配套政策"；第四层次为"其他"。

（3）根据受访农户对目标价格政策需求的首选项和均值，II兼农户对"明
确政策规范和制度""完善监管机制""加强政策宣传"这三项政策的需求是一
致的。根据表7-8和聚类分析的结果，将II兼农户对目标价格政策的需求程度
分成以下四个层次：第一层次为"明确政策规范和制度"；第二层次为"完善配
套政策""加强政策的培训"；第三层次为"加强政策宣传""完善监管机制"；
第四层次为"其他"。

（4）根据受访农户对目标价格政策需求首选项和均值，其他类型农户对
"明确政策规范和制度""加强政策宣传"这两项政策的需求是一致的。根据表
7-8及聚类分析的结果，将其他类型农户对目标价格政策的需求程度分成以下

四个层次：第一层次为"明确政策规范和制度"；第二层次为"加强政策的培训""完善监管机制"；第三层次为"完善配套政策""加强政策宣传"；第四层次为"其他"。

兼业化程度对农户目标价格政策的需求程度有一定的影响，学界通常用非农收入占家庭总收入的比重来衡量兼业化程度，非农收入占家庭总收入的比重越大，兼业化程度越高，比值在50%以内为Ⅰ兼农户，比值在50%以上为Ⅱ兼农户。兼业化程度越高，农户可以用来抵御风险和不确定的非农业收入越高，农户可能更加倾向冒险型的决策。

（七）受访农户家庭耕地规模与目标价格政策需求优先序统计

（1）根据受访农户家庭耕地规模与目标价格政策需求程度的统计（见表7-9）。根据受访农户对目标价格政策需求程度的首选项和均值，家庭耕地规模在0~7.65亩的农户对"明确政策规范和制度""完善配套政策""加强政策的培训"这三项政策的需求是一致的。根据表7-9及聚类分析的结果，将家庭耕地规模在0~7.65亩的农户对目标价格政策的需求程度分成以下三个层次：第一层次为"明确政策规范和制度""完善配套政策"；第二层次为"加强政策宣传""完善监管机制"；第三层次为"加强政策的培训""其他"。

表7-9　耕地规模与目标价格政策需求优先序统计

耕地规模	项目	zc1	zc2	zc3	zc4	zc5	zc6
0~7.65亩	频数	56	92	57	60	56	0
	均值	3.14	2.57	3.28	2.84	3.39	5.81
7.7~15.7亩	频数	56	84	54	47	51	0
	均值	3.00	2.59	3.29	2.93	3.36	5.80
15.75~29.95亩	频数	37	37	46	25	34	0
	均值	3.09	2.71	2.98	2.99	3.30	5.90
30~90亩	频数	15	12	9	11	11	0
	均值	2.72	2.59	3.50	3.03	3.22	5.91

（2）根据受访农户对目标价格政策需求程度的首选项和均值，家庭耕地规模在7.7~15.7亩的农户对"明确政策规范和制度"这项政策的需求是一致的。根据表7-9及聚类分析的结果，将家庭耕地规模在7.7~1.7亩的农户对目标价格政策的需求程度分成以下四个层次：第一层次为"明确政策规范和制度"；第二层次为"完善监管机制""加强政策宣传"；第三层次为"加强政策的培训"；

第四层次为"完善配套政策""其他"。

（3）根据受访农户对目标价格政策需求程度的首选项和均值，家庭耕地规模在15.75~29.95亩的农户对"明确政策规范和制度""完善监管机制"这两项政策表现出一定的一致性。根据表7-9及聚类分析的结果，将家庭耕地规模在15.75~29.95亩的农户对目标价格政策需求程度分成以下三个层次：第一层次为"明确政策规范和制度""完善监管机制"；第二层次为"加强政策的培训""完善配套政策""加强政策宣传"；第三层次为"其他"。

（4）根据受访农户对目标价格政策需求程度的首选项和均值，家庭耕地规模在30~90亩的农户对"完善监管机制""完善配套政策""加强政策的培训"这三项政策的需求是一致的。根据表7-9及聚类分析的结果，将家庭耕地面积在30~90亩的农户对目标价格政策的需求程度分成以下三个层次：第一层次为"明确政策规范和制度""加强政策宣传"；第二层次为"完善监管机制""完善配套政策""加强政策的培训"；第三层次为"其他"。

家庭耕地规模对农户目标价格政策的需求程度具有一定的影响，大户与普通农户由于耕地规模的不同，在种植方式、经营决策、投入成本、总收益等方面均存在一定的差异，自然对政策的需求程度也会存在差异。

综合以上针对全部受访农户以及不同分类农户的对目标价格政策需求程度的统计，可以得出结果，不论是对全部受访农户还是不同分类农户而言，"明确政策规范和制度"都是农户最迫切需要的政策，其他各项政策因分类依据的不同而有所不同。

第二节　农户对目标价格政策需求优先序影响因素分析

一、模型构建与变量选取

根据农户对目标价格政策需求程度的首选项和均值，由于农户对第六项政策"其他"的需求均没有在第一需求层次上，因此，本书选择的因变量为"政策的宣传""明确规范和制度""完善监管机制""加强政策培训""完善配套政策"五项政策，这五项政策需求优先序的影响因素分析，采用多元Logistic模型进行分析（胡宜挺、叶红敏，2016；王火根、饶盼，2016）。模型的表达式为：

$$\ln\left[\frac{p(y = j/x)}{p(y = J/x)}\right] = \alpha_j + \sum_{k=1}^{n}\beta_{jk}x_k \tag{7-1}$$

在式（7-1）中 p（$y_i = j$）表示受访农户选择第 j 中目标价格政策的概率。其中，$J = 1$，2，…，J；α_i 表示常数项，β_{jk} 表示各因素变量回归系数的向量。$\beta_{jk} > 0$、$\beta_{jk} < 0$、$\beta_{jk} = 0$ 分别表示该项政策需求比参照政策需求更强、更弱和无差异。x_k 表示第 k 个影响农户目标价格政策需求程度因素。

考虑到农户在进行目标价格政策需求排序时，可能是基于自身的实际情况，同时从各个政策中进行两两比较从而得出的优先序的结果，因此，本书分别以"加强政策宣传""明确政策规范和制度""完善监管机制""完善配套政策"为参照组，建立以下 10 个多元 Logistic 模型。

$$\ln\left(\frac{p_2}{p_1}\right) = \alpha_2 + \sum_{k=1}^{n}\beta_{2k}x_k \tag{7-2}$$

$$\ln\left(\frac{p_3}{p_1}\right) = \alpha_3 + \sum_{k=1}^{n}\beta_{3k}x_k \tag{7-3}$$

$$\ln\left(\frac{p_4}{p_1}\right) = \alpha_4 + \sum_{k=1}^{n}\beta_{4k}x_k \tag{7-4}$$

$$\ln\left(\frac{p_5}{p_1}\right) = \alpha_5 + \sum_{k=1}^{n}\beta_{5k}x_k \tag{7-5}$$

$$\ln\left(\frac{p_3}{p_2}\right) = \alpha_3 + \sum_{k=2}^{n}\beta_{3k}x_k \tag{7-6}$$

$$\ln\left(\frac{p_4}{p_2}\right) = \alpha_4 + \sum_{k=2}^{n}\beta_{4k}x_k \tag{7-7}$$

$$\ln\left(\frac{p_5}{p_2}\right) = \alpha_5 + \sum_{k=2}^{n}\beta_{5k}x_k \tag{7-8}$$

$$\ln\left(\frac{p_4}{p_3}\right) = \alpha_4 + \sum_{k=3}^{n}\beta_{4k}x_k \tag{7-9}$$

$$\ln\left(\frac{p_5}{p_3}\right) = \alpha_5 + \sum_{k=3}^{n}\beta_{5k}x_k \tag{7-10}$$

$$\ln\left(\frac{p_5}{p_4}\right) = \alpha_5 + \sum_{k=4}^{n}\beta_{5k}x_k \tag{7-11}$$

其中，p_1、p_2、p_3、p_4、p_5 分别表示受访农户选择"加强政策宣传""明确政策规范和制度""完善监管机制""完善配套政策""加强政策的培训"这五项具体政策的概率。

　　根据数据的可得性并借鉴该领域已有学者的研究，本章选择的变量包括个体特征因素（性别、受教育年限、工作类型、是否加入合作社、是否参加培训、干部经历）；家庭资源禀赋（家庭经济类型和家庭耕地规模）。各个变量的定义与说明见表7－10，为了阐述方便，表中zc1表示"加强政策宣传"，zc2表示"明确政策规范和制度"，zc3表示"完善监管机制"，zc4表示"完善配套政策"，zc5表示"加强政策的培训"。

表7－10　变量定义与说明

变量	定义	均值	标准差
因变量			
对zc1需求（y_1）	①第一需求；②第二需求；③第三需求；④第四需求；⑤第五需求；⑥第六需求	3.05	1.57
对zc2需求（y_2）	①第一需求；②第二需求；③第三需求；④第四需求；⑤第五需求；⑥第六需求	2.60	1.35
对zc3需求（y_3）	①第一需求；②第二需求；③第三需求；④第四需求；⑤第五需求；⑥第六需求	3.24	1.49
对zc4需求（y_4）	①第一需求；②第二需求；③第三需求；④第四需求；⑤第五需求；⑥第六需求	2.92	1.33
对zc5需求（y_5）	①第一需求；②第二需求；③第三需求；④第四需求；⑤第五需求；⑥第六需求	3.35	1.43
自变量			
性别	①男；②女	1.18	0.39
受教育程度	用受访农户实际受教育年限表示	7.65	2.95
工作类型	①务农；②在外打工；③自营工商业者；④在企事业单位工作；⑤其他	1.14	0.51
家庭经济类型	①纯农业户；②以农为主兼业户；③纯工商户；④以工商户为主兼业户；⑤靠他人供养；⑥部分靠他人供养户	1.79	0.95
合作社成员	①是；②否	1.94	0.24
是否参加培训	①是；②否	1.53	0.49
个人经历	①曾经担任干部；②在外工作；③党员；④教师；⑤退伍军人；⑥经商；⑦离退休；⑧无特殊经历	0.03	0.16
家庭耕地规模	用受访农户实际家庭耕地规模表示	12.43	10.16

二、结果分析与讨论

运用 Stata 软件，并利用调查区域 849 户微观调查数据，建立受访农户目标价格政策需求优先程度影响因素的 Logistic 模型，回归结果如表 7－11 所示。在建立模型的过程中，首先以"加强政策宣传"（y_1）为参照方案，进行模型估计，得到模型 A_1、模型 A_2、模型 A_3、模型 A_4；接着以"明确政策规范和制度"（y_2）为参照方案进行模型估计，得到模型 A_5、模型 A_6、模型 A_7；其次以"完善监管机制"（y_3）为参照方案进行模型估计，得到模型 A_8、模型 A_9；最后以"完善配套政策"为参照方案进行模型估计，得到模型 A_{10}。

表 7－11　农户对目标价格政策需求影响因素模型估计结果

自变量	模型 A_1 y_2/y_1	模型 A_2 y_3/y_1	模型 A_3 y_4/y_1	模型 A_4 y_5/y_1	模型 A_5 y_3/y_2
性别	0.06 (0.29)	0.2 (0.31)	0.48 (0.31)	0.35 (0.30)	0.16 (0.28)
受教育程度	0.05 (0.04)	0.08** (0.04)	0.10** (0.04)	−0.003 (0.30)	0.03 (0.04)
工作类型	−0.33* (0.19)	−0.49** (0.24)	−0.41* (0.23)	−0.06 (0.19)	−0.16 (0.25)
家庭经济类型	−0.01 (0.11)	0.02 (0.12)	0.06 (0.12)	0.05 (0.12)	0.02 (0.11)
合作社成员	−0.03 (0.43)	0.04 (0.47)	−0.26 (0.46)	0.48 (0.53)	0.07 (0.43)
是否参加培训	0.02 (0.21)	−0.18 (0.22)	0.07 (0.23)	−0.28 (0.23)	−0.21 (0.21)
干部经历	0.37 (0.88)	1.50* (0.79)	0.18 (1.01)	1.21 (0.83)	1.13* (0.61)
耕地规模	−0.02** (0.01)	−0.003 (0.01)	−0.02* (0.01)	0.004 (0.01)	0.02* (0.01)

自变量	模型 A_6 y_4/y_2	模型 A_7 y_5/y_2	模型 A_8 y_4/y_3	模型 A_9 y_5/y_3	模型 A_{10} y_5/y_4
性别	0.43 (0.28)	0.29 (0.28)	0.27 (0.30)	0.13 (0.30)	−0.13 (0.30)
受教育程度	0.05 (0.04)	−0.05 (0.04)	0.02 (0.04)	−0.08** (0.04)	−0.10** (0.04)
工作类型	−0.08 (0.24)	0.26 (0.21)	0.08 (0.28)	0.43* (0.25)	0.34 (0.24)
家庭经济类型	0.07 (0.11)	0.06 (0.11)	0.05 (0.12)	0.04 (0.12)	−0.009 (0.12)
合作社成员	−0.23 (0.42)	0.50 (0.51)	−0.30 (0.46)	0.43 (0.53)	0.73 (0.53)
是否参加培训	0.04 (0.22)	−0.30 (0.21)	0.25 (0.23)	−0.09 (0.23)	−0.34 (0.24)
干部经历	0.04 (0.22)	0.84 (0.66)	−1.32* (0.79)	−0.29 (0.54)	1.03 (0.83)
耕地规模	0.001 (0.01)	0.02** (0.01)	−0.02 (0.01)	0.004 (0.01)	0.02* (0.01)

注：*、**、*** 分别表示在10%、5%、1%的水平上显著。

（一）农户个体特征因素的影响

性别没有通过显著性检验，即实证结果表明受访农户对目标价格政策的需求优先程度与农户的性别没有显著的关系。

受教育程度的影响：受访农户受教育程度在模型 A_2、模型 A_3、模型 A_9、模型 A_{10} 中均通过 5% 水平上的显著性检验，且在模型 A_2、模型 A_3 中的系数为正，在模型 A_9、模型 A_{10} 中的系数为负。这表明，其一，相对于"加强政策宣传"，受教育程度越高的农户对"完善监管机制""完善配套政策"的需求程度越高，且对"完善配套政策"的需求程度高于对"完善监管机制"的需求；其二，相对于"完善监管机制""完善配套政策"，受教育程度越高的农户，对"加强政策的培训"的需求程度越低，且以"完善配套政策"为参照方案时农户对"加强政策的培训"的需求程度较低。对此的解释为受教育程度越高的农户，其获取信息的途径越广，获取信息的能力越强；农户可能不太需要对政策的宣传以及政策的培训，农户可以通过信息的收集与整理对政策有很好的理解和掌握，这类农户更加需要对政策的完善，例如，政策监管机制以及配套政策的完善，这与上一节对不同受教育程度农户的目标价格政策需求程度的统计结果相一致。

受访农户工作类型在模型 A_1、模型 A_2、模型 A_3、模型 A_9 中分别通过 1%、5%、1%、1% 水平上的显著性检验，其回归系数分别为负、负、负、正。这表明，其一，与"加强政策宣传"相比，工作收入中非农经营收入越多的农户，越不可"明确政策规范和制度""完善监管机制""完善配套政策"的需求程度越低，且根据回归系数的大小，农户对"完善监管机制"的需求程度最低，其次是"完善配套政策"的需求，最后是"明确政策规范和制度"的需求。其二，与"完善监管机制"相比，工作收入中非农经营收入越多的农户对"加强政策的培训"的需求程度越高。对此的解释是，工作类型决定了农户收入中非农经营收入的占比，纯农户的收入完全来自农业生产，在企事业单位上班的受访者的收入完全来自工资收入。有理由认为，非农经营收入占比越高的农户，对务农的热情和关注度会越低，因此，针对这类受访者，可能对政策的宣传以及政策的培训有更高的需求，通过政策的宣传和政策的培训他们可以获得更多政策的信息，然而他们对政策的完善等需求程度并不高。

（二）家庭经济类型、是否合作社成员、是否参加培训未通过模型的显著性检验

干部经历在模型 A_2、模型 A_5、模型 A_8 中均在 1% 水平上通过显著性检验，且回归系数分别为正、正、负。这表明，其一，与"加强政策宣传""明确政策

规范和制度"相比，没有干部经历的农户，对"完善监管机制"的需求程度更高，且从回归系数来看，以"加强政策宣传"为参照方案时农户对"完善监管机制"的需求程度更高；其二，与"完善监管机制"相比，没有干部经历的农户对"完善配套政策"的需求程度更低。对此的解释是，有干部经历的农户，对政策的了解程度会高于普通农户，农村村组干部是农村政策的执行者，这部分农户可能更加需要政策的宣传、明确政策规范和制度，以便政策可以被农户普遍接受。

家庭耕地规模在模型 A_1、模型 A_3、模型 A_5、模型 A_7、模型 A_{10} 中分别在 5%、1%、1%、5%、1% 水平上通过显著性检验，且回归系数的符号分别为负、负、正、正、正。这说明，其一，与"加强政策宣传"相比，家庭耕地规模越大的农户对"明确政策规范和制度""完善配套政策"的需求程度越低；其二，与"明确政策规范和制度"相比，家庭耕地规模越大的农户对"完善监管机制""加强政策的培训"的需求程度越高，且回归系数的大小和方向相同；其三，与"完善配套政策"相比，家庭耕地规模越大的农户对"加强政策的培训"的需求程度越高。对此的解释是，家庭耕地规模越大的农户，农业收入对家庭总收入的贡献相对较高，农户也会在农业生产上投入更大的精力相对于政策本身的完整和完善来说，农户可能更加关注对政策的宣传和政策的培训，这种政策可以第一时间让农户对政策有清晰的认识，之后，可能才会对政策本身的完善程度有需求。

第三节　小结与政策优化

一、研究结论

本章主要研究了农户对目标价格各项子政策的需求优先序及影响因素，研究结论如下：

（一）根据全部受访农户对目标价格政策的首选项及均值统计需求程度，粮农对目标价格政策需求优先序前三位依次为"明确规范和制度""完善配套政策"和"加强政策宣传"，只是先后顺序略有不同

农户对目标价格政策的优先序程度，基本结论为：依据首选项得到的农户最迫切需要的政策是明确规范和制度，其次为加强政策的宣传，第三是完善配套政

策；依据加权均值得到的农户最迫切需要的政策也是明确规范和制度，其次是完善配套政策，第三是加强政策的宣传。虽然依据首选项和加权均值得到的全部受访农户的政策需求优先序有所差异，但是受访农户最需要的前三项政策是一致的，只是先后顺序不同。针对所有受访农户对目标价格政策的需求程度进行聚类分析，得到的基本结论为：其一，"明确规范和制度""加强政策培训"处于第一层次；其二，受访农户对目标价格政策的需求处于第二层次的是"完善监管机制"和"完善配套政策"；其三，受访农户对目标价格政策的需求处于第三层次是"政策的宣传"，此时"政策的宣传"与"明确规范和制度""加强政策培训"合并，三者处于一个层次；其四，受访农户对目标价格政策需求第四层次的是"政策的宣传"与"明确规范和制度""加强政策培训"合并之后，再次与"完善监管机制""完善配套政策"聚合。

（二）不同分类标准（受访农户性别、年龄、受教育程度、是否合作社成员、务农年限、兼业化程度、家庭耕地面积）下，农户对目标价格政策的需求程度存在差异，且不同分类依据对目标价格政策的需求优先程度有一定影响

1. 受访农户性别与目标价格政策需求程度

将男性受访农户对目标价格政策的需求程度分为四个层次：第一层次是"明确规范和制度"；第二层次是"加强政策的宣传""完善监管机制"；第三层次是"加强政策培训""完善配套政策"；第四层次是"其他"。将女性受访农户对目标价格政策需求程度分成四个层次：第一层次是"明确规范和制度""完善配套政策"；第二层次是"加强政策培训""完善监管机制"；第三层次是"加强政策的宣传"；第四层次是"其他"。

2. 受访农户年龄与目标价格政策需求程度

将年龄在30岁以下农户对目标价格政策的需求程度分成以下四个层次：第一层次是"加强政策的宣传"；第二层次是"加强政策培训""明确政策规范和制度"；第三层次是"完善监管机制""完善配套政策"；第四层次是"其他"。将年龄在31~50岁的农户对目标价格政策的需求程度分成以下三个层次：第一层次为"明确政策的规范和制度"；第二层次为"完善监管机制""加强政策的宣传""加强政策的培训"；第三层次为"完善配套政策"。将年龄在51岁以上的农户对目标价格政策的需求程度分成以下三个层次：第一层次为"明确政策规范和制度""加强政策宣传"；第二层次为"完善监管机制""完善配套政策""加强政策的培训"；第三层次为"其他"。

3. 受访农户受教育程度与目标价格政策需求程度

将受教育程度在小学及以下的农户对目标价格政策的需求程度分为以下四个

层次：第一层次为"明确政策规范和制度""加强政策宣传"；第二层次为"完善监管机制""完善配套政策"；第三层次为"加强政策的培训"；第四层次为"其他"。将受教育程度为中学的农户对目标价格政策的需求程度分成以下三个层次：第一层次为"明确政策规范和制度""完善监管机制""加强政策宣传"；第二层次为"加强政策的培训""完善配套政策"；第三层次为"其他"。将受教育程度在大学及以上农户对目标价格政策的需求程度分成以下四个层次：第一层次为"完善配套政策""加强政策宣传"；第二层次为"明确政策规范和制度""完善监管机制"；第三层次为"加强政策的培训"；第四层次为"其他"。

4. 是否合作社成员与目标价格政策需求程度

将合作社成员的农户对目标价格政策的需求程度分成以下三个层次：第一层次为"明确政策规范和制度""完善配套政策"；第二层次为"加强政策的培训""完善监管机制""加强政策宣传"；第三层次为"其他"。将非合作社成员的农户对目标价格政策的需求程度分成以下三个层次：第一层次为"明确政策规范和制度""完善监管机制""加强政策宣传"；第二层次为"加强政策的培训""完善配套政策"；第三层次为"其他"。

5. 务农年限与目标价格政策需求程度

将务农年限在20年及以下的农户对目标价格政策的需求程度分成以下三个层次：第一层次为"明确政策规范和制度""完善监管机制""加强政策宣传"；第二层次为"完善配套政策""加强政策的培训"；第三层次为"其他"。将务农年限在21~40年的农户对目标价格政策的需求程度分成以下三个层次：第一层次为"明确政策规范和制度"；第二层次为"加强政策的培训""完善监管机制""加强政策宣传"；第三层次为"完善配套政策""其他"。将务农年限在41年及以上的农户对目标价格政策的需求程度分成以下四个层次：第一层次为"明确政策规范和制度"；第二层次为"加强政策的培训""加强政策宣传"；第三层次为"完善监管机制""完善配套政策"；第四层次为"其他"。

6. 兼业化农户与目标价格政策需求程度

将纯农户对目标价格政策的需求程度分为以下三个层次：第一层次为"明确政策规范和制度""加强政策的培训"；第二层次为"完善监管机制""加强政策宣传"；第三层次为"完善配套政策""其他"。将Ⅰ兼农户对目标价格政策的需求程度分成以下四个层次：第一层次为"完善监管机制"；第二层次为"明确政策规范和制度""加强政策宣传"；第三层次为"加强政策的培训""完善配套政策"；第四层次为"其他"。将Ⅱ兼农户对目标价格政策的需求程度分成以下四个层次：第一层次为"明确政策规范和制度"；第二层次为"完善配套政策""加强政策的培训"；第三层次为"加强政策宣传""完善监管机制"；第四层次为"其他"。将其他类型农户对目标价格政策的需求程度分成以下四个层次：第一层次为"明确政策规范和制度"；第二层次为"加强政策的培训""完善监管机制"；第三层次为"完善配套政策""加强政策宣传"；第四层次为"其他"。

7. 家庭耕地规模与目标价格政策需求程度

将家庭耕地规模在 0~7.65 亩的农户对目标价格政策的需求程度分成以下三个层次：第一层次为"明确政策规范和制度""完善配套政策"；第二层次为"加强政策宣传""完善监管机制"；第三层次为"加强政策的培训""其他"。将家庭耕地规模在 7.7~1.7 亩的农户对目标价格政策的需求程度分成以下四个层次：第一层次为"明确政策规范和制度"；第二层次为"完善监管机制""加强政策宣传"；第三层次为"加强政策的培训"；第四层次为"完善配套政策""其他"。将家庭耕地规模在 15.75~29.95 亩的农户对目标价格政策需求程度分成以下三个层次：第一层次为"明确政策规范和制度""完善监管机制"；第二层次为"加强政策的培训""完善配套政策""加强政策宣传"；第三层次为"其他"。将家庭耕地面积在 30~90 亩的农户对目标价格政策的需求程度分成以下三个层次：第一层次为"明确政策规范和制度""加强政策宣传"；第二层次为"完善监管机制""完善配套政策""加强政策的培训"；第三层次为"其他"。

（三）目标价格政策需求优先序程度，受到受访农户户主的受教育程度、受访农户工作类型、受访农户户主的干部经历以及家庭耕地面积的显著影响

受教育程度对农户目标价格政策需求程度具有一定的显著性影响，具体结论为：相对于"完善监管机制""完善配套政策"，受教育程度越高的农户，对"加强政策的培训"的需求程度越低；相对于"加强政策宣传"，受教育程度越高的农户对"完善监管机制""完善配套政策"的需求程度越高。

受访农户工作类型对目标价格政策需求程度具有一定的显著性影响，具体结论为：与"加强政策宣传"相比，工作收入中非农经营收入越多的农户，对"明确政策规范和制度""完善监管机制""完善配套政策"的需求程度越低；与"完善监管机制"相比，工作收入中非农经营收入越多的农户对"加强政策的培训"的需求程度越高。

干部经历对农户目标价格政策需求程度具有一定的显著性影响，具体结论为：与"加强政策宣传""明确政策规范和制度"相比，没有干部经历的农户，对"完善监管机制"的需求程度更高；与"完善监管机制"相比，没有干部经

历的农户对"完善配套政策"的需求程度更低。

家庭耕地规模对农户目标价格政策需求程度具有一定的显著性影响，具体结论为：与"加强政策宣传"相比，家庭耕地规模越大的农户对"明确政策规范和制度""完善配套政策"的需求程度越低；与"明确政策规范和制度"相比，家庭耕地规模越大的农户对"完善监管机制""加强政策的培训"的需求程度越高；与"完善配套政策"相比，家庭耕地规模越大的农户对"加强政策的培训"的需求程度越高。

二、政策优化

针对以上研究结论，提出以下政策优化建议：

（一）明确政策的规范和制度，完善政策监管

根据全部受访农户对目标价格政策的需求程度可看出，受访农户对政策的规范性更加需要。因此，需要政府部门根据农户的现实需求进行政策的规范化和完善化设计，在对政策完善化之后进行政策的推广，包括政策宣传和政策培训等，会提高农户的接受程度。

（二）提高农户获取信息的能力，提供知识讲座或者其他形式的政策普及活动，加大对农户政策宣传支出

与当地企业形成合作对接，为农户提供相应的政策培训，提高农户的发展能力，为期创造长期利益，降低农户对农业生产的过度依赖。

（三）政府在指定政策时要充分尊重农户个体差异，灵活调整目标价格政策结构，建立以农户需求为导向的目标价格机制

例如，对于女性农户、年龄较小、受教育程度较低、非合作社成员、兼业程度较高，家庭耕地规模较大的农户，应该重点加强政策的宣传和政策的培训；对于男性农户、年龄较大、受教育程度较高、合作社成员、兼业程度较低，家庭耕地规模较小的农户，应该重点加强政策的规范和制度、完善配套政策、加强监督机制。

（四）应注意将目标价格政策进行优化组合，既要维护农户利益，又要注意现实生计及经济的可持续发展

对于文化程度较低，家庭耕地规模较小，收入水平较低的农户来说，他们往往面临着就业和生活保障双重困难，并且针对当前农户认为目标价格政策的价格标准不合理的现状，政府应该切实以农户的需求为出发点，在考虑到政策可行性的前提下，尽量提高目标价格政策的价格标准。并简化政策的内容，当前农户受

教育程度普遍偏低，留在村里并从事农业生产的高学历人才数量很少，根据农户的实际调查，很多农户认为目标价格政策比最低保护价政策麻烦，因此，政府部门应适当简化政策的内容，使农户可以很好地理解并接受目标价格政策。

第四节　主要观点

从微观农户角度分析农户对农产品目标价格政策具体政策的需求意愿，对政策调整具有重要意义。本章根据农户调研数据，通过聚类分析，揭示农户对目标价格政策的需求优先程度及影响需求程度的因素，实证分析得出四点结论：一是根据全部受访农户对目标价格政策的首选项及均值统计需求程度，粮农对目标价格政策需求优先序前三位依次为"明确规范和制度""完善配套政策"和"加强政策宣传"，只是先后顺序略有不同。依据首选项来看，农户最迫切需要的政策是"明确规范和制度"，其次为"加强政策的宣传"，第三是"完善配套政策"；依据加权均值来看，农户最迫切需要的政策也是"明确规范和制度"，其次是"完善配套政策"，第三是"加强政策的宣传"。二是聚类分析结果表明，"明确规范和制度""加强政策培训"处于第一层次；受访农户对目标价格政策的需求处于第二层次的是"完善监管机制"和"完善配套政策"；受访农户对目标价格政策的需求处于第三层次是"政策的宣传"，此时"政策的宣传"与"明确规范和制度""加强政策培训"合并，三者处于一个层次；受访农户对目标价格政策需求第四层次的是"政策的宣传"与"明确规范和制度""加强政策培训"合并之后，再次与"完善监管机制""完善配套政策"聚合。三是不同分类标准（即按照受访农户性别、年龄、受教育程度、是否合作社成员、务农年限、兼业化程度、家庭耕地面积）下，农户对目标价格政策的需求程度存在差异，且不同分类依据对目标价格政策的需求优先程度有一定影响。四是目标价格政策需求优先序程度，受到受访农户户主的受教育程度、受访农户工作类型、受访农户户主的干部经历以及家庭耕地面积的显著影响。

第八章　目标价格政策粮农响应的政策模拟：以鄂赣粮食主产区为例

2014 年对新疆棉花、东北三省和内蒙古大豆开展的目标价格政策补贴试点，旨在通过政府补贴与市场交易之间脱钩，让市场发挥主导作用，从而破解"托市"政策困境。在此过程中，政府会对失去利益的一方进行补贴，从而让市场交易得以顺利进行（樊琦等，2016）。自 2014 年政策实施以来，新疆地区的棉花，东北三省和内蒙古大豆的价格从"托市"政策实行以来的高价格逐渐降低并与国际价格接轨，显现出目标价格补贴的政策效果（蒋黎，2016）。然而，对于这样一项被寄予厚望的制度是否应该向粮食领域延伸？以及粮农对目标价格政策落地会产生什么样的响应？政策转换是否会最终影响粮食安全？这些问题都至关重要。鉴于目标价格试点只在新疆棉花、东北三省和内蒙古大豆开展，为了回答上述问题，本章以鄂赣两个粮食主产区的调研数据，并运用实证数学规划（Positive Mathematical Programming，PMP）模型来模拟目标价格政策的粮农响应。

第一节　政策模拟背景

洪范八政，食为政首。作为我国三大主粮之一，水稻生产的稳定对保障我国粮食安全有着举足轻重的地位。国家为了保障水稻的生产提出了最低收购价政策，在政策作用之初，水稻的市场价格受到政策的干预得到提高，在一定程度上保障了农户的种植利益，从而提高了农民的植棉意愿和种植收益。从图 8 - 1 中可以发现在水稻最低收购价政策实施之前，2000～2003 年的水稻种植面积在不断地减少。在 2004 年为了保证水稻的产量，出台了水稻最低收购价政策，由于政策提高了水稻的销售价格，农户受到政策的冲击，提高了他们的种植热情，水稻的种植面积在 2004 年立刻得到回升，提高到了 2002 年种植面积的水平，因此，在政策出台的当年，对于增加农户种植面积的效果比较显著。在连续实施水稻最低收购价政策后，可以发现水稻的种植面积的变化趋势几乎和最低收购价的变化趋势相同，但在 2008～2014 年水稻的种植面积的增长速率低于最低收购价格提高的速率。而当最低收购价格降低时，水稻的种植面积也随之下降，说明水稻的种植面积会受到最低收购价格的影响，由于农户当年的种植行为会受到上年度收益的影响，因此，农户的种植行为具有惯性。

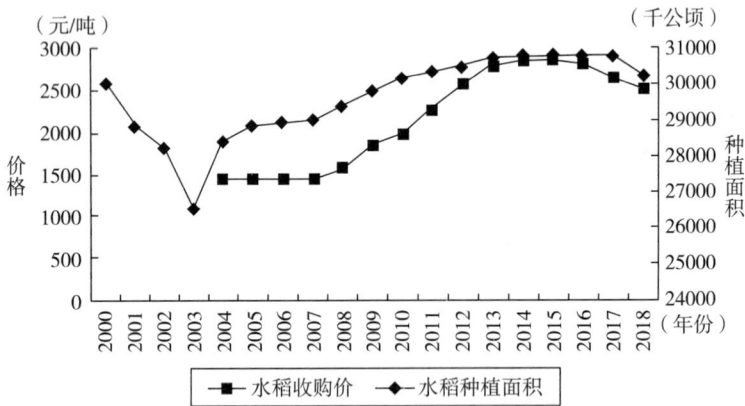

图 8－1　2000～2018 年全国水稻种植面积随最低收购价变化的趋势

　　政府设定的最低收购价格在 2014 年比政策刚出台时的价格提高了 50%，大大加重了国家财政负担。中央开始探索"价补分离"政策改革道路，从 2016 年开始降低最低收购价。而发轫于 2014 年的目标价格改革试点，试点省份的种植面积和产量也得到了提高，并且市场交易价格也在不断地下降，市场机制得以理顺。我国现在正处于农业政策调整的转型期，且我国农产品市场的交易体系并不完整，农产品目标价格政策需要从试点推广到全国范围，目前仍存在诸多难题。在 2017 年，国家发改委称将调整东北三省和内蒙古试点的大豆目标价格补贴政策，实行市场化收购加补贴机制，棉花继续实行目标价格试点，但调整了目标价格制定时间和补贴数量的规定（胡迪等，2019）。对于调整目标价格补贴政策的实施，是否说明在该政策实施过程中还存在高昂的政策成本，需要不断地对政策进行优化和改进？将该政策从大豆、棉花推广到粮食作物之后会对粮农的种植行为和种植业收益产生怎样的变化，政策的实施效果又会如何？这些问题关系到目标价格改革的试点推广，甚至关系到农业支持政策的调整方向。

已有大部分关于目标价格补贴政策的研究主要集中在对该政策改革的实施效果以及存在的问题及对策方面（樊琦等，2016；徐雪高等，2016），这些研究主要探索政府出台的政策对于市场价格的影响以及农户对于市场价格的变动所做出的反应，并没有涉及农户本身对于政策的响应情况以及产生的经济效益。已有关于实证数学规划模型在目标价格补贴政策的探索中，有学者将实证数学规划模型应用于大豆目标价格补贴政策与生产者补贴政策的比较，探索两个政策对农户种植行为的引导效果以及为农户增收方面的差别（田聪颖、肖海峰，2018）。还有学者应用实证数学规划模型研究了不同的目标价格补贴标准下对新疆维吾尔自治区的农户的种植业生产和收益情况的影响，研究发现，棉花目标价格补贴制度对于保障农户的植棉收益、种植业收益以及稳定棉花的产量具有重要作用（韩冰等，2017）。还发现大部分运用 PMP 模型对于目标价格补贴政策的研究都是在该政策的试点地区，对于政策下一步推广到全国其他地区或品种的模拟预测研究仍然不足，尤其是对于目标价格补贴政策推广到粮食的政策模拟仍较为欠缺。

由于本书研究的是粮食主产区目标价格政策的粮农行为响应及政策优化，因此，本章以两大粮食主产区中的湖北省和江西省为例，运用实证数学规划（PMP）模型模拟目标价格补贴政策实施情况。尤其是模拟在不同目标价格补贴政策情形下，粮农对政策变化会做出什么样的反应，即粮农的种植面积以及经济效益会呈现何种变化，以期为相关部门在完善目标价格补贴政策以及将政策推广到水稻作物时提供决策参考。

第二节　实证数学规划模型

本章研究的实证数学规划模型是根据基期的调查数据通过模型还原当地的情况，模拟在设置不同政策条件下时政策调整对农户会带来什么样的冲击，可用于新政策在推广实施前评估其可能的结果，从而为新政策实施提供依据。

一、模型假设

为了客观地评价模型对目标价格政策的效果，需要明确模型的假设以及适用范围。首先，本章遵循的是"理性小农"假设，因为农民与其他经济主体一样，他们会根据自己获得的信息遵循市场经济的理性原则，对于所拥有的资源以及在生产要素投资时进行合理的配置，从而获取更高的利润，农民的生产行为与市场体系在一定程度上是密切相关的，所以，农民是具有经济理性的（马良灿，2014）。即农户会根据自己对市场价格的把握以及经验来投入合适的农产品。其次，本章遵循"农户追求种植业收入最大化"假设，根据调查数据可知，调查区域中农户的收入来源包括农业收入和非农收入两类，根据2015年统计数据显示湖北和江西两省的农村人均经营性收入的构成中，农业收入占比达47%和50%。根据调查数据显示，调查的农户中纯农业户的比例达41%，以农业为主的兼业户占比达49.8%，这两类农户的比例达到了90.8%。由此可以发现，种植业收入在湖北和江西两个粮食主产区是农户的主要收入来源。而农户进行的所有经济活动的目标都是为了追求自身利益最大化，即使他们的种植业利润能够最大化。

二、模型简介

实证数学规划（PMP）模型是在1995年由Howitt正式提出的一种非线性优化模型，该模型与微观经济学理论一致（Howitt R. E.，1995）。实证数学规划模型被广泛地用于农业经济政策分析，在国外得到了广泛运用。国内学者也逐渐开始使用该模型对现行的农业经济政策进行分析评价。该模型可以在不需要大量数据、时间序列数据不适用以及时间序列数据缺乏的情况下使用，对实际政策进行模拟从而获得可信、有效的结果。而传统的线性规划模型虽然也可以通过增加约束条件对方程进行校订从而将结果与观测值相符，但该过程往往缺乏灵活性，且在对模型处理的过程中会带有较强的主观性，因此，传统的线性模型得出的结果会导致结果的可信度不如实证数学规划模型，对现实情况的模拟程度也是有限度的（王裕雄、肖海峰，2012）。大多数情况下，使用线性规划模型对政策进行评价会导致基期的最优结果与实际的观察值不一致甚至偏差很大，这会影响结论的可靠性。而实证数学规划模型得到的模型对政策变化的响应更加灵活，可以对指定产量变化或供应弹性的先验同时利用现代算法和高级建模系统（GAMS），可以解决由此产生的二次规划问题。实证数学规划模型是通过引入非线性的生产函数，根据经济学中经济效益递减规律，农户收益最大化假设，以及农户在实际情况中的约束设置非线性生产函数的一组约束方程，使其对目标函数进行约束，校正生产（目标）函数，使模型在观测条件下的最优解与实际生产状况一致，在面积、产量和价格方面实现精确校准，从而基期的最优值与实际观察值一致。在获得与实际观察值一致的基期的最优解后，可以通过改变政策中的某个变量，模拟在不同的情景下政策对经济、社会以及经济行为主体（本章指农户）行为的影响。

实证数学规划模型在目标价格补贴政策模拟中共分为四个步骤：第一步，构造一系列约束条件，这些约束集通常是线性的，他们能够将建模地区中的资源限制在实际可用性范围内，本章根据湖北省和江西省的农作物生产情况以及目标价格政策的要求来确定本模型的约束条件，实现调查数据和模型数据保持一致；第二步，确定校正模型的目标函数，根据前文"农户追求种植业收入最大化"假设，因此目标函数为农户种植纯收入最大化，为农产品的收入（水稻的销售收入）与其生产成本之差，即在这个阶段使用 PMP 模型，能够在基准年的条件（产量、价格、成本、生产能力和政策措施）下，通过模型再现所调查地区拥有的目标作物的实际分布情况；第三步，设置不同的政策情景，可以用来下一步分析在不同政策情景下模拟单元对农户的种植行为及其在种植业收益上的影响；第四步，利用 PMP 模型，将基期情景时的调查数据代入目标函数中计算出目标函数中的未知参数后，改变模型中政策的作用条件计算政策情景时水稻作物分布情况的最优解，对基准情景与政策情景的结果进行比较，分析基准情景和政策生效后情景的静态比较（L. Júdez, et al., 2001）。

三、PMP 模型的设定

PMP 模型的目标函数为农户种植业净收益最大化，约束条件包括土地、农忙时间内的劳动力、资金等，具体数学表达式如下：

目标函数：

$$MaxR = \sum_{i=1} X_i \cdot [p_i Y_i - (d_i Y_i + 0.5 Q_i Y_i \cdot Y_i) + S_i] \tag{8-1}$$

约束条件：

$$\sum_{i=1} X_i \leq Land \tag{8-2}$$

$$Land = m \cdot Land_{avi} \tag{8-3}$$

$$\sum_{i=1} A_i \cdot Labor_{req(i)} \leq Labor_{avi} \tag{8-4}$$

$$\sum_{i=1} A_i (d_i Y_i + 0.5 Q_i Y_i \cdot Y_i) \leq I \tag{8-5}$$

其中，R 表示农户种植业净收益（元/亩）；i 表示代表水稻作物；p_i 表示作物 i 的单位农产品价格（元/千克）；Y_i 表示作物 i 的单位面积产量（千克/亩）；d_i 表示作物 i 的边际成本项中线性部分的系数；Q_i 表示作物 i 边际成本函数中二次项的系数；S_i 表示作物 i 的市场价格与目标价格之间差价的补贴（元/亩）；X_i 表示作物 i 的种植面积（亩）；$Land$ 表示总种植面积总量（亩）；m 表示复种指数；$Land_{avi}$ 表示耕地面积（亩）；$Labor_{req(i)}$ 表示作物 i 单位面积所需的劳动力时间（日/亩）；$Labor_{avi}$ 表示农户可用于农忙时间内的年劳动时间总量（日），包括自家劳动时间和雇工的劳动时间；$d_iY_i + 0.5Q_iY_i \cdot Y_i$ 表示水稻作物单位面积的可变成本（元/亩），I 表示农户种植业收入（元）。

式（8-1）是目标函数，建立等式的成立条件是农户的种植业纯收入最大化，即让农户的种植业纯收入等于农作物水稻总收入与各种投入的总成本之差，再加上目标价格政策的补贴额。式（8-2）~（8-5）是约束条件，其中，式（8-2）、式（8-3）表示农作物的种植面积的约束条件，即水稻播种面积的总和小于或等于该地区农户所拥有的总播种面积，总播种面积为当地的复种指数与耕地面积的乘积。式（8-4）限制了农户用于田间种植的劳动时间总量。式（8-5）是不仅对农户的使用资金的约束条件，也是式中的非线性部分，将农户的种植业收入为上限来约束种植业生产投入的资金总额，让农户的投入成本保持小于或等于产出的收益。在式（8-1）中引入了一个非线性部分满足 PMP 模型，即（8-1）式中的（$d_iY_i + 0.5Q_iY_i \cdot Y_i$）部分，对目标函数进行修正。

第三节 研究设计

一、数据来源

用于政策模拟的数据来源于对湖北和江西两个粮食主产区的农户调查，调研的具体情况参见第五章。通过此次调研发现，首先是在调查地区中的农户主要为纯农业户和以农业为主兼业户，这两个类型的农户占据了整个调查区域农户数量的90.8%；其次是以工商业为主的兼业户，数量较少，占据了调查人数中的13.1%。湖北和江西两个粮食主产区种植的农作物首先是水稻、小麦、油菜这三种大田作物，其次是棉花、大豆、蔬菜及其他各种经济作物。根据调研数据可以得知，湖北和江西两个粮食主产区的种植面积最大的是水稻，水稻的种植面积远高于小麦、油菜、棉花等其他农作物的种植面积。

二、模拟单元说明

由于中国农民规模化经营、兼业化程度逐年提高，非农收入占比逐年攀升，因此，本章将农户的经营规模作为聚类因子，并利用 SPSS 软件对 849 个农户样本进行分析，将农户聚类为七种类型（见表 8 - 1），在其他类型中只包含小农户。

表 8 - 1　各类型农户的聚类特征及分布

农户类型	聚类因素		农户分布	
	土地经营规模（公顷）			
	均值	特征属性	数量（户）	比例（%）
纯农业小农户	0.58	小	315	37.1
纯农业种植大户	1.94	大	33	3.9
以农业为主兼小农户	0.58	小	380	44.8
以农业为主兼种植大户	2.02	大	43	5.1
以工商业为主兼小农户	0.62	小	68	8.0
以工商业为主兼种植大户	2.16	大	3	0.4
其他	0.75	小	7	0.8

从表 8 - 1 中可以看出湖北和江西两个粮食主产区的农户兼业化程度较高（60%），其中，包括以农业为主的兼业户和以工商业为主的兼业户。在调查区域内，小农户占比（90.6%）高于种植大户占比（9.4%）。种植大户的平均种植规模约为 2 公顷（折合 30 亩）且主要分布在纯农业户和以农业为主的兼业户两类中，而小农户的平均种植规模约在 0.63 公顷（折合 9.5 亩），由此可以发现，小农户与种植大户之间的种植规模差距较大。在纯农业户、以农业为主的兼业户、以工商业为主的兼业户和其他农户这四类农户中基本都包含种植大户和小农户两种类型，但主要是以小农户为主。

三、情景设计

情景设计是为了验证政策是否能够引导农户的行为及其政策为农户带来的经济效益是否朝政策预期的方向发展。农产品目标价格补贴政策的补贴形式为：在每个年度内政府会制定一个目标价格，农户在进行生产和交易的过程完全按照市场价格进行，因此，可以将市场交易过程与政府补贴行为分开，从而政府的补贴行为不会干扰市场正常交易。如果当年的市场价格低于政府制定的目标价格，政府将会按照差价对农户发放补贴，从而保护农户的利益，激发农户种植的积极性;而当年的市场价格高于目标价格,那么政府不给农民发放补贴,转而补贴低收入者,保证国内粮食市场的正常运行(冯海发,2014)。为了探索农户对政策实施的响应情况,本章根据基期年情景设置了不同的政策情景。政策情景是根据农产品目标价格政策进行设计的,为了通过改变补贴方式和补贴标准来探寻农户行为在目标作物种植面积和种植纯收入的变化,根据农户行为变化来研究目标价格补贴政策的实施情况。

在运用实证数学规划模型模拟每种政策情景时,相应的情景模块中的参数都要做相应的调整。在政策情境中的其他数据和基期情景保持一致,农产品价格为调研期间农户的实际销售价格。基期情景中采用目标价格补贴根据目标价格补贴政策的补贴方法,将补贴额与销售价格分离开来,目标价格的测算利用詹琳等(2015)[①] 按照"一省一定"提出的粮食目标价格公式:$Pt = (C + R) \times \alpha \times p \times s$ 计算水稻的目标价格。其中,C 表示区域粮食的完全生产成本,包括基本农资、水电费、燃料费等可变成本以及农机折旧费、人工成本、土地流转费用;R 表示合理利润;α、p、s 分别表示农村居民收入调整系数、区域间成本与流通费用调整系数、季节间调整系数。

具体政策情景包括(见表8-2):政策 I 将目标价格补贴政策的补贴方式修改为根据农户所生产的农产品质量以及耕种的面积来进行分配,而种植大户所经营的耕地面积最大,产量相应也会最多,因此,我们对种植大户所生产的农产品目标价格补贴标准提高5%,希望通过该方式激励农户扩大政策作用的目标农产品的生产面积,从而达到规模化经营,农业种植大户数量增多的目的;政策 II 为降低农产品目标价格的补贴标准,此时在模型中的变化为将目标价格的补贴标准降低5%;政策 III 为提高目标价格政策的补贴标准,将该政策的补贴标准提高10%;政策 IV 同样提高目标价格补贴政策的补贴标准,但此次将目标价格政策的补贴标准提高50%。此处设计了三个不同水平的目标价格政策补贴标准,以此进行对照,政策 II 和政策 III 可以对比当目标价格分别在降低补贴标准和提高补贴标准时农户对于水稻的种植面积上的行为以及是否能达到增加他们的种植纯收入目的,从而探讨补贴降低时农户是否会减少目标作物的种植面积,补贴标准提高时农户是否会和政策预期的那样增加目标作物的面积,同时实现农户的增收效应。从这两个的政策对比中也能证明政策对于农户的种植行为的引导是否是正向的。政策 III 和政策 IV 形成对照,当农户在农产品目标价格补贴水平在提高到更高

---

① 詹琳,蒋和平. 粮食目标价格制度改革的困局与突破 [J]. 农业经济问题,2015,36(2):14 - 20 + 110.

的水平时，农户对于高补贴额是否会更多地增加目标作物的种植面积，他们的种植业收入是否会由于补贴标准的提高而获得更高的收入。这些政策情景的指定主要研究农户会对政策的改变做出何种种植行为方面的变化，以及他们的种植纯收入变化与补贴额度之间变化会呈现什么样的关系。

表 8 - 2 情景设计说明

情景名称	情景描述	PMP 模型中的参数变化
基期情景	农产品销售价格为调研期间实际价格，水稻的目标价格为根据詹琳等（2015）提出的公式计算得出	—
政策情景		
政策 I	将补贴根据农户所生产的农产品产量以及耕种的面积进行目标价格补贴	对种植大户的水稻补贴标准提高5%
政策 II	降低水稻目标价格政策的补贴标准	将目标价格政策的补贴标准降低5%
政策 III	提高水稻目标价格政策的补贴标准	将目标价格政策的补贴标准提高10%
政策 IV	提高水稻目标价格政策的补贴标准	将目标价格政策的补贴标准提高50%

第四节　模拟结果与分析

表 8 - 3 是 PMP 模型模拟不同的目标价格政策补贴标准对农户种植行为以及经济收益的影响。模拟结果表明，与基期情景相比，政策情景下调查地区所研究的目标作物水稻的种植面积、产量、种植纯收入都会发生变化。

表 8 - 3 不同目标价格补贴政策情景下农户的种植面积及收益变化

单位：元/户、公斤、亩/户

	农业种植纯收入（%）	水稻总面积（%）	水稻总产量（%）	水稻单位面积产量（%）
政策情景 1	3. 07	4. 98	4. 91	0. 07
政策情景 2	- 8. 44	- 27. 61	- 27. 28	- 0. 46
政策情景 3	4. 78	10. 53	10. 27	0. 23
政策情景 4	13. 26	42. 82	56. 85	0. 41

注：根据模拟结果计算整理而得。

一、不同政策情景下农户种植行为的变化

在政策情景1中，对种植大户的补贴提高了5%的补贴标准后，水稻的种植面积增加了4.98%，水稻产量增加了4.91%，单位面积产量增加了0.07%。相对于水稻种植面积和产量增幅来说，水稻单产的增幅较小。在政策情景2中，由于水稻目标价格补贴标准降低了5%，导致水稻的种植面积下降了27.61%，水稻产量降低了27.28%，单位面积产量降低了0.46%，相较于政策情景1，此时单产和种植面积的变化幅度都远高于政策情景1。水稻的种植面积和产量下降幅度都高于补贴水平变化的幅度，因此，可以看出农户在水稻种植总面积和产量上的变化对于目标价格标准较为敏感。在政策情景3中，水稻目标价格补贴标准提高10%的水平高于政策情景2时补贴标准降低的幅度，此时结果数据显示，水稻种植总面积提高了10.53%，水稻总产量提高了10.27%，单产也提高了0.23%。此时说明目标价格补贴标准的提高对于激发农户对于水稻的种植积极性是有效果的，对农户的水稻种植面积和产量的提高起到了正向引导作用。通过政策情景1和政策情景3的比较可以发现，对种植大户提高补贴额度农户的水稻种植面积能够得到有效提高，而对所有农户进行补贴则能够提高更多单位面积产量。由政策情景2和政策情景3的模拟结果的比较可以看出，目标价格补贴标准的提高和降低与农户的种植意愿是正相关的，同时农户的种植面积相较于水稻目标价格补贴标准的提高，他们在目标价格补贴标准下降时种植面积的变化更大，因此，农户对于水稻目标价格补贴标准的降低的敏感程度更高。也能进一步发现，水稻的种植面积和产量与目标价格变化呈正相关关系。当水稻目标价格补贴标准进一步提高到50%时，农户对于该政策的响应程度变得更为明显，由于水稻补贴标准的提高，农户能够获得更多补贴收益，因此，水稻种植面积发生了较大的变化，水稻的种植面积增加了42.82%，水稻产量增加了56.85%，但水稻的单产仅提高了0.41%。由该模拟结果可以看出，农户的种植行为对于水稻的目标价格补贴标准会做出明显的反应，农户为了实现利益最大化，会选择利于自身利益的种植行为，当目标价格补贴标准降低时，农户会减少对水稻的投入，反之，农户会根据目标价格补贴标准的提高而增加对水稻的投入，从而获取更高的收益。

二、不同政策情景下农作物产量和农户收益的变化

根据表8-3中的模拟结果可以发现，在每种政策情景下水稻的单位面积产

量都与其种植面积的变化幅度基本一致。在情景 1 中当对种植大户进行补贴 5%
时，农户的种植纯收入增加了 3.07%，而在政策情景 3 中将目标价格政策的补贴
标准提高 10% 的种植纯收入增加了 4.78%，两个政策情景中的农户种植纯收入
仅相差了约 1.71 个百分点。可以发现，对种植大户提高补贴标准的模拟结果相
较于直接补贴给水稻生产者获得的效果更好，更能够为农户实现提高种植收入产
生积极作用。而通过情景 2 和情景 3 的模拟结果比较可以看出，如果降低补贴标
准会使农户的种植纯收入的变化绝对值比补贴标准提高时情景的变化值更多，农
户纯种植收入的下降幅度为 8.44%，降幅大于补贴标准的 5% 下降水平，目标价
格补贴标准的减少所导致农户的纯种植业收入的下降幅度要高于目标价格补贴增
加所带来的种植业收益的提高幅度，说明对水稻进行目标价格补贴在保障农户的
种植业收入上具有重要作用。通过政策 3 与政策 4 的模拟结果能够发现，虽然补
贴标准的提高能够引导农户更多地种植政策补贴的农产品水稻，且引导的效果比
较明显，补贴标准在提高 10% 时农户的纯种植收入会增加 4.78%，但此时农户
收入增加的幅度是低于补贴提高的幅度。当补贴标准提高到 50% 时，农户的纯
种植收入提高了 13.26%，仅仅比补贴提高 10% 时的政策情景仅多了 8.48 个百
分点，远远低于增加的补贴标准增加的百分比，因此，农民的种植纯收入的增收
幅度相对来说较小。农户的种植纯收入绝对额的提高幅度低于补贴收入的增加幅
度的原因是，根据经济学中边际生产收益递减规律，当补贴激励的部分超过实际
均衡生产的那部分水稻时就会带来效率损失，从而导致模拟中所出现的结果，虽
然补贴的额度在不断地增加，农户也会随着补贴额度的增加扩大水稻的种植面
积，但是种植业纯收入的增加却没有得到很大的增长。

第五节 结论与启示

一、主要结论

本章运用实证数学规划模型（PMP）和湖北和江西两个粮食主产区的调研数
据对目标价格补贴政策的粮农响应进行了实证模拟，模拟在不同政策情境下粮农
的水稻单位面积产量、总产量、种植面积以及种植纯收入的变化情况。得到以下
三点结论：

第一，针对种植大户提高目标价格的补贴标准能够使农户的种植行为朝着政策所引导的方向更多地种植目标农产品（粮食），同时也能增加农户本身在种植业上的纯收益。从模拟结果可以看出，对种植大户提高目标价格补贴政策补贴标准的效果优于直接对水稻提高目标价格的补贴标准，对种植大户的政策激励能够促使农户扩大生产面积、向着规模化经营的方向发展，同时对于政策所要刺激的水稻作物也会起到增收增产的作用。此时，农户种植纯收入的增加幅度与补贴额度的提高幅度基本一致，农户在种植业上纯收入的提高也能得到很好的保障。

第二，模拟结果显示，对水稻实行目标价格补贴政策是有效的，农户的种植行为对于政策补贴标准的变化是正相关，但对降低补贴标准更为敏感。根据政策情景2、政策情景3、政策情景4的比较可以发现，政策对农户的水稻种植面积、单位面积产量以及总产量的提高是有效的，但农户在水稻方面的种植行为对补贴下降的敏感性更强，且水稻的单位产量下降得更快。由此可以看出，农户目标价格政策能够稳定提高水稻的种植面积和产量，但降低补贴标准，农户会更多地降低对水稻的投入，导致水稻严重减产，无法很好地保障水稻供给。

第三，随着补贴标准的提高，农户的种植纯收入也会相应增加，但目标价格补贴标准的增加并不能完全作用到农户本身，补贴标准提高得越多，在财政上的支出也会越多。根据政策情景3和政策情景4可以发现，农户的种植纯收入增长的幅度总是小于补贴标准增加的幅度，说明如果一味地通过增加补贴标准来激发农户种植的积极性，就会造成政策效果弱化，例如，加重国家财政负担，使政府增加巨额财政支出，并且这些财政支出并不能真正地将补贴额度全部作用在农户本身。而设定目标价格补贴政策代替最低收购价政策的其中一个出发点便是为了降低财政支出，如果最终仍旧导致国家巨额财政支出，便降低了目标价格补贴政策的效果。

二、政策启示

根据实证模拟结果，本章提出以下三点政策启示：

第一，通过向水稻种植农户谨慎推广目标价格政策，是有可能提升水稻种植面积和水稻产量，并达到水稻增产和稻农稳收的目的。在湖北和江西两个粮食主产区试点目标价格改革对于农户扩大水稻的种植面积和提升水稻产量是可行的，但政策效果是有限的，应当谨慎。虽然水稻目标价格补贴政策能够引导湖北和江西两个粮食主产区的农民种植更多水稻，且目标价格补贴标准的变化对农户的种植行为改变十分明显，在保障农户种植业收益增加方面也具有积极作用，说明农户对于该政策响应程度较高。但为农户收益的增幅是在逐渐递减的，因此，目标价格能够保障农户的种植收入，但是有限度的，不能完全依靠提高补贴额度让农户获得增收增产。

第二，鉴于目标价格补贴政策存在弱化效应，目标价格补贴政策的落地要同时兼顾农民利益和国家财政负担。由于一味地提高补贴标准对农户增收效应并不能持续性地发挥作用，且受到与WTO"黄箱"政策所承诺的8.5%补贴上限限制，目标价格政策如果逐年加码，则极易突破"黄箱"政策所规定的上限标准。正如模拟结果中所看到的，即使补贴额度提高，农户的增收也不会特别明显，过多的补贴并不能完全作用到农户，还会增加国家财政负担。同时也应看到目标价格水平具有刚性特征，应该尽量避免降低目标价格补贴标准，因为降低补贴标准会导致水稻种植面积的大幅减少。而水稻是我国最为重要的粮食作物之一，我国的粮食安全观将稳面积、稳产量放在重要位置，因此，保证水稻稳定供应是我国粮食安全的重要保障。

第三，目标价格补贴政策尽量采取与种植面积挂钩的"半脱钩"补贴形式，可以通过规定水稻补贴标准的面积下限来引导农户进行规模化种植，将政策效用最大化，并降低政府财政支出压力。虽然挂钩补贴仍属于WTO规则限制的"黄箱"政策，但我国作为发展中国家，我们的政策上限被微量允许为8.5%，因此，可以充分利用8.5%的"微量允许"。通过设定补贴面积的最低值，低于最低值种植面积的农户不予以补贴。通过该政策来引导扩大农户的水稻生产规模，形成更多大规模性经营农户，提高目标价格补贴政策的效果，由研究结果也能发现政策与种植面积挂钩也能更好地发挥政策效果：提高农户水稻的种植面积并增加他们在农业方面的纯收入。

第六节　主要观点

为了弄清目标价格改革试点是否应该向粮食领域延伸，粮农对目标价格政策落地会产生什么样的响应，以及政策调整是否会影响粮农的种粮意愿和行为进而影响粮食安全等这些关键问题，本章基于湖北和江西两个粮食主产区的粮农田野调查数据，并运用实证数学规划模型（PMP）模拟了不同目标价格补贴情景下的农户响应。研究结果表明：第一，粮农对于目标价格政策变化的响应是积极的，即提高目标价格补贴水平对提高农户的水稻种植面积、单位面积产量和总产量都有积极作用，也能促进粮农增收；第二，相较于对目标价格补贴标准提高的响应，粮农对目标价格补贴标准降低更为敏感，实行目标价格补贴政策对水稻增量增产是有积极作用的，但如果补贴标准下降，水稻减产更为严重；第三，通过不断提升目标价格补贴力度对粮农的刺激效应逐步下降，模拟结果显示补贴标准提高的幅度高于农户种植纯收入的增加幅度，如果通过不断提高补贴水平刺激粮农种粮积极性，那么会导致财政压力不断增加，政策效果却不断弱化。

针对模拟结果，本章提出了三点建议：第一，通过向水稻谨慎推广目标价格政策，是有可能提升水稻种植面积和水稻产量，并达到水稻增产和稻农稳收的目的。第二，鉴于目标价格补贴政存在弱化效应，目标价格补贴政策的落地要同时兼顾农民利益和国家财政负担。第三，目标价格补贴政策尽量采取与种植面积挂钩的"半脱钩"补贴形式，可以通过规定水稻补贴标准的面积下限来引导农户进行规模化种植，将政策效用最大化，并降低政府财政支出压力。

第九章 国外主要典型国家的经验借鉴与启示

农产品目标价格改革是在国内"托市"政策弊端不断积累、国际"黄箱政策"约束不断趋紧的背景下提出并开展试点的。作为农产品政策市场化改革的重要探索路径,农产品目标价格政策的实质是通过"价补分离"的改革思路,以实现保障农产品有效供给和农民稳定增收的政策目标。从完善农产品目标价格政策的目的出发,除全面系统检视政策试点的政策效果(如取得的成效、存在的问题)外,有必要梳理、归纳和总结全球发达国家和地区农业支持政策,尤其是"价补分离"改革政策的发展脉络演进、政策调整逻辑、政策内容特点以及政策效果评估,以期找出对当前农产品目标价格改革的经验启示,为优化和完善政策改革提供借鉴和参考。有鉴于此,本章系统分析了全球规模化农业大生产的典范(美国)、东亚文化圈小农经济为主要特征的代表性国家(日本和韩国)、多样化特色规模型农业的代表(欧盟)以及大地产制度农业的代表性国家(墨西哥)的农业支持政策的演变历程,尤其关注"价补分离"农业政策市场化改革对中国的启示。

第一节 美国农产品目标价格补贴政策

一、政策演变的总体脉络与主要内容、形式

(一) 1938 年农业法案——平价差额补贴

1938 年之前,美国主要采取无追索贷款(Nonrecourse Loans,NL)作为农产

品支持政策工具。无追索贷款的内涵，即政府规定一个贷款率，在农民收获农产品之后，如果农产品的市场价格低于贷款率，那么农民可以将收获的农产品的所有权抵押给商品信贷公司，并且可以依据贷款率获得一笔贷款用于生产投入；如果农产品的市场价格高于贷款率，那么农民可以获得在市场上进行出售的农产品的销售收入。最初政府在规定贷款率时依照的是 1909～1914 年的平价水平确定，由于该期间平价水平较高因而导致国家库存过高。为了避免农产品供给过剩以及仓库的积压现象，1938 年出台的《农业调整法案》（Agricultural Adjustment Act of 1938）规定要根据预测的供求状况灵活设定贷款率。一般为平价水平的 52%～75%，同时引进了"平价差额补贴"（Parity Payments，PP）这一概念：当生产者获得的有效价格低于公平价格时，政府在财政状况良好的前提下发放给生产者两种价格之间的差额补贴，其有效价格的界定是市场价格和贷款率两者中的较高者（见图 9-1）。然而在后期的发展中，由于政府财政状况负担较大，该法案中的这一补贴政策并未多次运用到实践中。

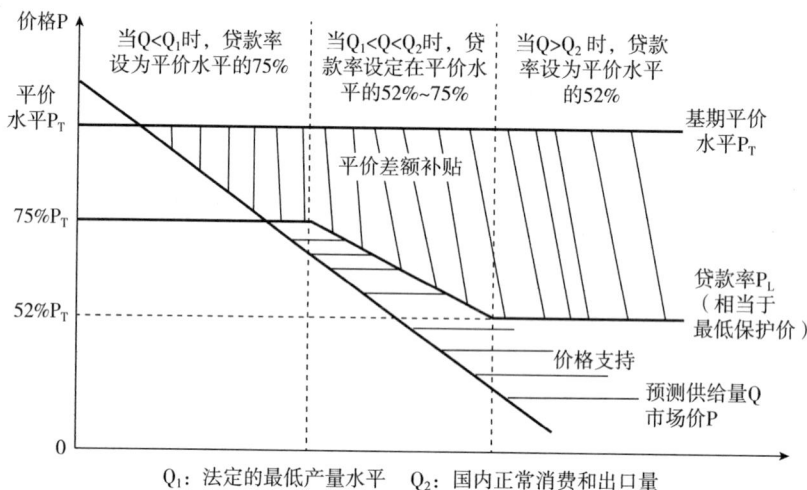

图 9-1　美国"平价差额补贴"①

（二）1973 年农业法案——首次采用"目标价格"确立差额补贴

20 世纪 70 年代初，农产品市场上剧烈的供求变化使美国农产品出口需求变

---

① 齐皓天，徐雪高，王兴华. 美国农产品目标价格补贴政策演化路径分析［J］. 中国农村经济，2016（10）：82-93.

得旺盛，加之自然灾害频发导致农产品减产以及美元与黄金脱钩等因素，美国农产品价格暴涨。该种过激现象不仅带来了严重的粮食危机，也引发了消费者的消极情绪，美国出于保护生产者和消费者利益的目的，也考虑到要控制农产品价格过高的水平。在此背景下，美国于 1973 年出台《农业与消费者保护法案》（Agricultural and Consumer Protection Act），首次提出目标价格差额补贴（Deficiency Payment based on Target Prices，DPTP），该政策的出发点是为了保障生产者因市场交易价格低而可能导致的收益损失。主要内涵为：当年的市场价格低于既定价格时，农业生产者就够获得补贴，反之将无法给予补贴（聂瑞芳，2016）。对于之前政府规定的贷款率，该法案做出了可以进行灵活调整的规定，同时正式确定了目标价格差额补贴政策，目标价格根据预测的国际价格和综合考虑生产者成本因素不断动态调整，而目标价格差额补贴政策是在有效价格低于目标价格时进行差额补贴，该种补贴机制极大地保护了公众利益和生产者利益（见图 9-2）。不过在法案颁布后的几年里，由于有效价格基本高于目标价格，因此，这种差额补贴政策在实践中也较少运用。

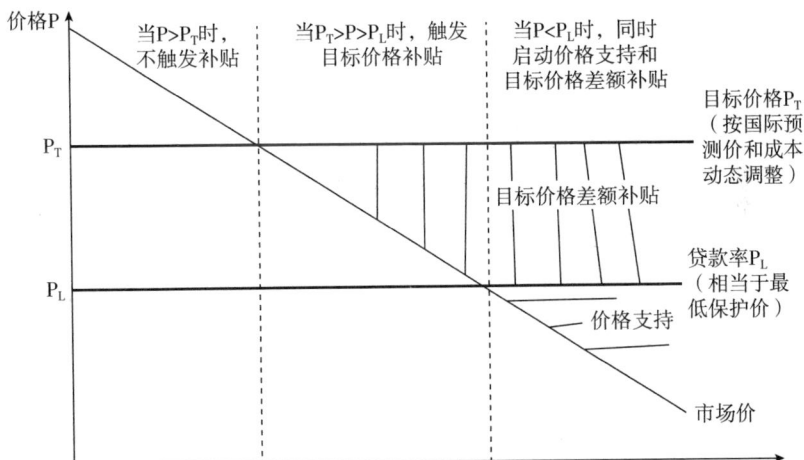

图 9-2 美国"目标价格差额补贴政策"①

（三）1977 年和 1981 年农业法案——延续目标价格确定方法

到 20 世纪 70 年代末，由于农产品市场供给量激增，美元也开始逐步升值，

---

① 齐皓天，徐雪高，王兴华. 美国农产品目标价格补贴政策演化路径分析［J］. 中国农村经济，2016（10）：82-93.

导致美国大量过剩的农产品积压仓库，这时，农产品价格开始骤跌，然而生产成本却始终高居不下。因此，1977 年的《食品与农业法案》（*Food and Agriculture Act*）以及 1981 年《食品安全法案》（*Food Security Act*）不得不提高目标价格水平，由此大大加重了政府目标价格差额补贴的财政支出，同时在美国本土出现了一系列恶劣的农业问题。例如，土地过度开发、农业结构失衡等。

（四）1985 年和 1990 年农业法案——目标价格调整与优化

鉴于 1977 年和 1981 年农业法案给美国农业发展所造成的困境，1985 年美国出台的《农业与食品法案》（*Agriculture and Food Act*）中，固定了目标价格水平，并以法定基础面积来确定差额补贴基准。为了恢复良好生态，还要求生产者拿出 5% ~ 10% 的面积休耕或保育，差额补贴则依据低于配额的实际产量发放。与此同时，1985 年农业法案还降低了贷款率。相对于 1985 年法案规定内容，1990 年出台的《食品、农业、保护与贸易法案》（*Food, Agriculture, Conservation and Trade Act*）将限制措施变得更为严格，不仅把休耕保育面积提高至 10% ~ 20%，并且再次降低了目标价格水平，缩小了目标价格差额补贴范围，对于无法履行休耕保育措施的生产者，将不再拥有获得补贴资格。

（五）1996 年农业法案——暂时取消目标价格差额补贴政策

根据 WTO 的规则和要求，美国的目标价格补贴政策并不符合 WTO 农业规则，为了避免国际摩擦和保持国外市场，也为了减少自身在农业补贴上的开销，1996 年出台《联邦农业促进与改革法案》（*Federal Agriculture Improvement and Reform Act*）取消目标价格差额补贴政策，变成生产灵活性合约补贴（Production Flexibility Contract Payments，PFCP），并一直持续到 2002 年。该补贴不再局限于实际生产，因而农民可以选择种植一定范围内的任意农作物（包括小麦、玉米、高粱、大麦、燕麦、陆地棉和稻米等），补贴标准则是按照补贴预算总额除以有补贴资格的农作物总产量（基期产量的 85%）确定。与此同时，还把无追索权贷款改为营销援助贷款（Marketing Assistance Loans，MAL）和贷款差额补贴（Loan Deficiency Payments，LDP）：当市场价格不超过贷款率时，如果政府仓库积压量达到规定的合理水平时，那么商品信贷公司可以选择拒绝农民用抵押的农产品实物偿还贷款，在这种情况下，农民就需要自行保留和随行就市销售农产品，然后用取得的现金按照国内市场价格和最低还款率中的较高者偿还贷款，还款额低于贷款所得额部分即为农民的营销援助贷款收益；而当市场价格不超过贷款率时，针对可以获取营销援助贷款但却愿意放弃领取该贷款的农民，政府会按照法定还款率和法定贷款率的差额部分给予他们贷款差额补贴（齐皓天、徐雪高、王兴华，2016）（见图 9 - 3）。

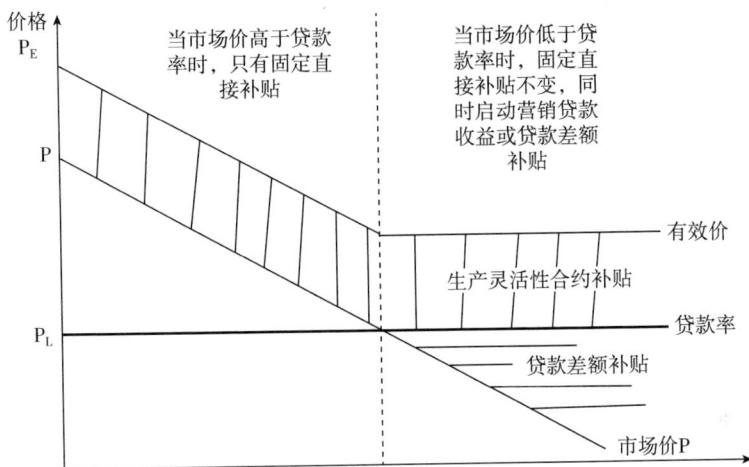

图 9 - 3 美国"生产灵活性合约补贴"和"贷款差额补贴"①

（六）2002 年农业法案——以新形式重新确立目标价格差额补贴政策

1996 年取消与价格相关的补贴政策，虽然总体上带来不少优势，但对于生产者利益并没有做到有效的保护，也无法规避存在的风险。有鉴于此，2002 年出台的《农场安全与农村投资法案》（*Farm Security and Rural Investment Act*）旨在建立农业生产者的收入安全网，建立了反周期补贴（Counter - Cyclical Payments，CCP），并把生产灵活性补贴水平调整为直接补贴（Direct Payments，DP）。反周期补贴的目标价格水平按照农户 5 年平均生产成本加上合理利润确定，补贴额按照农户固定基期产量的 85% 确定，和当前实际种植作物无关，使差额补贴和特定产品生产脱钩（见图 9 - 4）。反周期补贴政策实质上相似于目标价格差额补贴政策，不同的是反周期补贴政策进行补贴的标准取决于目标价格和有效价格的高低，有效价格的定义包括两部分：一指政府直接补贴价格，二指农产品市场平均价格（最低保护价）或销售援助贷款价格两者中最高者。反周期补贴只有在有效价格低于目标价格时才会被触动，反之将不实施。此外，2002年法案还增加了农业保险项目，包括对农产品的产量、目标价格、收入等因素的

---

① 齐皓天，徐雪高，王兴华. 美国农产品目标价格补贴政策演化路径分析［J］. 中国农村经济，2016（10）：82 - 93.

保险。2002 年的农业法案是市场化特征很明显的农业法案。

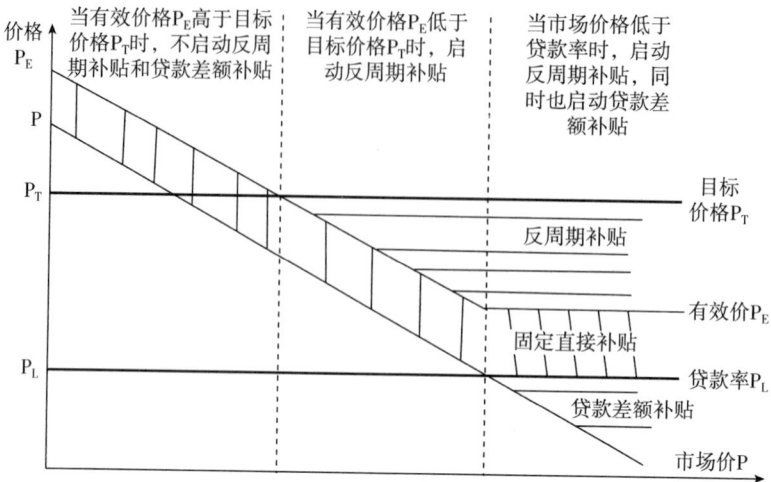

图 9 - 4 美国"反周期补贴"①

（七）2008 年农业法案——增加平均作物收入补贴选项

2002 年法案的补贴标准在于有效价格与目标价格的高低，然而却忽视了农场在"丰收—低价"和"减产—高价"下的两种情况，产量增加带来的收入增加超过价格下跌造成的收入损失，实际收入是净增加的，但这种情况往往实际上是市场价低于目标价格，反周期补贴仍然会被触发，造成补贴浪费的现象；而产量减少造成的收入减损不能被价格上涨的收益所弥补，市场价高于目标价格，反周期补贴就无法被触发（齐皓天，2017）。在此背景下，2008 年出台的《食物、保护与能源法案》（Food, Conservation and Energy Act）增设了平均作物收入选择补贴（Average Crop Revenue Election Program，ACRE）。平均作物收入选择补贴指的是当农产品单位面积的实际产量乘上市场价格（实际收入）低于历史平均产量的 90% 乘上历史平均价格（目标价格）时实施的补贴，两者之间的差额即为补贴标准。鉴于平均作物收入补贴以保障农业生产者目标收入为目标，因此，农业生产者选择了平均作物收入选择补贴，就不能参加反周期补贴，同时固定直接补贴和销售贷款补贴也分别减少 20% 和 30%。此外，为应对自然灾害的应对风险，

---

① 齐皓天，徐雪高，王兴华. 美国农产品目标价格补贴政策演化路径分析［J］. 中国农村经济，2016（10）：82－93.

2008 年法案还导入了新的农场经营风险管理制度——补充农业灾害援助计划。

（八）2014 年法案——价格损失保障

2008 年金融危机爆发，加重了美国的财政负担，所以 2014 年出台的美国农业法案取消直接补贴、反周期补贴和平均作物收入选择补贴，保留了营销援助贷款项目，同时增设了价格损失保障（Price Loss Coverage，PLC）和农业风险保障（Agriculture Risk Coverage，ARC），农业生产者可以两者选择其一。价格损失保障补贴是针对价格下降所造成损失的补贴，农业风险保障补贴是针对收入损失的补贴，前者是可以视同的反周期补贴的调整，后者可以视为平均作物选择补贴的升级版（见图 9-5）。对于价格损失保障补贴，首先设定一个参考价格，如果市场价格低于参考价格，那么向生产者提供补贴，其补贴率是参考价格与年度全国平均市场价格之间的差额。对于农业风险保障补贴，生产者可以在县农业风险保障补贴和个人风险保障补贴进行选择，选择县农业风险保障补贴的生产者，当作物的县水平收入低于县农业风险保障收入基准的 86% 时，就可启动补贴；而选择个人风险保障补贴的生产者，启动补贴的标准点则是取决于其个人收入是否低于个人农业风险保障收入。2014 年法案是美国农业进行重大调整的表现形式，将不同政策进行灵活组合和运用，成功地构筑起了高效的农产品安全网。

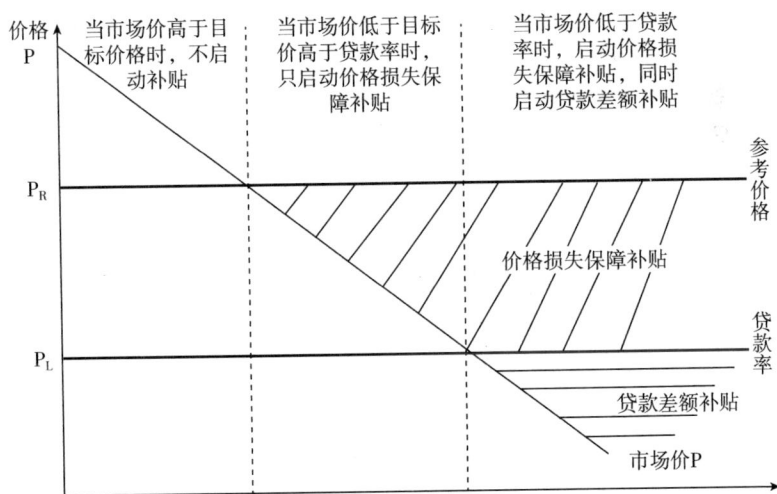

图 9-5　美国"价格损失保障"①

① 齐皓天，徐雪高，王兴华. 美国农产品目标价格补贴政策演化路径分析［J］. 中国农村经济，2016（10）：82-93.

二、政策调整的特点

（一）政策调整综合化，补贴方式多元化，补贴选择自由化，补贴范围拓展化

美国每次农业补贴政策调整都是一揽子综合政策的调整，具有综合性特征，总是能够较好的利用多重手段带来的联合优势来弥补前一次政策的不足。例如，在2014年法案中反周期补贴和价格损失保障相结合，极大地规避了之前农业发展的风险问题。对于生产者而言，补贴方式的多样化更是让其有权利依据自身情况进行合适的选择，如2008年的农业法案允许生产者可以在反周期补贴和平均作物收入补贴两者中进行选择，1996年法案允许生产者可以选择种植一定范围内的作物等。与此同时，美国还在不断地扩大对农作物的补贴范围，确保补贴政策可以落实到最基础的层面，无论农作物品种如何，种植数量如何，只要符合条件的种植均可以受到补贴。

（二）以保护生产者和消费者利益为重点

不论是设置的不同类型差额补贴，还是风险管理制度，美国每一次法案的出台都考虑到保护农户收入以及消费者权益。1996年之前的法案表明美国一直在致力于保护农户的收入，且在之后的2002年和2004年法案形成的安全网和保险政策，更是为美国农民提供了更加稳定的收入保障，在长期的农产品价格支持政策和农村发展政策的带动下，美国农民人均收入水平与美国人均收入水平相比已呈现赶超趋势，农业也逐渐步入标准化生产（赵将、张蕙杰、黄建、段志煌，2017）。

（三）依据政策实施具体情况和政策环境变化灵活做出调整，措施创新性强

关于针对目标价格水平的变动，美国在每一年的法案里都会根据气候、种植土地状况、外部市场的变化等客观因素进行适宜的调整，调整内容不仅涉及补贴的面积、计算方法，还会考虑到农产品供求市场的稳定性和相互关系，甚至还会顾及目标价格的公平性。每一次调整都是当前新形势下的最佳政策，不仅弥补了客观因素带来的弊病，还具备高度灵活的创新水平。

（四）逐步凸显农业生产环境保护的可持续发展理念

在进行农业的大发展中，任何国家都或多或少会对环境造成破坏，美国也毫无例外，但美国在每一次法案的调整上，都不会单纯以牺牲环境作为代价，1985年和1990年法案就严格制定了限产休耕的比例。美国严格控制因为农产品种植带给环境的压力，大力保护自然资源，有效地维持了生态平衡，为自身农业的可持续发展打下了坚实的基础。

（五）根据不同时期的政策环境动态调整政策目标、补贴方式、补贴力度等

（1）20世纪30年代到70年代初——以高价支持、组织干预为主。该特征尤其体现在 1973 年法案上，为了消费者能够以合理的价格获得农产品供应，充分强调扩大生产规模、控制价格上涨。

（2）20 世纪 70 年代到 90 年代末——以减少价格支持、尊重市场灵活性为主。1985 年法案降低了贷款率，并推出了营销援助贷款政策，1990 年法案更是下调目标价格支持，1996 年法案则是通过补贴政策的灵活性减少农产品生产成本，不仅缓解政府压力，还使其朝着市场导向的方向完善，并促进了贸易自由化。

（3）21 世纪初至今——补贴"脱钩"，形成"安全网"。2002 年法案逆转了自 1985 年以来的市场化做法，重新回到高补贴、高支持的政策上来，并逐渐建构起美国农业生产的安全网，2008 年和 2014 年又再次加固了安全网的构建。

三、经验与启示

（一）补贴政策调整以市场化方向，充分利用国际贸易规则（WTO 规则）

在全球化贸易背景下，补贴政策调整必须坚持市场化的调整方向，任何政策的有效性都不能与世界贸易组织（WTO）规则相悖。为此，中国做好农产品目标价格补贴政策的首要逻辑就是要与世界贸易组织（WTO）农业规则相挂钩。《农业协定》的签订给美国带来了"黄箱"挑战，在 1996 年农业法案中，美国把挂钩的目标价格补贴变为脱钩的固定直接补贴，随后又开创出"半脱钩化"的反周期补贴等，均是充分利用世界贸易组织（WTO）规则中关于"基于非特定产品补贴"的"黄箱"空间。目前中国的"黄箱"支持也逐步逼近世界贸易组织（WTO）上限，必须要在不违背世界贸易组织（WTO）原则下充分实施改革，保障农产品生产和供给，为此中国可以借鉴美国独特的"脱钩"和"半脱钩化"补贴方式，充分利用世界贸易组织（WTO）规则下非特定产品的"黄箱"空间，将特定的产品变为非特定产品。早在 20 世纪 90 年代末，美国就将农业保险政策放在重要地位，不仅有效管控了农业风险，而且尽可能利用了世界贸易组织（WTO）规则的空间。现如今纵观全球各国，农业保险俨然已成为农业支持政策中的热点话题，这即是顺应时代发展的顺流趋势，所以理应在支持政策中强化农业保险的作用，切实保护好生产者利益。

（二）完善好大数据下的农产品体系建设和信息系统

美国每次目标价格补贴政策之所以顺利实施，正是离不开基础设施相关配套措施。健全的农业支撑服务体系（市场信息体系、生产供应体系、科研技术体系、加工销售体系、检查监督体系、服务评价体系等）始终贯穿于美国每一次农业政策的调整，并起到了不可替代的作用。在新时代下，中国也应当推广数字科技的使用范围，标准细分的市场体系可以为目标价格补贴政策提供全面的市场信息，高效精准的数据处理技术可以将种植面积与产量直接迅速地反应给相关者，大数据体系层层交错有助于政策的推进。我国幅员辽阔，气候差异显著，农产品种植规模分散，适宜借鉴美国使用全国农业调查系统的方式进行目标价格的确定，信息系统将及时传递不同地域的农产品信息，势必大大提高目标价格政策的科学性，降低政策成本。

（三）坚持和完善市场化的政策调整方向

美国对于目标价格的调整过程经历了一个从干预到尊重市场化的阶段，美国用亲身经历证明了市场化改革是亘古不变的优势经验。近年来，中国提出"价补分离"市场化改革方向，对棉花和大豆等产品进行了目标价格改革试点，同时对玉米也提出了鼓励多元化市场主体入市收购，大力推进深化农产品价格形成机制改革（程国强，2016）。未来我国应继续坚持农业政策市场化改革的大方向，让目标价格充分反映市场的灵活性，尊重市场规律。

（四）探索新颖化、多元化的补贴方式

农产品目标价格补贴政策并非单一问题，其目标与影响都是多方面的。从美国历年法案所创立出的补贴方式来看，全部都是多种补贴方式的相互组合，从未局限于某一种补贴方式单独使用。例如，1973 年法案将目标价格差额补贴与价格支持相互结合，在 2002 年法案中又将目标价格差额补贴与固定直接补贴相互结合。每一种补贴方式都具有各自独特的特点，独立出现不具备明显优势，无法同时兼顾好众多目标，多元化地进行组合能够在一定程度上结合每一种方式的特点，创造出共同优势，克服单一补贴形式存在的不足，从而降低农业的风险。在未来发展方向上，我国应开创针对不同品种农产品更加相对新颖的补贴方式，并把这些方式进行有机组合以达到最优化（姚升、张宁，2016）。

（五）坚持"半脱钩"的政策导向，通过政策托底稳定农产品产量和保障农民增收

美国法案中提到的"营销贷款率"在实质上类同于中国实行的最低收购价政策，尽管市场化改革方向要求政府减少干预措施，但美国考虑到保护生产者利益和农产品风险问题，一直保留着"营销贷款率"。为践行"谷物基本自给，口粮绝对安全"的粮食安全观，我国应保持对小麦、稻谷等关系到老百姓最基本生活的农产品实行最低价保护性收购政策不动摇，发挥农产品最低价的"托市"功能，防止重要农产品生产的大幅度波动，保障我国粮食安全（陈颂东，2016）。

近年来，实行目标价格政策并非对于最低收购价政策的全盘否定，让市场发挥决定作用也并不意味着取消政府一切干预的手段。现阶段，我们理应审时度势，树立一种全新的视角看待农业的生产与发展，坚持市场化机制大方向的同时，也需要政策托底来稳定农业生产预期，保护生产者种植积极性，也保障消费者的福利稳定。

第二节　日本农产品目标价格补贴政策

一、政策演变的总体脉络与主要内容、形式

（一）1947～1953年法案——在直接控制与取消干预之间流转

"二战"的爆发给日本经济带来了较大的消极影响，农产品陷入了供不应求的局面。在战后初期伊始，日本政府对农产品价格采取了严格的控制措施，随着供求关系的逐渐改善，政府开始日渐放宽管控程度。从1947年开始，日本政府一直都根据市场变化及时开展或停止价格调整措施，以保证农产品市场稳定。例如，1947年允许水果与蔬菜可以自由买卖，1948年废除茶和高级鱼的限定价格，1951年颁布《茧丝价格安定法》维护生丝价格，1952年取消直接控制价格措施（除稻米和烟草），1953年颁布《甜菜生产振兴临时措施法》与《农产品价格安定法》都是落实部分农产品价格稳定。

在这一阶段中，值得注意的是1952年的"双重米价"政策，即政府从农户手中高价购入大米，再以低价销售给消费者，该政策实质上意味着政府利用财政补贴手段保护生产者与消费者的切实利益（见表9-1）。

表9-1　1960～1986年日本"双重米价"政策下政府购入价、售出价及差价

单位：日元/60千克

年份	1960	1965	1970	1975	1980	1986
政府购入价	4162	6538	8272	15570	17674	18668
政府售出价	4351	6107	7442	12205	15891	18598
购销差价	189	-431	-830	-3365	-1783	-70

资料来源：家之光协会《日本农业年鉴》（1987）。

（二）1961 年法案——财政补贴增加农户收入

确切来讲，20 世纪 60 年代以前，日本政府对于价格政策还未步入"支持"阶段。1961 年《农业基本法》的颁布是一个分界点，标志着日本在实质上正式步入了"支持"阶段，这一阶段的跨越不仅真正提高了农户的收入与积极性，还加速了农业的迅速进展，弥补了先前措施的缺陷。该法案有关价格支持的政策中提到要对于肉类养殖、畜牧业、蔬菜等"有选择性地扩大生产"，对于大米等主食产品采取"生产费及收入补偿方式"。不仅如此，日本政府还继续延续了以农业财政补贴的方式维持市场米价的低位水平，极大化地促使农户的收入与城市劳动者工资持平，缩小了城乡差距，刺激了农业发展。

（三）1980 年法案——培育"核心农户"

1980 年，日本政府正式出台《80 年代农业政策基本方向》，明确指出今后农产品价格政策要发挥价格调节作用，防止价格出现波动，并且要致力于服务农业产业结构的调整和"核心农户"的培育，将提高劳动生产率反映到消费层面，缩小内外价格差别。

（四）1986 年法案——以提高农业生产主体生产率为基准

1986 年，日本政府出台《面向 21 世纪的农业政策基本方向》，提出了以下五项政策措施：一是流通以"自由流通米"为主；二是生产者组织自主调整、保管与销售过剩大米；三是在合理反映供求关系的同时，生产者米价也要反映生产主体生产率提高的部分；四是流通体系中要引入市场竞争机制；五是缩小粮食管理会计赤字。日本农产品（尤其是粮食）政策开始呈现明显的市场化特征。

（五）2009 年法案——农户所得补偿制度

农户所得补偿制度的核心之一就是对农产品生产成本与市场销售价格的差额给予补偿。日本政府对于水稻的补偿制度分为定额补贴和变动补贴，本质上就类似于目标价格补贴政策，其中，定额补贴额 =（标准生产费用 - 标准生产价格）× 单位面积产量 × 补贴面积，变动补贴额 =（标准销售价格 - 实际销售价格）× 单位面积产量 × 补贴面积。标准生产费用为 2002～2008 年（除最高和最低的两年外）的平均家庭成员人工费用的 80% 和平均经营费用之和，为 13703 日元/60 千克。标准销售价格根据 2006～2008 年平均销售价格计算得出，为 11978 日元/60 千克，以两者之差（1725 日元/60 千克）为单价作为全国统一定额补贴标准。定额补贴按实际的固定数额支付，不受当年销售价格的影响，而变动补贴只有在当年实际销售价格低于标准销售价格时才会启动，变动补贴面积等同于定额补贴的面积（田聪颖、肖海峰，2016）。假如当年实际的销售价格低于标准销售价格，那么水稻种植的补贴金额就是变动补贴加定额补贴，如果实际销售价格高于标准销售价格，那么则只需支付定额补贴（见图9-6）。

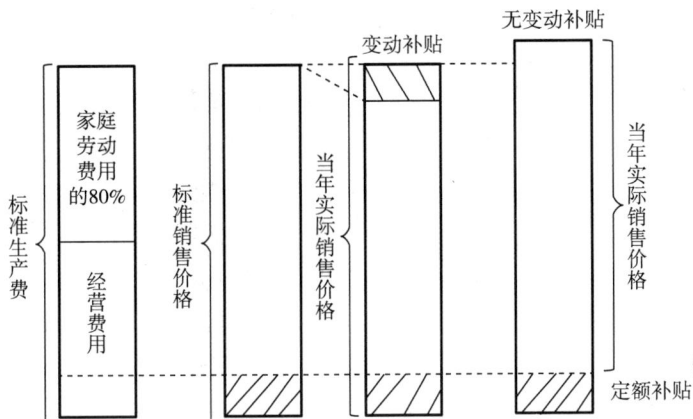

图9-6　日本"农户所得补偿制度"

资料来源：日本农林水产省。

二、政策调整的特点

（一）价格体系复杂，依据农产品的不同种类分别实施不同政策

从日本历年农业法案中不难发现，日本政府对于目标价格补贴政策的目标设立和实施方案上具有因种类而异这一明显特征，例如，针对大米出台的"双重米价"政策，其收购价与销售价均为政府实时控制，针对水稻实施的则是定额补贴和变动补贴。除此之外，在整个国家农产品价格体系里，日本政府制定的最低价格保证制度（政府仅规定农产品价格下限，利用减少市场供给手段迫使价格不会低于最低价格）的主要对象是加工用土豆、甘薯、甜菜等麦类农产品；差额补贴制度（销售价格低于平均基准价格时，政府以补助金形式支付差额部分）则针对大豆、油菜籽、原料用牛奶等农产品；稳定的价格制度（政府参与买卖影响市场供求关系，稳定价格）则是具体针对猪牛肉、蚕茧生丝等这一类农产品；而稳定价格基金制度（政府与相关组织共同设立基金，市场价低于标准价时从基金里进行差额补偿）实施的农产品对象则是包括蔬菜、蛋类以及加工类水果等。

（二）对补贴手段依赖程度高

由于日本政府历来重视农业生产，因此，补贴手段也在总预算中占据着不小的比重。根据日本财政统计资料显示，1960 年农业补贴占农业预算的 49%，1984 年农业补贴更是高达 62%。众所周知，两次世界大战带给了日本困扰许久的贫困问题，因此，极大的依赖政府补贴政策成为了日本农业政策的一项长期特征。

（三）政策核心由"稳定"趋向于"提高"

在 20 世纪 60 年代以前，日本农产品价格政策的核心处于"稳定"状态，在遵循市场化的前提下使用部分干预手段进行价格稳定的调节，且由于农产品价格不高，生产者收入增长缓慢。而在 20 世纪 60 年代以后，政策核心则集中放在"提高"上，重点提高农民的收入水平，1960 年农业收入仅为 22.5 万日元，到1985 年已经增长到 106.6 万日元，农产品价格的急剧攀升导致农民收入也得到了较快飞跃，甚至在当时赶超了城市居民收入水平。

三、经验与启示

（一）重点产品重点补贴，实行农产品分级分类政策

大米和水稻是日本相对重要的农产品作物，为此日本政府特别针对地设置了特殊的补贴政策。中国农产品种植种类丰富多样，不同产品不同补贴的这一做法同样适用于中国，其中，对于稻谷、小麦等重要粮食作物应坚持和完善最低收购价制度；而棉花、大豆、玉米、油菜籽等重点粮棉油作物应在政府管控下逐步开启市场化改革。对于其他农产品应在满足市场定价的基础上，避免生产过剩与质量不达标，尽可能减少直接干预市场化操作带来的扭曲影响。探索建立中国农产品的分级分类政策。

（二）进一步强化目标价格支持政策的系统性

日本政府实施的农业政策不是单一的农业政策，而是一揽子政策体系，保障了政策效果。目前中国的客观情况就是人多地少，工业化、城市化水平、对外开放水平都正在不断提高，与此同时存在农业成本上涨、竞争力下降、进口压力剧增等各项挑战。当前，我国农业发展恰巧处于价格倒挂、"黄箱"受限的重要分界点，深入落实好农业供给侧结构性改革、构建好新型农业目标价格支持政策体系，必须着眼长远，用一种发展的眼光进行谋划，处理两难问题既不能脱离现实、操之过急，也要防止强枝弱本、思想狭隘（叶兴庆、伍振军、周群力，2017）。

（三）目标价格政策需要平衡农业的多元利益主体，展现多目标属性

现代农业生产的目标不仅是满足消费者需求，还要通过销售农产品取得盈利从而增加农户受益，使农业具有可持续性。因此，农业政策通常具有保障农产品

供给、稳定农民增收、农业绿色可持续等多目标性。以目标价格政策为例，农产品的目标价格是否保障农户利益将会直接影响农业生产者的积极性，如果目标价格能保障农民收益，盈利率提高，那么农产品产量上升；如果目标价格不能保障农民收益，盈利率下降，那么农产品产量自然会降低。因此，农产品的目标价格政策需要兼顾农业生产者、消费者的利益诉求，体现多目标平衡的属性。

（四）完善农业保险制度

日本国土面积不大且自然灾害高度频发，农业生产的自然风险较高。加之日本农业生产经营规模较小，因此，抵御风险能力不足。有鉴于此，日本政府始终坚持把农业保险制度作为农业风险防控的重要抓手，通过让政府分摊保险费用，经营风险在很大程度上得以分散。中国可以进一步完善农业保险制度，让政府运用财政支持最大可能缩减风险带来的损失，切实维护农业稳定发展。

第三节　韩国农产品目标价格补贴政策

一、政策演变的总体脉络与主要内容、形式

（一）1968年——购销倒挂制度

大米在韩国的定位是核心农产品，有关农产品目标价格补贴政策基本上都是围绕着大米展开实施的。购销倒挂制度是指政府高价购入大米，再廉价卖给居民，其中，差额政府自行承担。该种制度目的性明确，以保护农户收入和平衡居民承受能力为出发点，在很大程度上促进了农民收入的持续增长，但随之而来的是大米价格的严重失衡。

（二）1993年——改革购销倒挂制度

由于政府针对大米的补贴力度较大，购销倒挂制度导致政府财政负担日益加重，在所有农产品补贴中大米补贴造成的赤字为7.7亿元，在总体赤字8.8亿元中占据88.5%的重头比例。1993年的改革主要针对价格的改变，当政府出售大米时，其售出价格由竞争性投标机制决定，该机制通过农业协同中央会建立。

（三）1997年——对提前退休农户进行直接补贴

韩国政府提出：年龄高于65岁的农户，倘若自愿出售自己的耕地给全职农户，则可以得到持续5年的直接补贴，补贴金额依据耕地面积为准，即258韩

元/平方米（见表9-2）。当该政策持续实施到2006年，补贴金额调整为290万韩元/公顷，且农户可以连续获得8年支付。

表9-2 1997~2000年韩国"提前退休农户直接补贴"政策

年度	1997	1998	1999	2000	合计
金额（百万韩元）	27319	21710	17366	11240	77635
面积（公顷）	10588	8132	6483	4000	29103

资料来源：秦富，王秀清等. 国外农业支持政策 [M]. 北京：中国农业出版社，2003。

（四）1999年——对"环境友好型"农户进行直接补贴

为了鼓励农户绿色生产，降低化学类农药的使用率，韩国对于"环境友好型"农户开展直接补贴政策。"环境友好型"农业的补贴标准因土地和品种而异，旱地每公顷补贴高达52.4万~79.4万韩元，稻田每公顷补贴21.7万~39.2万韩元。这种补贴方式旨在补偿农户因减少化学类农药的使用导致作物减产连带的一系列收入损失，从2001~2005年韩国共建立了191个"环境友好型"农业生产区域（马晓春，2010）。

（五）2004年——废除购销倒挂制度，采用直补制度

韩国政府过度保护的农产品政策导致国内市场价格出现了严重的扭曲，在此背景下，韩国开始开放大米市场，与此同时韩国大米面临着价格下跌的局面。为了维护农户收入，政府直接将购销倒挂制度调整为直补制度，直补制度包含固定直补和变动直补两部分，变动直补以目标价格与全国当年收获期产地均价之差的85%减去固定直补单价作为补贴单价，即变动补贴单价 =（目标价格 - 市场价格）×差额补助比例（85%）- 固定直补单价，变动直补金额（元）= 变动直补单价（元/袋）×单位面积产量（袋/公顷）×种植面积（公顷）。

二、政策调整的特点

（一）紧紧围绕保障农户利益这一核心政策目标

纵观韩国政府的目标价格补贴政策调整，充分体现出保障农户利益的目标导向。首先，韩国每一项农业政策出台的核心都是出于保障农户收入，如购销倒挂制度的开创与废除，刚开始购销倒挂制度中对于农户收入差额的弥补由政府全力承担，在大米流入国际市场导致价格下降时，政府依旧致力于牢牢保障农户收入从而推出全新的直补政策。其次，政策充分考虑老龄农户的身体状况与耕种效

率，对于愿意提前退休的农民采取直接补贴，且补贴力度逐年加大，补贴年限逐步增长，充分保障农户利益。

（二）始终秉持绿色化原则

最能够体现韩国注重环境保护政策的是 1999 年提出的对环境友好型农户进行直接补贴，以补贴作为鼓励手段提醒农产品种植者不能忽视绿色化生产。自 1999 年之后，韩国便持续建立起了环境友好型农业生产区域。

三、经验与启示

（一）切实完善好针对农户的专门补贴政策，避免出现价格扭曲等弊端

在韩国，农户收入中有 66% 的比重均来自于政府补贴，韩国政府在对农民直接补贴方面一直不遗余力，在致力于增加农户收入的同时还着力于降低农业风险，有效提高了农业竞争力。当前，针对我国农产品价格支持政策存在着很多的弊端，例如，导致价格扭曲、供求市场失衡等问题，可以借鉴韩国把对农产品价格的补贴转向于对农户收入的专门补贴，并建立和完善农业保险制度，农户利益会得到切实又直接的保障。

（二）补贴力度要兼顾政策效果和财政承受能力

在韩国大米实行购销倒挂制度后，韩国政府遇到了严重的财政危机，为此政府对制度进行改革，尤其是调整了补贴价格。我国同样面临农业补贴巨额财政负担的问题。建议针对不同的农产品分类施策，在补贴力度、补贴方式等方面采取差异化补贴政策，让有限的补贴资金以最有效率的手段助力农业健康发展。

第四节　欧盟农产品目标价格补贴政策

一、政策演变的总体脉络与主要内容、形式

（一）1962 年——实施价格干预，三大"价格"共同作用

"二战"对欧洲农业是一次重创，农产品供应严重不足，只能依靠进口，在此背景下，当时欧洲共同体中的部分国家签订了《建立农产品统一市场的折中协议》，成员国尝试通过共同的农业政策（The Common Agricultural Policy，CAP）补足农产品供给，扭转劣势局面。该时期的农业政策主要突出点在于对农产品价

格的干预手段，主要涉及目标价格、门槛价格、干预价格。干预价格每年都由欧共体委员会制定，本质上为农产品价格波动的下限，类似于我国最低收购价格，当农产品市场价格低于干预价格时，销售了农产品的农民便可以向管理机构领取两者差额的补贴；目标价格刚好相反于干预价格，指农产品价格波动的上限，当农产品的市场价格高于目标价格时，政府便会采取出售农产品的措施来抑制价格的上涨；而门槛价格指的是进口农产品的最低价，倘若其他非欧共体成员国进口农产品的价格低于门槛价格，便需要支付差额税。门槛价格的设定不但避免了国际市场带来的冲击，更在稳定及保护欧共体农产品价格上行之有效。目标价格、干预价格、门槛价格"三管齐下"，共同支撑起了"二战"后欧共体国家的农产品发展能力。

（二）1992 年——开展休耕政策

农产品目标价格的过高补贴致使欧共体财政不堪重负，1992 年系统性的改革主要目的就是为了降低支持价格水平、提高农业竞争力、缓解财政负担。改革的主要内容包括实施限产休耕、调整农业产业结构等，对于种植面积进行了缩减，与此同时开启休耕补贴。休耕补贴包含两种：一是每一年申报相同面积进行一次休耕，二是连续十年以上的持续性休耕。第一种补贴办法针对较大农场规定必须休耕 10% 以上的面积，补贴标准与相同面积的谷物一致；第二种补贴标准高于第一种，但对于休耕的土地存在额外的要求，例如，土地必须做足绿化并且不能使用农药等化学药剂（毕玉琦、张立中，2018）。此次的休耕补贴政策提高了农业竞争力，同时也维护了农民的利益。

（三）2003 年——调整直接补贴方式

2003 年的共同农业政策将原来对实施休耕政策的直接补贴调整为与生产不挂钩的"单一支付补贴"的方式。与此同时，将农村建设上升到了重要的战略地位，调整的措施有五点：对大型农场支付的经费转向投入用于农村发展；实施支持与农产品产量脱钩；增加有关农业服务性开支；注重农村生态建设与维护；通过建立"财政规章"机制约束补贴农业开支的最高额；等等。

（四）2007 年——"门槛价格"变为"边境价格"

在 2007 年欧盟新的共同农业政策中，提出了"边境价格"这一全新概念，但其实质依然等同于"门槛价格"，都是为了抵御非欧盟国家低价农产品的入侵，切实保护欧盟市场的健康运行与欧盟成员国和农产品生产者的利益。"边境价格"的计算是用"到岸价"加上进口税得出，"到岸价"是指非欧盟国家将农产品运往欧盟边境的价格。"边境价格"与"门槛价格"相比，最明显区分的点在于税，"边境价格"计算使用的进口税并非由欧盟定夺，而是在多方谈判中确定。

（五）2008年——针对补贴政策项目进行增减

《欧盟共同农业政策改革草案》于2008年5月20日经欧盟委员会通过，该草案主要涉及以下四点：①废除休耕政策；②对于补贴制度进行改革，促进农业补贴与产量脱钩；③大农场主的补贴资金要适当缩减，资金要落实到农村地区基础设施建设和发展；④提高牛奶生产配额，并在2015年3月底完全取消牛奶配额。

二、政策调整的特点

（一）政策重点集中在保障农产品有效供应

欧洲国家常常陷入农产品供应不足困境，尤其是面对国际低价农产品的冲击，欧盟将农产品价格补贴主要集中于流通环节，旨在保障辖内农产品的有效供应。该举措不仅使欧盟顺利解决土地资源供应短缺的尴尬境地，还可以有效地维持农产品高价，农产品生产者的整体利益得到了最全面的保护，其生产积极性也开始逐步提高，农产品市场的供应量也基本稳定在一个既统一又标准的水平上（李靖，2016）。

（二）政策着力点在于对冲国际市场压力，维护辖内农业生产者利益

通过对欧盟共同农业政策的梳理，我们不难发现，欧盟共同的农业政策是毫不动摇地优先维护辖内农业生产者利益。尤其是面对来自国际市场的冲击时，政策的及时调整让国际市场冲击降到最低。例如，1962年提出的"门槛价格"、2007年改革后的"边境价格"。这些"价格"的设立无一例外都是对于国际上低价农产品入侵的严肃回应，通过税收手段来维护辖内农业生产者利益。

（三）均衡考虑各成员国不同实际情况

因为欧盟包含数量较多的成员国，各国发展情况（如经济发展水平、生产水平）差异较大，因此，欧盟的每一次的政策调整都需要均衡考虑各国实际情况，最大限度采取可以满足众多国家利益水平的政策措施。例如，干预价格是一个下限价格，通过政府管控，实施干预价格可以使欧盟轻松的统一好成员国的农产品价格问题，将价格稳定在控制区间。休耕政策的实施也是考虑了各个成员国的可持续发展，保护土地资源、对农民进行补贴，可有效促进各成员国资源集约化和供给稳定。

三、经验与启示

（一）做好进口调控，最大限度地减少国际市场对国内农产品市场的冲击

欧盟成员一直致力于利用关税政策达到保护国内农产品价格的目的，反观我国在加入世贸组织之前与美国签订的《中美农业合作协议》，协议中所规定的进口大豆税率必须降到3%，极低的关税水平导致进口大豆价格明显低于国内市场大豆价格，让我国农产品市场陷入被动局面。因此，我国可以学习欧盟灵活建立关税政策，避免国内农产品市场受到侵害。欧盟的进口调控手段，除了征收差价税之外，还有对于农产品的进口数量配额管理、保障措施、安全措施等，根据WTO准则，中国可以学习模仿其保障措施来进行进口调控，即如果认为某些农产品进口会扰乱或者威胁境内农产品市场，可以对这些农产品进口实施合理合法的保障手段，征收附加进口税（刘武兵、李婷，2017）。

（二）建立危机储备资金

考虑到政府有限的财政能力和突发灾害的风险应对问题，欧盟早在1975年就开始鼓励私人储备。现阶段影响农业平衡的自然灾害、疾病频发，建立危机储备资金的重要性与日俱增，从国家层面到农户层面都应着力增长储备能力，政府更是要建立好应急预警监测方法、应急储备制度，防止农产品价格市场出现突发波动等严重不良反应现象。

（三）扩大财政投入力度，提高国际市场竞争力

相较于第二、三产业，欧盟对于第一产业农业的财政投入力度最大。农业不但占据着基础产业的位置，而且经常遭受到自然和市场双重风险的影响。我国农业整体生产经营效率不高、规模不大，国际市场竞争力较差。基于这些考虑，我国可以考虑扩大对于农业的科技投入力度，从而促进我国农产品技术含量水平提升，规避WTO规则约束，提高在国际市场上的竞争水平。

第五节　墨西哥农产品目标价格补贴政策

一、政策演变的总体脉络与主要内容、形式

（一）2008年之前——由封闭逐渐走向放开

实际上，墨西哥的农产品市场早期并不是处于开放状态，对于部分重点农产

品政府一直在实施保护价收购。随着保护价收购推向深入，政府财政负担逐渐加重，在国际贸易关系上也出现了扭曲。为了稳定本国经济，减少本国贫困，在1992 年墨西哥与美国、加拿大签订了北美自由贸易协定，并于 1994 年把政府收购政策正式改为目标价格政策，出于对本国农民与主要农作物的保护，仅仅对玉米、高粱、大豆实施了进口配额管理，对农民进行直接补贴。

（二）2008 年之后——两个项目共同组成目标价格补贴

继 2008 年之后，墨西哥成功实现了贸易自由化，在竞争自由的大背景下，墨西哥采取的目标价格补贴政策由现金直接补贴（Procampo）和差价补贴（In-gerso Objectivo）组成。现金直接补贴的对象是小型农户，本质上算是对小型种植农户的一种优惠政策，补贴标准不依赖价格而是与耕地面积、类型相关；差价补贴是当农产品售价低于目标价格时，政府补贴差价，目标价格在不同时期也有不同表现。

二、政策调整的特点

墨西哥在进行目标价格改革的历程中，最明显的一个特征就是国内农产品价格与进出口国价格接轨。玉米是墨西哥最主要的粮食作物，重要程度当属第一，而美国是墨西哥玉米的主要进口国，墨西哥在与美国进行玉米国际贸易中，玉米价格多受美国市场的强烈冲击，并随着国际贸易自由化的推进，这两者相关的影响程度逐渐加深（毛频，2015）（见表 9 - 3）。

表 9 - 3　1981 ~ 2012 年墨西哥国内外农产品价格相接轨

时间	1981 ~ 1993 年	1994 ~ 2007 年	2008 ~ 2012 年
与美国玉米价格相关性	0.67	0.79	0.95

资料来源：毛频. 我国农产品目标价格改革的墨西哥经验借鉴［J］. 经济问题探索，2015（12）：159 - 168.

三、经验与启示

（一）目标价格需要定位精准，补贴政策要体现"补贴"价值

墨西哥在执行差额补贴政策中，目标价格的定位不够精准，出现了目标价格过低的现象，少数年份的目标价格只是略微高于生产价格，多数年份下都是远远低于生产价格。例如，2003 年目标价格和生产价格分别为 152.9 比索和 150.0 比索。在这种状况下，农民其实是得不到实质性补贴的，"补贴"的作用并没有完

全发挥出来，并且在目标价格低于生产价格的情形下，理论上补贴不应该下发，然而政府依旧进行补贴下发，这样一来，政策便失去了规则的有效性。保护农民积极性是农业稳定发展的必要手段，而精准定位的目标价格又是维护农民积极性的必要前提，制定好目标价格需要考虑市场环境、农作物真实发展条件等各项因素，要把补贴政策中"补贴"的真实意义切实落实到位，发挥好该角色本应充当的作用。

（二）科学选择开放农产品国际市场时机

在农业生产率低于美国时，墨西哥开放了市场，并实施了目标价格政策，结果助长了美国农产品的大量涌入的势头，增加了墨西哥自身农业发展的短板，更糟糕的是还连带引发了一系列社会问题。就目标价格补贴而言，墨西哥玉米目标价格存在一系列问题，如补贴额度只有美国的一半，补贴发放过程中出现贪腐现象等，导致墨西哥的玉米目标价格补贴在实际执行过程中被扭曲，没有取得应有的政策效果。有鉴于此，针对我国农业目标价格改革，应该建立农业生产安全网，切实保障农户利益。

第六节　经验与启示

一、共性经验

（一）始终将保障农产品有效供给作为农业支持政策调整的首要目标

农产品价格直接关系到农业种植者的收入是否稳定，关系到农业稳定，因而合理地维持好市场上供求关系就成了农产品价格管理的重点。从以上国家农业支持政策调整的演变逻辑不难看出，有关农产品目标价格政策的落脚点都是重点保障农产品的有效供给。美国和欧盟土地资源丰富，农产品供应量充足，美国在1985年法案中提出休耕政策，并在1990年法案中将休耕面积进行扩大。欧盟则是在1962年制定目标价格体系，1992年开展休耕，两国都是通过调控供给来稳定价格。相对于美国和欧盟，东亚的日韩两国人多地少，两国农产品供应量不足，为保障供应，日本和韩国也相继采取了针对性手段，如农户所得补偿制度、购销倒挂制度、直补制度。各个国家都有自身相对于其他国家不同的特点，例如，自然资源、人口数量等，但都在把农产品有效供给作为政策立足点已经成为共识。

（二）始终将保障农业生产者收入作为农业支持政策调整的重要目标

农产品目标价格政策应该把保障农户收入作为突出环节，因为农户的收入深刻影响农产品的有效供给。发达国家的农业支持政策始终把保障农户收入作为重要目标，美国从营销援助贷款差额补贴到反周期补贴，再到平均作物收入选择补贴，一直都把稳定农户收入放在首位；日本 1961 年法案要求对部分农产品扩大性生产，对主食产品采取"生产费及收入补偿方式"，着力保障农户积极性和收入水平；韩国的购销倒挂制度、直补制度都是以维护农户利益作为出发点。当然，农业支持政策在保障农户收入的同时，也兼顾了其他政策诉求，例如，韩国对提前退休农户、环境友好型农户进行补贴，既能提高农户积极性，还能避免农产品过剩的情况出现，最终达到可持续发展的目的。

（三）通过不断完善农业立法体系和强化配套政策体系构建农业产业安全网

任何政策都需要强有力的法律体系作为坚实保障，发达国家已经建立起完善的农业法律体系，政策的运转与调整都在法律体系下开展。美国平均每 5～6 年就会调整农业法案，还会附带补充条款，从而构建完善的政策配套体系。例如，目标价格差额补贴政策在 1973 年首次提出，1996 年暂时取消，2002 年又再次确立；又如，2008 年法案在接着 2002 年法案基础上补充了平均作物收入补贴和补充农业灾害援助计划。日本政府在农业法律制定上一直秉持宽口径、全覆盖、全体系的理念，覆盖了农作物生产流通的各个环节，比如，政府从生产者手中购入大米（生产环节），再卖给消费者（销售环节），从生产到销售都对价格进行了管控。欧盟考虑到成员国的不同情况，对于共同农业政策不断调整改革，逐步建立起了适用于各成员国的农业政策体系。

（四）将农业风险管控机制与手段融入目标价格政策措施

农业是面临自然和市场双重风险的产业，抵御风险的能力相对较弱。发达国家政策调整的演变历程表明，将农业风险管控机制与手段融入目标价格政策能有效提高政策效果。美国在 2002 年法案中特别添加了农业保险项目，并包含了农产品的多种因素；欧盟将风险意识普及得十分广泛，从国家到个人，都具备良好的风险应急能力，这无疑为农产品目标价格政策的调整提供了最为踏实的保障；由于日本是一个易受自然灾害侵害的国家，农业保险制度的落实使农户无须承担较高灾害损失，因此，促进了农业的良好经营。

（五）将"半脱钩化"和"绿箱化"作为目标价格政策优化的主要方向

从各国政策演进的角度观察不难发现，尽管各国实行的目标价格补贴的具体政策措施与手段有差异，但基本上都是延续从"农产品市场价格支持"向"收入支持"转变的共同趋势。政策调整从直接干预市场机制（与价格挂钩）向收入补贴（与面积挂钩）的"半脱钩化"转向，从直接补贴（"黄箱"）向加大科技支撑和绿色农业发展力度（"绿箱"）的转变。美国早期对市场价格支持，例如，无追索农产品贷款，从 1996 年开始支持方式逐渐向收入直接支付转变，又如，开展的休耕补贴政策、生产灵活性支付等。对于欧盟来说，支持方式的转变期主要集中在 1992～2002 年，对部分农产品价格支持政策进行削减，并开始正式导入对生产者的收入直接支付政策；韩国最先开始采用的购销倒挂制度属于市场价格支持政策，而后针对提前退休农户、环境友好型农户实施直接支付。

二、主要教训

（一）目标价格水平设定不稳，容易导致农业生产失序，放大产业风险

目标价格水平设立不稳，可能出现耕地滥用、农产品结构性过剩等问题，容易导致农业生产失序，放大农业产业风险。例如，美国曾经以生产成本加合理利润的结果确定目标价格，并且每年根据生产成本的不同变化给予目标价格的对应改变，长期下来不仅使美国政府财政负担沉重，还导致农业结构失衡；韩国针对大米的补贴力度过大，导致了严重的财政赤字；为了缓解"二战"给欧盟带来的农产品受创，补足农产品供给量，欧盟采取三大价格体系进行补贴，然而过高的补贴水准使财政负担严重。相对于目标价格过高带来的危害，墨西哥设定偏低的目标价格没有起到应有的政策激励效应，未能实现既定政策目标。

（二）目标价格补贴制度不够清晰会给政策效果带来负面影响

发达国家目标价格补贴制度设计对于生产者和地主的界限划分不够明确，给政策效果带来一定负面影响。发达国家的生产者实际上有两种类型：一种是土地所有权自有的生产者，另一种是从地主手中租用土地的生产者，而从数量上来看，大约一半的生产者都属于第二种类型。由于补贴制度上的不严谨，导致农业补贴在不少情况下都被地主获得，实际使用土地的生产者根本得不到应有的利益保障，因此极大地损害了生产者积极性。实际上，从政策设计的初衷上来看，目标价格补贴应该补贴给实际从事农业生产的主体而非土地所有者。

（三）设定科学合理的目标价格水平是目标价格政策有效性的关键

实施目标价格改革的国际经验表明，科学合理的设定目标价格水平能兼顾政策效果和财政负担，成为目标价格改革的关键。目标价格过高会导致巨额财政负担，使政策难以为继；目标价格过低会失去政策对生产者的激励效应，使政策效

果大打折扣。因此，应该根据农产品国内外市场环境变化和政府财力，测定合理的目标价格水平，并适时进行动态调整。

三、对完善农产品目标价格补贴政策改革的启示

尽管中国与美国、日本、韩国、欧盟和墨西哥在基本国情、政策目标等方面具有较大差异，但在政策调整方向（如市场化、"绿箱化"等）、政策调整目标（如稳定农产品有效供给、保障农户增收等）、原有政策面临困境（如政府财政负担过重、扭曲市场化机制等）等方面具有很大的相似性。以上国家开展农业支持政策，尤其开展目标价格改革的历程与经验对中国完善农产品目标价格改革，乃至深化农业改革都具有重要的参考价值。

（一）坚持农产品目标价格改革的市场化方向，但拓展到粮食领域要审慎

纵观国际农业支持政策改革历程，市场化改革是大趋势。农产品目标价格改革作为完善市场机制、破解农产品"托市"政策困境的重要探索，应予以充分肯定和鼓励。尽管于2014年的棉花和大豆目标价格改革试点，在理顺市场机制、破解"托市"政策困境等方面取得了一些成效，但同时也要注意在试点过程中存在政策执行成本过高、财政负担过重、政策效果存在品种差异等问题，尤其是具体政策操作细节不完善、不及时导致农户预期不足收益不稳，给农产品的稳定供应带来了潜在风险。因此，农产品目标价格改革在拓展到其他品种，尤其是拓展到粮食领域要十分审慎，要在充分试点的基础上，不断强化政策基础支撑，完善目标价格配套政策。

（二）构建目标价格政策与其他农业支持政策相互配套的政策体系

国际经验表明，任何农业政策的出台不是孤立出现的，一项政策也很难兼顾多项政策目标。从中国目标价格试点情况来看，尽管目标价格在理顺市场机制、盘活上下游产业、稳定农产品供应方面成效显著，但在提高农户收入、弱化农业风险方面却显得效果不明显。因此，围绕农产品目标价格政策，应当在降低目标价格政策执行成本方面强化政策基础支撑，在稳步持续提高农户收入、加强农业风险管控等方面强化政策配套。

（三）根据政策环境变化和政策执行状况对目标价格政策进行动态调整

国际经验表明，任何农业政策都是在权衡国内外农业环境变化，并在革除原有农业政策弊端的前提下出台的。没有任何一项农业政策可以解决任何农业问题，也不可能长期保持不变。例如，美国平均5~6年就会根据政策环境和原有农业政策出现的问题调整其农业政策。对目标价格补贴而言，目标价格水平的确

定就需要综合考虑农业生产成本和市场价格。而农业生产成本和市场价格都是在动态变化之中，因此目标价格水平的确定也需要根据情况而动态调整。此外，综合考虑农业政策的具体环境变化，例如，在面临农业结构调整、农业生态环境恶化等情况时，目标价格政策也应该发挥其政策调节功能，适时进行动态调整。

（四）以保障农业生产者利益为核心加强直接补贴力度，并扩大保险补贴范围

国际经验表明，任何农业政策都必须将保障农户利益放在核心位置，例如，美国在法案中规定了每年（2014～2018 年）1000 亿美元的农业开销，欧盟农民的直接收入里直接补贴的比例占据了 40%。相比于欧美国家，中国农业生产者更加弱势，在财力允许的范围内，适度加大直接补贴力度有助于维护保障农户利益，增强农户生产积极性。适度扩大农业保险，提高农户抗风险能力，在保障农业保险补贴"深"度的前提下，更要注重农业保险补贴的"宽"度，发达国家的农业保险补贴覆盖面十分广泛，包含粮食作物、水果蔬菜等多达 150 余种。我国农业保险补贴在广度上与发达国家相比还有较大差距，农业保险的补贴方式和金额也有待进一步完善，从风险防范上进一步保障农业生产者的利益。

（五）尝试建立按品种分类施策的目标价格补贴体系，提高政策精准性

国际经验表明，目标价格补贴得以有效实施的一个重要前提是具有完善的基础数据支撑，构建了农业信息采集和发布平台，并在此基础上解决了农产品的标准化问题。不同农产品之间的差异（如成本、价格等）非常大，即便对于单一农产品而言，中国农产品的标准化还处于起步阶段，不同地区，甚至不同农户生产的同类农产品的质量都具有较大差异。因此，通过构建统一的目标价格补贴存在较大的现实困难。以大豆为例，不考虑大豆质量差异，均按照统一的目标价格进行补贴，补贴的"平均化"在很大程度上会挫伤高质量大豆种植者的积极性，更不利于提升我国农产品整体水准，不加以区分的种植农产品还会导致资源流失，加重投入成本负担。因此，应当尝试建立按品种分类施策的目标价格补贴政策体系，针对大宗重点农产品探索建立"一品一策"的目标价格补贴制度，提高政策精准性。此外，目标价格补贴政策还应该发挥在高质量种植方面引导作用，不应该仅仅局限于引导面积上的规模化，还要着重引导农产品质量上的优质化，减少混种现象，不同层次产品需要不同价格支持，促进农产品质量提升。

第七节　主要观点

　　梳理全球发达国家农业支持政策的演变历程，尤其关注"价补分离"农业政策市场化改革的总体脉络、制度背景、政策框架、主要内容和调整逻辑，对完善和优化目标价格改革实践具有重要参考价值。有鉴于此，本章归纳和总结了全球规模化农业大生产的典范（美国）、东亚文化圈小农经济为主要特征的代表性国家（日本和韩国）、多样化特色规模型农业的代表（欧盟）以及大地产制度农业的代表性国家（墨西哥）的目标价格改革的政策逻辑，从中总结经验教训，并提出对中国农产品目标价格改革的启示。研究总结出了五条有价值的经验：一是始终将保障农产品有效供给作为农业支持政策调整的首要目标；二是始终将保障农业生产者收入作为农业支持政策调整的重要目标；三是通过不断完善农业立法体系和强化配套政策体系构建农业产业安全网；四是将农业风险管控机制与手段融入目标价格政策措施；五是将"半脱钩化"和"绿箱化"作为目标价格政策优化的主要方向。同时，我们也梳理出了三个方面的教训：一是目标价格水平设定不稳，容易导致农业生产失序，放大产业风险；二是目标价格补贴制度不够清晰会给政策效果带来负面影响；三是设定科学合理的目标价格水平是目标价格政策有效性的关键。

　　在总结经验教训的基础上，本章提出了完善中国农产品目标价格补贴政策改革的五点启示：一是坚持农产品目标价格改革的市场化方向，但拓展到粮食领域时要审慎；二是构建目标价格政策与其他农业支持政策相互配套的政策体系；三是根据政策环境变化和政策执行状况对目标价格政策进行动态调整；四是以保障农业生产者利益为核心加强直接补贴力度，并扩大保险补贴范围；五是尝试建立按品种分类施策的目标价格补贴体系，提高政策精准性。

第十章　研究结论与政策建议

第一节　主要研究结论

一、农产品目标价格改革试点在完善市场化机制、盘活上下游产业及稳定农产品供应等方面取得了预期成效

基于文献和经验研究的结果显示，自目标价格政策实施以来，棉花和大豆的国内外价格倒挂态势得到有效缓解。完善了农产品价格的市场化机制，初步实现了市场化导向的预期政策目标。棉花、大豆产业链的下游产业成本下降明显，盘活了产业链下游产业，市场竞争力得到提升，促进了产业持续健康发展，保障了农户的生产积极性，稳定了农产品的市场供应。

基于双重差分模型的定量研究表明，目标价格改革试点基本达到了预期政策目标。大豆目标价格改革导致试点期试点地区大豆产量增长率、播种面积增长率、单产增长率和豆农人均可支配收入增长率年均分别提升了 0.18 个、0.08 个、0.04 个和 0.02 个百分点；棉花目标价格改革导致试点期试点地区棉花产量增长率、播种面积增长率、单产增长率和棉农人均可支配收入增长率年均分别提升了 0.18 个、0.13 个、0.10 个和 0.02 个百分点。

二、农产品目标价格改革试点也存在政策执行成本过高、造成其他新问题出现等问题，影响了政策效果

第一，基础数据信息系统不完善造成高昂的政策执行成本，进而造成政策目标的偏离。目前我国还没有建立起有关农户的基础数据库，使农产品目标价格补贴的政策执行成本居高不下，既影响了补贴的精准性，又降低了农户的满意度，造成政策目标的偏离。

第二，具体政策操作细节不完善、不及时导致农户预期不足收益不稳，给农产品的稳定供应带来了潜在风险。一方面，目标价格补贴依赖于市场价格的采集，由于部分地区采价点的选取随意性较大，对采价点的监管缺位，以及采价点的分布不合理，导致采集的市场价格不能反映种植的情况时有发生；另一方面，目标价格水平公布时间偏晚，指导农业生产不力，加之存在目标价格操作细节不细，补贴兑付困难等问题，导致农户预期不足，收益不稳。

第三，目标价格改革高昂的政策成本导致一系列新的难题出现，弱化了政策效果，影响了政策持续性。目标价格政策不仅会造成巨额的财政负担，还会带来高企的操作成本和政治风险。目标价格改革作为一项新政策，需要基层政府做大量的基础性工作，例如，加强政策宣传、细化实施方案、核查基础数据、完善配套政策等，这些基础性工作会造成政策监管复杂、容易滋生腐败现象、可能激化干群矛盾、涉及多方利益格局调整，政策执行面临阻力等政治风险。此外，目标价格改革还存在政策调节对象不理解导致政策目标偏离，并可能会引致新的潜在市场风险。

三、农产品目标价格改革试点的政策效果呈现出不同的持续效应和品种差异

从试点期政策效应的持续性来看，目标价格改革试点呈现出不同的年份效应。就大豆目标价格改革而言，大豆播种面积增长率和产量增长率的年份效应贯穿了整个政策试点期，大豆单产增长率和豆农人均可支配收入增长率的年份效应只在目标价格改革试点当年出现；而棉花目标价格改革对在试点期的棉花播种面积增长率、产量增长率和单产增长率都有明显提升作用，对棉农人均可支配收入增长率的提升效应只在试点当年出现。目标价格改革试点的政策效应在不同的结果维度上具有显著差异性。

从试点期政策效应的差异性来看，大豆和棉花目标价格改革试点呈现出不同的品种差异。实证结果显示，大豆目标价格改革对大豆播种面积增长率和产量增长率呈逐年弱化效应，大豆播种面积增长率从0.12%（2014年）、0.15%（2015年）下降到0.14%（2016年），大豆产量增长率从0.22%（2014年）、0.23%（2015年）下降到0.17%（2016年），尤其是改革第四年对大豆播种面积增长率、产量增长率、单产增长率和豆农人均可支配收入增长率均不再有改善效应。

而具体到棉花目标价格改革，除单产增长率、棉农人均可支配收入增长率外，棉花播种面积增长率和产量增长率的提升效应均因棉花目标价格改革持续到了样本期末。

四、粮农对目标价格政策的意愿响应较为积极，并受到行为态度、主观态度、感知行为控制等因素影响

对农产品目标价格政策粮农意愿响应的实证结果表明：首先，在目标价格政策下，选择不改变种粮意愿的农户占比相对较高，粮农对目标价格政策的意愿响应较为积极；其次，农户种粮意愿的调整是在多种因素相互作用下的复杂决策行为，农户种粮意愿的调整受到行为态度、主观态度、感知行为控制的影响，具体表现为，目标价格水平预期越低、农户对政策执行人员的评价越差、农户对目标价格政策监督机制的评价越差、农户对目标价格政策配套政策的评价越差、农户对目标价格政策补贴标准和补贴方式的评价越差，农户越可能调整种粮意愿；最后，农户种粮意愿的调整方向集中在"继续种粮，但是会减少种粮面积或减少种粮投入"和"将粮田全部或部分改种经济作物"这两个方面。农户种粮意愿调整方向受农户对目标价格政策的认识和理解、目标价格政策整体评价、目标价格标准合理性、对采集的市场价格认同度、家庭经济类型、是否接受农业技术培训以及耕地面积的影响。

五、粮农对目标价格政策需求优先序前三位依次为明确规范和制度、完善配套政策和加强政策宣传，并受户主教育程度、受访农户类型、干部经历以及家庭耕地规模等因素影响

目标价格政策粮农需求优先序及影响因素的实证结果表明：一是根据全部农户对目标价格政策的首选项及均值统计需求程度，粮农对目标价格政策需求优先序前三位依次为"明确规范和制度""完善配套政策"和"加强政策宣传"，只是先后顺序略有不同。依据首选项来看，首先农户最迫切需要的政策是"明确规范和制度"，其次为"加强政策的宣传"，最后是"完善配套政策"；依据加权均值来看，农户最迫切需要的政策也是"明确规范和制度"，其次是"完善配套政策"，最后是"加强政策的宣传"。二是聚类分析结果表明，受访农户对目标价格政策的需求中"明确规范和制度""加强政策培训"处于第一层次；受访农户对目标价格政策的需求处于第二层次的是"完善监管机制"和"完善配套政策"；处于第三层次的是"政策的宣传"，此时"政策的宣传"与"明确规范和

制度""加强政策培训"合并,三者处于同一层次;第四层次"政策的宣传"与"明确规范和制度""加强政策培训"合并之后,再次与"完善监管机制""完善配套政策"聚合。三是不同分类标准(即按照受访农户性别、年龄、受教育程度、是否合作社成员、务农年限、兼业化程度、家庭耕地面积)下,农户对目标价格政策的需求程度存在差异,且不同分类依据对目标价格政策的需求优先程度有一定影响。

影响因素方面,受访农户户主的受教育程度、受访农户工作类型、受访农户户主的干部经历以及家庭耕地面积对农户目标价格政策需求程度有显著影响,而受访农户户主的性别、受访农户家庭经济类型、受访农户是否合作社成员以及受访农户是否参加培训对农户目标价格政策需求程度没有显著影响。

六、政策模拟结果表明,粮农对于目标价格政策变化的响应是积极的,但是政策刺激效应逐步弱化

基于湖北和江西两个粮食主产区的粮农田野调查数据,并运用实证数学规划模型(PMP)模拟了不同目标价格补贴情景下的农户响应。研究结果主要有以下三个方面:一是粮农对于目标价格政策变化的响应是积极的,即提高目标价格补贴水平对提高农户的水稻种植面积、单位面积产量和总产量都有积极作用,也能促进粮农增收;二是相较于对目标价格补贴标准提高的响应,粮农对目标价格补贴标准降低更为敏感,实行目标价格补贴政策对水稻增量增产是有积极作用的,但如果补贴标准下降,水稻减产更为严重;三是通过不断提升目标价格补贴力度对粮农的刺激效应逐步下降,模拟结果显示补贴标准提高的幅度高于农户种植纯收入的增加幅度,如果通过不断提高补贴水平刺激粮农种粮积极性,则会导致财政压力不断增加,政策效果不断弱化。

七、国际农产品目标价格改革经验教训对优化和完善中国农产品目标价格改革有重要参考价值

通过梳理、归纳和总结全球规模化农业大生产的典范(美国)、东亚文化圈小农经济为主要特征的代表性国家(日本和韩国)、多样化特色规模型农业的代表(欧盟)以及大地产制度农业的代表性国家(墨西哥)的目标价格改革的总体脉络、制度背景、政策框架、主要内容和调整逻辑,我们总结出了五条有价值的经验:一是始终将保障农产品有效供给作为农业支持政策调整的首要目标;二是始终将保障农业生产者收入作为农业支持政策调整的重要目标;三是通过不断

完善农业立法体系和强化配套政策体系构建农业产业安全网；四是将农业风险管控机制与手段融入目标价格政策措施；五是将"半脱钩化"和"绿箱化"作为目标价格政策优化的主要方向。同时，我们也梳理出了三个方面的教训：首先，目标价格水平设定不稳，容易导致农业生产失序，放大产业风险；其次，目标价格补贴制度不够清晰会给政策效果带来负面影响；最后，设定科学合理的目标价格水平是目标价格政策有效性的关键。

在总结经验教训的基础上，我们进而提出了完善中国农产品目标价格补贴政策改革的五点启示：一是坚持农产品目标价格改革的市场化方向，但拓展到粮食领域要审慎；二是构建目标价格政策与其他农业支持政策相互配套的政策体系；三是根据政策环境变化和政策执行状况对目标价格政策进行动态调整；四是以保障农业生产者利益为核心加强直接补贴力度，并扩大保险补贴范围；五是尝试建立按品种分类施策的目标价格补贴体系，提高政策精准性。

第二节　完善农产品目标价格改革的对策建议

一、坚持农产品目标价格改革的市场化方向，但拓展到粮食领域要审慎

自中华人民共和国成立以来，中国农产品的价格支持政策是随着农产品购销体制的调整而调整的，大致经历了政府指令定价与市场价短暂并存、政府指令定价、"价格双轨制"、政策性"托底价"、目标价格试点等几个阶段的演变过程。从政策调整的逻辑来看，中国农产品价格支持政策沿着政府严格管控到市场化尝试，再到政府有限干预的市场化定价的政策逻辑演进。1998 年之后的政策重心开始转向对农业生产者的保护和农产品有效供给，无论是保护价政策、最低收购价政策、临时收储政策的出台，还是目标价格改革都强化了对农业生产者的支持力度，充分体现了农产品价格支持政策的"托市支持"特点。

然而，随着国内外市场环境的变化，以"托市"为主要特征的价格支持政策弊端逐渐显现，突出的表现为扭曲农产品市场价格，国际国内农产品市场价格倒挂，农产品进口量、生产量、库存量"三量"齐增，农产品加工企业成本剧增，给农产品收储企业带来了巨大的收储压力，国家财政补贴不堪重负，影响农业资源优化配置和统筹利用国际国内两个市场等，"托市"政策越来越难以为

继。在此背景，强化"绿箱"政策补贴导向，探索以"价补分离"为特征的农产品市场化支持政策显得迫在眉睫。从政策演进脉络来看，随着政策环境变化，农产品价格支持政策也需要不断调整，提升政策效率和效果。

二、需要进一步明确政策目标，提高政策目标的集中度

按照农产品支持政策改革方向的设定，农产品目标价格政策的主要目标是以构建市场化的农产品市场制度、帮助农业生产者抵御市场风险为主，而应该淡化农户增收、农产品增产等其他一些政策目标。同时，也需要构建起其他配套政策保障农户增收、农产品增产。

尽快建立农户收入补贴制度，在世界贸易组织（WTO）框架下设计可以规避"黄箱补贴"的农户收入补贴制度，探索将农户收入补贴制度和农户责任挂钩，按照"多种多补，少种少补，不种不补"的原则，按照种植面积和农产品产量对农户开展收入补贴。

积极利用金融手段，探索建立"期货＋保险"的风险分摊制度。主要做法是：农户向保险公司购买农产品价格保险，当期货市场平均价格低于保险价格时，保险公司将差价赔付给农户；期货公司则根据投保价格在期货市场上按照投保数目建立空单，价格下跌就能获取相应收益，这部分收益交由保险公司作为给农户的赔付款。在这种制度下，农户并不需要懂得专业的期货知识，保险公司的风险在期货市场上获得了平抑，期货市场投资者分担了农产品价格下行的风险。在这种情况下，政府可以将有限的财政资金补贴在价格保险的保费上，从而大幅提高了财政补贴资金的杠杆作用。

三、建立和完善目标价格政策实施的配套组织机构和操作规程

目前各级政府没有专门的组织机构来负责这一重大政策的实施，试点地区该项政策是由政府部门牵头，发改委、农业厅、财政厅等机构联合推行，在政策实施过程中干扰了基层党政机构的正常工作，导致该项政策调节对象和操作主体的满意度降低。随着政策的逐步实施和展开，建议可以整合原农业支持政策的机构资源，设立专门的组织机构，并建立常态化、规范化的操作规程，提高政策的实施效果。

建议按照"功能集中"的原则整合涉农补贴的各类机构，整合成功能集中的专门化机构，全面负责辖区目标价格补贴的工作，包括政策制度的细化、规范和调整，配套政策的提出、协调与推进，基础数据体系的搜集、建立与使用，目

标价格水平的测算、规范与认定，政策调节对象满意度调查与改善，价格补贴具体发放方式和发放途径的监控，对政策执行过程进行监管、反馈和评价，以及涉及农产品目标价格改革的其他一些问题等。

四、进一步细化和完善政策的执行与操作

调整目标价格水平计算公式。现有的目标价格的确立是遵循"生产成本 + 基本收益"的总体思路。在基础数据还未建立的情况下，生产成本和基本收益的确立面临较大的困难。不同品种的成本收益不同，同一品种不同地区的成本收益也不同，加之生产成本和基本收益很难获取令人信服的数据，使现有目标价格的测算公式存在诸多问题。鉴于农产品目标价格政策的市场化导向目标，农产品目标价格水平应该跳出"成本 + 收益"的思路，建议根据农产品长期市场价格趋势来确定。

市场价格应扣除流通成本。当前的市场价格采集依据的是厂库的收购价格，并未扣除流通成本。事实上，中国农业生产者承担着一定的现实流通费用。建议采集市场价格时，应该适当扣除一定的流通费用，费用多少可以根据当地汽柴油价格和运输状况来测算。

提前公布目标价格水平。建议在下一个农作物生产周期开始之前公布目标价格水平，可以考虑根据不同农产品的市场波动情况将一年一定调整为 2 ~ 3 年一定。这样不仅可以稳定生产者预期，也有助于降低决策成本。

尽快兑付补贴资金，逐步体现"优质多补"导向。建议在本季农产品售卖完成后，尽快兑付补贴资金，以便生产者及时开展农业生产。在补贴导向上，体现"优质多补"导向，引导生产者开展优质农产品的生产。

五、构建和完善一系列相应的配套措施

农产品目标价格政策需要其他一些配套政策的辅助和配合才能达到预期的政策目标。根据当前试点情况，亟须建立的配套政策主要有六个方面：

第一，建立完善的市场信息发布制度，特别是加快建立和完善农产品现货和期货市场的市场信息发布体系，为准确、真实的市场信息的采集提供保障。加快建立全国统一的权威农业市场信息发布平台，及时发布种植信息、市场信息、供需信息以及相应的预测信息，加快建立和完善农产品现货和期货市场的市场信息发布体系，完善市场化信息机制，弱化生产者的市场信息不对称，为农业生产者的生产决策提供参照，也为目标价格政策的市场信息采集提供科学依据。

第二，建立基层农户种植信息体系，建立全国大农业的种植权威信息系统和不同农产品的种植信息体系，定期不定期监测种植面积变化，为补贴测算依据提供有效支撑。以《数字农业建设试点总体方案（2017—2020年）》为契机，建立包含种植面积、土地流转、生产成本、种植结构、单位产量等基层农户种植数据库系统，为目标价格的测算提供依据，也可以减轻目标价格政策各环节的负担，从而降低政策执行成本。

第三，建立农户种植的经济核算系统，特别是建立农户生产成本数据系统和收益数据系统，为目标价格的测算提供科学依据。在市场信息发布体系和基层农户种植信息体系建设的基础上，进一步探索建立分地区、分品种的农户生产成本数据系统和收益数据系统，建立标准化、可追踪的农户数据采集样本，监测生产者生产成本和收入变化情况，进一步提升目标价格测算的科学性。

第四，建立健全统计调查系统和监测系统，引进互联网技术、卫星监测信息技术、生产者信用信息等，降低政策的操作风险。充分利用全国农村固定观察点探索建立覆盖全品种的统计调查系统，为目标价格补贴提供基础数据。利用现代信息技术（如互联网技术、卫星监测信息技术等）加强对农业生产监测，建立和完善农业生产检测系统和生产者信用系统，降低政策操作风险。

第五，尝试建立大类品种定额补贴制度，逐步调整以具体品种种植面积和产量为补贴标准的直接干预农业生产的补贴取向，加强对农产品大类的定额补贴。例如，补贴对象为粮食大类，那么任何粮食种类的种植者都可获得补贴，而不局限于特定的粮食种类，这样有助于降低农户市场风险和完善农业种植结构。

第六，尽快完善市场应急"托底"预案，重点探索建立专项补贴资金和目标价格保险巨灾风险保障体系等。"价补分离"的目标价格政策会使农业生产者的市场风险放大，在一定程度上会影响生产者对预期收益的预判，需要从政策上为生产者提供有效的风险应急"托底"保障。重点探索建立专项补贴资金，主要用于应急补贴重大自然灾害和剧烈市场波动所引致的市场风险，以稳定生产者预期。加大财政补贴目标价格保险巨灾风险的力度，针对重点农产品提高补贴覆盖面，提高财政补贴资金的杠杆作用和利用效率。

六、探索建立因品种分类施策的目标价格政策体系

目标价格补贴需要考虑不同种类农产品的特性，如农产品品种、农产品种植区域、农产品生产数量、农产品重要程度等。不同农产品之间的差异（如成本、价格等）非常大，不适合采用统一的补贴政策体系开展补贴。事实上，由于中国

农产品的标准化还处于起步阶段，不同地区，甚至不同农户生产的同类农产品的质量都具有更大差异，即便对于单一农产品种类而言，也需要按照不同农产品的质量差异开展差异化补贴。因此，通过构建统一的目标价格补贴存在较大的现实困难。有鉴于此，应当尝试建立按品种分类施策的目标价格补贴政策体系，针对大宗重点农产品探索建立"一品一策"的目标价格补贴制度，提高政策精准性。此外，目标价格补贴政策还应该发挥在高质量种植方面引导作用，不应该仅仅局限于引导面积上的规模化，还要着重引导农产品质量上的优质化，减少混种现象，不同层次产品需要不同价格支持，促进农产品质量提升。

七、通过广泛宣教和培训来降低政策执行成本

作为一项新的政策，需要进行广泛而深入的宣传、学习和培训，让政策各主体强化对政策的认知和认同，从而降低政策转换成本。从目标价格改革试点情况来看，造成政策执行成本过高、效果弱化的重要原因是政策执行者和政策作用对象的理解不透。建议从以下三个方面开展目标价格政策的宣传、学习和培训：一是从宣传、学习和培训对象上，加强对政策执行主体（主要是各级政府部门）的知识宣讲，将目标价格政策的背景、主要内容、具体操作、潜在困难和难点等知识讲透，真正做到入脑、入心、入行；同时也要深入做好农户的政策宣讲，尤其是涉及农户核心利益的内容，涉及农户不理解的方面要反复做好宣传解释工作，争取最大限度地获得农户认同和理解。二是从宣传、学习和培训方式上，针对政策执行主体的宣传可以综合采取专题知识讲座、定期政策培训、成功经验交流、现场观摩教学等多种方式开展宣传、学习和培训，力争让每一位政策执行人都能全方位掌握和理解目标价格政策的相关知识；针对农户要重点做好宣教和培训，尤其是采用农户喜闻乐见的方式（如能人或乡贤宣讲、文化下乡等）开展目标价格政策的宣传和普及。三是从宣传、学习和培训平台上，利用各类新型经营主体（如农民专业合作社、农村专业技术协会、农业龙头企业等）开展宣教和培训；充分利用新时代文明实践中心（站、所）开展政策宣教，充分发挥榜样的示范带动效应，让基层农业生产者理解和接受新政策，降低政策执行成本。

参考文献

［1］Ajzen I.. The Theory of Planned Behavior. Organizational Behavior and Human Decision Processes ［J］. Journal of Leisure Research, 1991 (50): 176 –211.

［2］Becker, G. S.. A Theory of the Allocation of Time ［J］. The Economic Journal, 1965, 75 (299), 493 –517.

［3］C. R. Doss, A. R. Quisumbing. Understanding Rural Household Behavior: Beyond Boserup and Becker ［J］. Agricultural Economics, 2019 (2): 1 –12.

［4］He G., Wang S.. Do College Graduates Serving as Village Officials Help Rural China? ［J］. American Economic Journal: Applied Economics, 2017, 9 (4): 186 –215.

［5］Howitt R. E.. Positive Mathematical Programming ［J］. American Journal of Agricultural Economics, 1995, 77 (2): 329 – 342.

［6］Jacobson, Louis S., Robert J.. LaLonde, and Daniel G. Sullivan. Earnings Losses of Displaced Workers ［J］. American Economic Review, 1993, 83 (4): 685 –709.

［7］Jesús Antón, MouëL. C. L. Do counter – cyclical payments in the 2002 US Farm Act create incentives to produce? ［J］. 2004, 31 (2 –3): 277 –284.

［8］Kang H. J., Kim J. H.. Impact of Direct Income Payments on Productive Efficiency of Korean Rice Farms ［J］. Journal of Rural Development/Nongchon – Gyeongje, 2008, 31 (2): 1 –22.

［9］Kim, Jaehyung, The Effect of Direct Payments to Rice Farming Households in Korea. MPA/MPP Capstone Projects. 2014, 13. https: //uknowledge. uky. edu/mpampp_ etds/13.

［10］Kimura, S., S. Gay and W. Yu., China' s Grains Policy: Impacts of Alternative Reform Options ［J］. OECD Food, Agriculture and Fisheries Papers, 2019 (129): 1 - 24.

［11］ K. O. Olagunju, M. Patton, S. Feng. Modelling the Impact of Decoupled Payments on Farm Production. Paper presentation at the 93rd Annual Conference of the Agricultural Economics Society, University of Warwick, United Kingdom, 15 - 17 April, 2019. https: //ageconsearch. umn. edu/record/289665/.

［12］ Li P. , Lu Y. , Wang J. . Does Flattening Government Improve Economic Performance? Evidence from China ［J］. Journal of Development Economics, 2016, 123 (6): 18 - 37.

［13］ L. Júdez, Miguel J. M. D. , Mas J. et al. Modeling Crop Regional Production Using Positive Mathematical Programming ［J］. Mathematical & Computer Modelling, 2001, 35 (1 - 2): 77 - 86.

［14］ Marten G. . Lost in space? The effect of direct payments on land rental prices ［J］. European Review of Agricultural Economics, 2018, 45 (2): 143 - 171.

［15］ M. Espinosa, K. Louhichi, A. Perni et al. EU - Wide Impacts of the 2013 CAP Direct Payments Reform: A Farm - Level Analysis ［J］. Applied Economic Perspectives and Policy, 2019, 16 October, https: //doi. org/10. 1093/aepp/ppz021.

［16］ Sakong Y. . Measuring the Degree of Decoupling of Direct Payment Program - An Evaluation of Simulations Considering the Different Production Costs Among Farms ［J］. Korean Journal of Agricultural Economics, 2007 (48): 1 - 22.

［17］ S. S. Lim. Decoupled Payments and Agricultural Policy Reform in Korea. Paper Presented at the American Agricultural Economics Association Annual Meeting, Portland, 2007, July 29 - August 1. https: //ageconsearch. umn. edu/record/9755/.

［18］ T. Hashiguchi. Current Status of Agriculture and Rural Areas in Japan and Prospect of New Policy Framework: Comparison of the Direct Payment System in Japan and Europe. Paper Presesented at 2014 International Congress Ljubljana, Slovenia. https: //ageconsearch. umn. edu/record/182913/.

［19］ T. Takayama, N. Hashizume, T. Nakatani. Impact of direct payments on agricultural land use in less - favoured areas: evidence from Japan ［J］. European Review of Agricultural Economics, 2019, 28 March, https: //doi. org/10. 1093/erae/jbz008.

［20］ Weber J. G. , Key N. . How much Do Decoupled Payments Affect Production? An Instrumental Variable Approach with Panel Data ［J］. American Journal of Agricultural Economics，2012，94（1）：52 – 66.

［21］Y. Godo. Evaluation of Japanese Agricultural Policy Reforms Under the WTO Agreement on Agriculture. Paper presented at the 2012 Conference，2012，18 – 24，Foz do Iguacu，Brazil. https：//ideas. repec. org/p/ags/iaae12/125101. html.

［22］Zulauf C.，Orden D.. The US Agricultural Act of 2014：Overview and Analysis ［J］. IFPRI Discussion Papers 1393，International Food Policy Research Institute（IFPRI），2014. https：//ideas. repec. org/p/fpr/ifprid/1393. html.

［23］［俄］A. 恰亚诺夫. 农民经济组织 ［M］. 萧正洪译. 北京：中央编译出版社，1996.

［24］［美］威廉·N. 邓恩. 公共政策分析导论（第四版）［M］. 谢明，伏燕，朱雪宁译. 北京：中国人民大学出版社，2011.

［25］［美］西奥多·W. 舒尔茨. 改造传统农业 ［M］. 梁小民译. 北京：商务印书馆，1987.

［26］［英］弗兰克·艾利思. 农民经济学——农民家庭农业和农业发展 ［M］. 胡景北译. 上海：格致出版社，2019.

［27］毕玉琦，张立中. 国际农产品价格调控相关政策及经验借鉴 ［J］. 江苏农业科学，2018，46（18）：351 – 357.

［28］蔡海龙，马英辉. 大豆目标价格政策缘何在中国走不通？——基于EDM 的福利效应分析 ［J］. 南京农业大学学报（社会科学版），2018，18（6）：137 – 145 + 161 – 162.

［29］蔡海龙，马英辉. 大豆目标目标价格政策的经济效应分析 ［M］. 北京：中国农业出版社，2018.

［30］岑剑. 美国农产品目标价格支持政策及启示 ［J］. 世界农业，2014（9）：88 – 92.

［31］陈菲菲，石李陪，刘乐. 大豆目标价格补贴政策效果评析 ［J］. 中国物价，2016（8）：63 – 66.

［32］陈和午. 农户模型的发展与应用：文献综述 ［J］. 农业技术经济，2004（3）：2 – 10.

［33］陈林，伍海军. 国内双重差分法的研究现状与潜在问题 ［J］. 数量经济技术经济研究，2015，32（7）：133 – 148.

［34］陈颂东. 欧美农产品价格支持政策的演变与启示 ［J］. 西部论坛，

2016，26（6）：44 - 49.

[35] 程国强. 为什么要探索建立农产品目标价格制度 [J]. 农经，2014
（4）：10.

[36] 程国强. 我国粮价政策改革的逻辑与思路 [J]. 农业经济问题，2016
（2）：4 - 9.

[37] 杜辉. 论农产品价格支持新政及其对农业国际竞争力的影响 [J]. 江
西财经大学学报，2019（4）：91 - 100.

[38] 段文婷，江光荣. 计划行为理论述评 [J]. 心理科学进展，2008
（2）：315 - 320.

[39] 樊琦，祁华清，李霜. 粮食目标价格制度改革研究——以东北三省一
区大豆试点为例 [J]. 宏观经济研究，2016（9）：20 - 30.

[40] 方燕，李磊. 我国大豆目标价格政策实行效果的研究评价——基于大
豆价格波动差异性的实证研究 [J]. 价格理论与实践，2016（12）：49 - 51.

[41] 冯海发. 对建立我国粮食目标价格制度的思考 [J]. 农业经济问题，
2014（8）：4 - 6.

[42] 冯晓波，屈校民. 关于制定粮食目标价格问题的研究 [J]. 价格理论
与实践，2012（5）：22 - 25.

[43] 高良谋，高静美. 企业购并失败的元分析 [J]. 经济管理，2009
（1）：173 - 179.

[44] 郜亮亮，杜志雄. 棉花目标价格改革对国内棉花市场影响的实证分析
[J]. 改革，2018（7）：137 - 147.

[45] 国务院新闻办公室.《中国的粮食安全》白皮书 [R]. 2019 - 10 -
14. http：//www. scio. gov. cn/ztk/dtzt/39912/41906/index. htm.

[46] 韩冰，李思经. 日本农产品目标价格政策的操作方式及对我国的启示
[J]. 中国食物与营养，2017，23（7）：51 - 54.

[47] 韩冰，严婷婷，李思经. 棉花目标价格政策对新疆种植业生产和收益
的影响——基于 PMP 模型的模拟研究 [J]. 中国棉花，2017，44（6）：1 - 6 + 11.

[48] 何登录. 关于建立和完善我国农产品目标价格的几点思考 [J]. 价格
理论与实践，2015（5）：48 - 50.

[49] 贺超飞，于冷，姜兴赫. 实施目标价格改革对棉花播种面积影响研
究——基于县级面板数据及双重差分方法的分析 [J]. 价格理论与实践，2018
（10）：61 - 64.

［50］贺超飞，于冷．临时收储政策改为目标价格制度促进大豆扩种了么？——基于双重差分方法的分析［J］．中国农村经济，2018（9）：29 - 46.

［51］胡迪，刘婷，薛平平，虞松波．我国粮食目标价格补贴政策的作用机制分析［J］．江苏社会科学，2019（4）：107 - 113.

［52］胡迪，杨向阳，王舒娟．大豆目标价格补贴政策对农户生产行为的影响［J］．农业技术经济，2019（3）：16 - 24.

［53］胡新艳，陈小知，米运生．农地整合确权政策对农业规模经营发展的影响评估——来自准自然实验的证据［J］．中国农村经济，2018（12）：83 - 102.

［54］胡宜挺，叶红敏．家庭农场扶持政策需求优先序及影响因素分析——基于新疆的调查［J］．农业现代化研究，2016，37（4）：733 - 739.

［55］湖北日报评论员．湖北省粮食行业发展成就喜人——"吃湖北粮、品荆楚味"深入人心［N］．湖北日报，2019 - 11 - 28 第七版．

［56］黄季焜，王丹，胡继亮．对实施农产品目标价格政策的思考——基于新疆棉花目标价格改革试点的分析［J］．中国农村经济，2015（5）：10 - 18.

［57］黄宗智．明清以来的乡村社会经济变迁：历史、理论与现实［M］．北京：法律出版社，2014.

［58］纪媛．我国玉米临时收储政策实施效果评价研究［D］．中国农业科学院硕士学位论文，2018.

［59］姜天龙，郭庆海．玉米目标价格改革：难点及其路径选择［J］．农村经济，2017（6）：19 - 27.

［60］蒋黎．完善农产品目标价格改革的思考与建议［J］．价格理论与实践，2016（2）：73 - 76.

［61］金雪．不同经营规模农户玉米生产关键技术选择行为研究［D］．沈阳农业大学博士学位论文，2019.

［62］鞠光伟，王慧敏，陈艳丽，高雷，陈印军．我国生猪目标价格保险实践的效果评价及可行性研究——以北京、四川、山东为例［J］．农业技术经济，2016（5）：102 - 109.

［63］李光泗，郑毓盛．粮食价格调控、制度成本与社会福利变化——基于两种价格政策的分析［J］．农业经济问题，2014（8）：6 - 15 + 110.

［64］李国祥．农产品目标价格制度利国利民［J］．时事报告，2014（8）：19.

［65］李靖．欧盟农产品价格支持政策经验与启示［J］．河南农业，2016

（15）：52 - 54.

［66］李哲敏，钟永玲，李娴，李燕妮，翟雪玲，陈威，王东杰．目标价格改革试点对棉花市场的影响分析［J］．中国农业资源与区划，2017，38（10）：87 - 91.

［67］李志隆，屈校民．关于实行玉米目标价格政策的探讨［J］．价格理论与实践，2010（4）：36 - 39.

［68］廖进球，黄青青．价格支持政策与粮食可持续发展能力：基于玉米临时收储政策的自然实验［J］．改革，2019（4）：115 - 125.

［69］刘慧，秦富，陈秧分，朱宁．大豆目标价格改革试点进展情况的个案研究［J］．经济纵横，2016（2）：73 - 77.

［70］刘慧，赵一夫．农产品价格调控的国际借鉴及启示［J］．经济纵横，2014（7）：105 - 108.

［71］刘慧．农产品目标价格改革试点进展情况研究［M］．北京：中国农业出版社，2015：139.

［72］刘明星，杨树果，李晗维．黑龙江省大豆目标价格政策实施效果评价［J］．黑龙江农业科学，2018（1）：137 - 140.

［73］刘武兵，李婷．目标价格：欧盟经验与中国的市场调控［J］．世界农业，2017（9）：11 - 14 + 44.

［74］刘武兵．欧盟共同农业政策研究［M］．北京：中国农业科学技术出版社，2016.

［75］刘晓雪，王新超，高睿雯．美国食糖产业目标价格政策及其对中国的启示——基于 2014 年美国农业法案的视角［J］．世界农业，2014（12）：64 - 68.

［76］刘宇，周梅芳，郑明波．财政成本视角下的棉花目标价格改革影响分析——基于 CGE 模型的测算［J］．中国农村经济，2016（10）：70 - 81.

［77］柳苏芸，韩一军，李雪．中国农产品目标价格补贴政策效应分析——以大豆和棉花为例［J］．湖南农业大学学报（社会科学版），2015（5）：34 - 39.

［78］柳苏芸．我国大豆目标价格补贴政策及其效果研究［D］．中国农业大学博士学位论文，2017.

［79］龙保勇．对开展农产品目标价格保险的思考［J］．中国保险，2017（6）：55 - 59.

［80］卢冰冰，陈玉兰，赵向豪．目标价格改革对新疆棉农收入的影响机理及实证研究——基于南疆四地州 370 个样本农户的实地调查［J］．中国农业资源与区划，2018，39（5）：120－127．

［81］卢凌宵，刘慧，秦富，赵一夫．我国农产品目标价格补贴试点研究［J］．农业经济问题，2015（7）：46－51＋111．

［82］卢凌宵，刘慧．推进棉花目标价格改革研究——基于新疆棉花目标价格改革试点进展情况的分析［J］．价格理论与实践，2015（1）：21－23．

［83］马良灿．理性小农抑或生存小农——实体小农学派农学派的批判与反思［J］．社会科学战线，2014（4）：165－172．

［84］马晓春．中国与主要发达国家农业支持政策比较研究［D］．中国农业科学院博士学位论文，2010．

［85］马英辉．中国大豆目标价格政策的经济效应分析［D］．中国农业大学博士学位论文，2018．

［86］毛频．我国农产品目标价格改革的墨西哥经验借鉴［J］．经济问题探索，2015（12）：159－168．

［87］梅星星，冯中朝，王璐，郑炎成．油菜籽目标价格制度的机制设计、效应估判及细节观察［J］．农业现代化研究，2015（2）：237－244．

［88］梅星星，冯中朝．我国油菜籽目标价格制度的设计及对策分析［J］．价格理论与实践，2014（12）：35－37．

［89］牟杰，杨诚虎．公共政策评估理论与方法［M］．北京：中国社会科学出版社，2006．

［90］倪洪兴．中国农业支持政策研究［R］．ICSTD 农业贸易及可持续发展项目，第 47 号刊物；瑞士日内瓦国际贸易和可持续发展中心，2013，www. ictsd. org.

［91］聂瑞芳．美国农产品目标价格支持政策及其对我国的借鉴［J］．价格月刊，2016（9）：47－50.．

［92］农业部国际合作司．美国农业法汇编（上、下）［M］．北京：中国农业出版社，2014．

［93］农业部农村经济研究中心．美国 2014 年农业法案的市场化改革趋势及其对我国的启示［R］．中华人民共和国农业部市场与经济信息司. http：//www. moa. gov. cn/sjzz/scs/dongtai/201404/t20140404_ 3841444. htm.

［94］彭超．美国农业目标价格补贴：操作方式及其对中国的借鉴［J］．世

界农业，2013（11）：68 –73.

［95］齐皓天，徐雪高，王兴华．美国农产品目标价格补贴政策演化路径分析［J］．中国农村经济，2016（10）：82 –93.

［96］齐皓天．WTO 规则视角下美国农业国内支持的合规性研究［D］．华中农业大学博士学位论文，2017.

［97］秦中春．引入农产品目标价格制度的理论、方法与政策选择［M］．北京：中国发展出版社，2015.

［98］阮荣平，刘爽，郑风田．新一轮收储制度改革导致玉米减产了吗：基于 DID 模型的分析［J］．中国农村经济，2020（1）：86 –107.

［99］孙晓明．农产品目标价格补贴保精准性［J］．中国粮食经济，2014（11）：19.

［100］谭砚文，马国群，岳瑞雪．国外农产品最低支持价格政策演进及其对中国的启示［J］．农业经济问题，2019（7）：123 –133.

［101］田聪颖，肖海峰．目标价格补贴与生产者补贴的比较：对我国大豆直补方式选择的思考［J］．农业经济问题，2018（12）：107 –117.

［102］田聪颖，肖海峰．农产品目标价格补贴政策的国际比较与启示［J］．经济纵横，2016（1）：123 –128.

［103］田聪颖．我国大豆目标价格补贴政策评估研究［D］．中国农业大学博士学位论文，2018.

［104］汪希成，秦彦腾．农产品目标价格补贴制度研究的理论困境——基于农产品目标价格补贴制度研究进展［J］．农村经济，2016（2）：14 –19.

［105］王火根，饶盼．农户应用能源技术扶持政策需求优先序分析［J］．资源科学，2016，38（3）：428 –438.

［106］王力，陈前，陈兵．棉花目标价格补贴政策与农户种植行为选择——基于新疆棉区的调研［J］．价格月刊，2017（11）：29 –34.

［107］王力，董小菁．"目标价格补贴"政策对棉农种植意愿的影响及政策优化建议——基于 2013 年、2015 年调查问卷的对比分析［J］．江苏农业科学，2016（1）：430 –434.

［108］王力，何韶华．新疆棉花目标价格政策实施效果研究［J］．价格理论与实践，2018（8）：147 –150.

［109］王力，温雅．新疆棉花目标价格补贴政策的实施效果与对策分析［J］．价格月刊，2015（9）：37 –41.

[110] 王利荣，赵永南，李明．棉花目标价格补贴对经营主体种植决策影响研究——以江苏省南通市为例 [J]．价格理论与实践，2015（10）：47-49.

[111] 王瑞梅，张旭吟，张希玲，吴天真．农户固体废弃物排放行为影响因素研究——基于山东省农户调查的实证 [J]．中国农业大学学报（社会科学版），2015，32（1）：90-98.

[112] 王士春，肖小勇，李崇光．加快稻谷收购市场化改革的思考 [J]．农业经济问题，2019（7）：19-28.

[113] 王双进．我国实施粮食目标价格制度探究 [J]．价格理论与实践，2014（8）：14-16.

[114] 王文涛，张秋龙．大豆目标价格补贴政策效应的理论分析及整体性框架建议 [J]．湖南师范大学社会科学学报，2016（2）：126-134.

[115] 王文涛、张秋龙、聂挺．大豆目标价格补贴试点政策评价及完善措施 [J]．价格理论与实践，2015（7）：28-30.

[116] 王文涛．粮食目标价格和反周期补贴政策研究——基于市场化国际化背景下的分析 [J]．价格理论与实践，2011（12）：35-36.

[117] 王彦发，马琼．兵团棉花目标价格补贴政策实施情况调查研究——基于第一师的问卷调查 [J]．中国农业资源与区划，2019：40（10）：122-128.

[118] 王裕雄，肖海峰．实证数学规划模型在农业政策分析中的应用——兼与计量经济学模型的比较 [J]．农业技术经济，2012（7）：15-21.

[119] 吴连翠．基于农户生产行为视角的粮食补贴政策绩效研究——以安徽省为例 [D]．浙江大学博士学位论文，2011.

[120] 伍世安，刘萍，付兴．论中国粮食目标价格的目标及测算：以玉米为例 [J]．江西财经大学学报，2012（1）：18-27.

[121] 习近平．把乡村振兴战略作为新时代"三农"工作总抓手 [J]．求是，2019（11）：4-10.

[122] 谢学平，宁素琴，许安群．建立农产品目标价格制的必要性研究——以广西为例 [J]．改革与战略，2015（3）：81-84.

[123] 徐建玲，储怡菲，胡晓明．目标价格政策提升了大豆期货市场功能吗？——基于双重差分方法的研究 [A]//中华外国经济学说研究会发展经济学研究分会．中国经济发展：改革开放40年与新时代——第十二届中华发展经济学年会会议论文摘要集 [C]．中华外国经济学说研究会发展经济学研究分会：中华外国经济学说研究会发展经济学研究分会，2018.

［124］徐建玲，钱馨蕾．目标价格政策对国内大豆期货市场的影响［J］．华南农业大学学报（社会科学版），2017（5）：74－85．

［125］徐田华．农产品价格形成机制改革的难点与对策［J］．农业经济问题，2018（7）：70－77．

［126］徐雪高，沈贵银，翟雪玲．我国大豆目标价格补贴研究［J］．价格理论与实践，2013（3）：34－35．

［127］徐雪高，吴比，张振．大豆目标价格补贴的政策演进与效果评价［J］．经济纵横，2016（10）：81－87．

［128］阎豫桂．实施农产品目标价格政策的国际经验及对我国的启示［J］．价格理论与实践，2014（9）：54－55．

［129］姚明烨．我国棉花目标价格政策研究［J］．价格理论与实践，2015（11）：17－19＋131．

［130］姚升，张宁．美国农产品目标价格补贴政策的演变［J］．世界农业，2016（12）：126－128＋163．

［131］叶兴庆，伍振军，周群力．日本提高农业竞争力的做法及启示［J］．世界农业，2017（9）：4－10．

［132］殷志扬，程培堽，王艳，袁小慧．计划行为理论视角下农户土地流转意愿分析——基于江苏省3市15村303户的调查数据［J］．湖南农业大学学报（社会科学版），2012，13（3）：1－7．

［133］殷志扬，朱珠．异质性感知收益对消费者网购生鲜农产品行为的影响——基于苏州地区550份调查问卷的分析［J］．江苏农业科学，2018，46（21）：384－389．

［134］游凤，黎东升．实行粮食目标价格制度的难点与对策分析［J］．广东农业科学，2014（18）：172－175．

［135］詹琳，蒋和平．粮食目标价格制度改革的困局与突破［J］．农业经济问题，2015（2）：14－20＋110．

［136］张国建，佟孟华，李慧，陈飞．扶贫改革试验区的经济增长效应及政策有效性评估［J］．中国工业经济，2019（8）：136－154．

［137］张杰，杜珉．新疆棉花目标价格补贴实施效果调查研究［J］．农业经济问题，2016（2）：9－16＋110．

［138］张林，温涛．农产品目标价格保险试点经验、问题及对策——基于3个试点地区的调查［J］．经济纵横，2019（7）：74－82．

[139] 张千友. 粮食目标价格：内涵、障碍与突破 [J]. 价格理论与实践, 2011 (3)：21 - 22.

[140] 赵和楠, 侯石安. 新中国 70 年粮食安全财政保障政策变迁与取向观察 [J]. 改革, 2019 (11)：15 - 24.

[141] 赵将, 张蕙杰, 黄建, 段志煌. 美国粮食供给调控与库存管理的政策措施——美国农业法制定过程的经验 [J]. 农业经济问题, 2017, 38 (8)：95 - 102 + 112.

[142] 赵新民, 张杰. 新疆棉花目标价格政策实施现状调查与建议 [J]. 新疆农垦经济, 2015 (11)：84 - 86.

[143] 赵鑫, 李东丽, 苗红萍, 麦吾兰江·买买提. 棉花目标价格制度对南疆棉农生产行为影响研究——基于 TPB 和 SEM 的实证分析 [J]. 中国农业资源与区划, 2018, 39 (4)：138 - 144.

[144] 郑鹏, 熊玮. 农产品目标价格政策研究的理论困境与突破方向——一个元分析 [J]. 江西社会科学, 2016, 36 (11)：73 - 79.

[145] 郑鹏. 基于农户视角的农产品流通模式研究 [D]. 华中农业大学博士学位论文, 2012.

[146] 郑新业, 王晗, 赵益卓. "省直管县" 能促进经济增长吗？——双重差分方法 [J]. 管理世界, 2011 (8)：34 - 44 + 65.

[147] 钟金平. 牢牢扛稳粮食安全重任 我省粮食主产区地位不断巩固 [N]. 江西日报, 2019 - 04 - 03 第一版.

[148] 周晶, 陈玉萍, 丁士军. "一揽子" 补贴政策对中国生猪养殖规模化进程的影响——基于双重差分方法的估计 [J]. 中国农村经济, 2015 (4)：29 - 43.

[149] 周黎安, 陈烨. 中国农村税费改革的政策效果：基于双重差分模型的估计 [J]. 经济研究, 2005 (8)：44 - 53.

[150] 周杨, 邵喜武. 改革开放 40 年中国粮食价格支持政策的演变及优化分析 [J]. 华中农业大学学报 (社会科学版), 2019 (4)：15 - 24 + 169 - 170.

[151] 周应恒, 彭云, 周德. 中国农业发展困境与农业支持政策改革转型——基于欧盟共同农业支持政策改革的启示 [J]. 江苏农业科学, 2017, 45 (11)：289 - 293.

[152] 朱隽, 顾仲阳. 大国粮仓根基牢固——保障国家粮食安全述评 [N]. 人民日报, 2019 - 08 - 12 (01).

后　记

　　本书源自于我们长期对中国农业政策调整，尤其是农产品价格政策调整的思考和总结。作为土生土长的农村娃，对"三农"问题抱有极大的热情。2006年，在导师李崇光教授的带领下，我迈入了研究农业经济理论与政策的大门。2012年博士毕业后入职东华理工大学，仍然关注着发生在"三农"领域的理论探索和政策实践经验。作为农产品价格支持政策重要探索的农产品目标价格政策，自2014年开启试点以来，就引起了我的极大兴趣。幸运的是，我们在2015年申请并获批了国家社会科学基金项目"粮食主产区目标价格政策的粮农行为响应及政策优化研究"（项目编号：15XGL015），使我们可以深入和系统的研究农产品目标价格政策的相关问题。本书不仅是该科研项目的最终研究成果，同时也是我们多年来对农产品价格支持政策调整的系统思考。

　　本书由郑鹏、熊玮共同完成，金雪博士、关怡婕硕士、陈玲硕士承担了部分研究任务。自该项目立项以来，课题组历时6年先后赴湖北省洪湖市、仙桃市、荆门市沙洋县、武汉市江夏区、江西省南昌市新建区、抚州市金溪县、宜春市上高县开展实地调研，并深度访谈了这些地区的基层官员，掌握了大量的一手资料。本书的部分内容以论文形式发表于《江西社会科学》等学术期刊上，部分成果形成的研究报告通过政府内参渠道报送至相关省直部门和市县区政府机构，取得了良好的社会效益。

　　本书自乙未羊年初秋始，至庚子鼠年盛夏完稿，已历时六年有余，完成本书的艰辛难以言表。值此书付梓之际，特别感谢江西省新余市市长徐鸿教授，虽然徐教授与我没有师生之名，但却有师生之实，自我到东华理工大学工作以来，徐教授在工作、学习、生活等方面给予我诸多帮助，在此深表谢意！感谢江西省社会科学院原党组书记、江西省人民政府参事姜玮研究员对我的关照。感谢江西省区域经济与社会发展研究院胡孝桂常务副院长及各位同仁给予我诸多帮扶！感谢东华理工大学地质资源经济与管理研究中心原主任邹晓明教授、经济与管理学院院长熊国保教授、学院党委书记徐步朝副教授、学院副院长罗志红教授、学校图书馆馆长马智胜教授、校教学督导组戴军教授、文法学院党委书记朱青教授、赵玉教授等领导、同事和朋友一直以来对我的关心和帮助！感谢东华理工大学科研与科技开发处禹慧老师、余英老师一直以来的帮助！感谢研究生董信涛、万庭君、陈梦婷等在资料收集、数据整理方面付出的巨大努力！

本书的出版得到了东华理工大学地质资源经济与管理研究中心、东华理工大学资源与环境经济研究中心、江西省软科学研究培育基地"资源与环境战略研究中心"的联合资助。感谢经济管理出版社任爱清编辑为本书出版所给予的无私付出！

最后，谨以此书献给我最爱的家人！自项目获批以来，时常感到压力巨大，对家人也诸多疏忽而倍感歉疚。感谢我的父母对我在外20余年的求学和工作而不能尽孝没有任何怨言，始终在背后默默支持我。我的岳父岳母和爱人承担着孩子的生活起居和教育重任，使我能全身心投入到工作之中而没有后顾之忧，工作中取得的点滴成就都离不开家人的默默的包容和支持。尤其是我的爱人，在艰苦读博的日子里，还要时常忍受我的坏脾气，结婚十年，能与你相伴，是我的幸运！我要将此书献给我即将上小学的一双儿女糖糖和果果，在孩子最美好的童年我时常缺席，孩子天真的笑容总是能化解心中的压力和烦闷！祝愿糖糖和果果永远开心、无忧、健康、平顺的成长！

郑　鹏

2021 年 3 月于南昌梅岭